송이꿀
은혜강단설교

7

송이꿀 은혜강단설교 7

1판 1쇄 발행	2010. 10. 1.
1판 2쇄 발행	2017. 6. 1.

엮은이	신송태
펴낸이	박성숙
펴낸곳	도서출판 예루살렘
주소	(10252) 경기도 고양시 일산동구 고봉로776-92(설문동)
전화 | 팩스	031)976-8972,8973 | 031)976-8974
이메일	jerusalem80@naver.com
출판등록	1980년 5월 24일(제 16-75호)

ISBN 978-89-7210-511-4 03230
책값 뒤표지에 있습니다.

ⓒ 이 출판물은 저작권법에 의해 보호를 받는 저작물이므로
무단 전재와 복제를 할 수 없습니다.

도서출판 예루살렘은 하나님을 사랑하며 하나님 말씀대로 순종하며 살기를 원하는
청소년, 성도, 목회자들을 문서로 섬기며 이를 위하여 기도하며 정성을 다하여
모든 사역과 책을 기획, 편집, 출판하고 있습니다.

오직 성령이 너희에게 임하시면 너희가 권능을 받고
예루살렘과 온 유대와 사마리아와 땅끝까지 이르러 내 증인이 되리라(행 1:8)

송이꿀
은혜강단설교

7

신송태 지음

머리말

'내 아들아 꿀을 먹으라 이것이 좋으니라.
송이꿀을 먹으라 이것이 네 입에 다니라" (잠언 24:13)

하나님의 거룩한 양무리를 먹이고 치는 목양사역에 있어 영의 양식인 하나님의 말씀을 선포한다는 것, 참으로 마음에 큰 부담으로 자리 잡고 있음은 어쩔 수 없는 고백입니다. 1901년 4월, 구소련 카자흐스탄 선교사로 파송되지 전까지 '설교의 씨앗' 2권과 6권의 설교집을 내 놓았을 때, 돌이켜 생각해 보면 송구스러움을 금할 수 없었습니다. 심장 지병으로 10년간의 선교사역을 끝내고 귀국하여 2002년도부터 하나님께서 맡겨주신 효성교회 목양지에서 사역하는 가운데 2006년도 '송이꿀 요약설교' 1권에 이어 금년에 다시 '송이꿀 은혜강단설교' 7권을 내어 놓게 되었습니다.

하나님의 크신 은혜에 감사하면서도 한편 두렵고 무거운 맘 금치 못합니다. 다만 우리 주 예수 그리스도 안에서 함께 동역하시는 해외 선교사님들과 국내 목회자님들의 설교사역에 감히 작으나마 보탬이 되었으면 하는 심정뿐입니다. 이 설교집 편찬에 기도와 사랑을 쏟으신 도서출판 예루살렘 대표님과 직원들께 감사를 드립니다. 아울러 효성교회 가족들을 비롯하여 선교와 목회에 함께 헌신해 온 사랑하는 아내와 두 아들의 가정, 그리고 교정을 맡아 수고한 믿음의 딸 김정미 전도사와 배주영 교사를 비롯한 모든 분들의 수고에 깊은 감사를 드리며, 오직 성삼위 우리 하나님께 영광을 돌리는 바입니다.

'Soli Deo Gloria' 아멘.

2010년 10월
신 송 태 목사 드림

목 차

머리말 • 5

[감사]
그 하나님께 감사하였더라 《다니엘 6:10》 • 12
나는 여호와를 인하여 《하박국 3:16-19》 • 15
범사에 감사하라 《데살로니가전서 5:18》 • 18
하나님께 드리는 많은 감사 《고린도후서 9:6-15》 • 21
하나님의 뜻이니라 《데살로니가전서 5:14-18》 • 24
항상 하나님께 감사할지니 《데살로니가후서 1:3-12》 • 27

[경건]
간음하지 말지니라 1 《출애굽기 20:14》 • 30
간음하지 말지니라 2 《출애굽기 20:14》 • 33
거짓 선지자들을 삼가라 《마태복음 7:15-20》 • 36
나는 하나님을 경외하므로 《느헤미야 5:14-19》 • 39
살인하지 말지니라 《출애굽기 20:13》 • 42
새긴 우상을 만들지 말고 《출애굽기 20:4-6》 • 45
안식일을 기억하여 거룩히 지키라 《출애굽기 20:8-11》 • 48
안식일을 일컬어 《이사야 58:13-14》 • 51
여호와 편에 있는 자 《출애굽기 32:25-29》 • 54
내가 만군의 여호와를 위하여 《열왕기상 19:9-21》 • 57
오직 너희는 여호와의 제사장이라 《이사야 61:4-9》 • 60

자신을 깨끗케 하자 《고린도후서 6:14-7:1》 • 63
잘 하였도다 《마태복음 25:14-23》 • 66
정결하고 더러움이 없는 경건 《야고보서 1:26-27》 • 69
나의 동산에 《아가 4:16》 • 72
주 예수 그리스도의 십자가 《갈라디아 6:11-17》 • 75

[교회]

날마다 더하게 하시니라 《사도행전 2:37-47》 • 78
너희 믿음의 소문이 《데살로니가전서 1:2-10》 • 81
너희는 우리의 영광이요 기쁨이니라 《데살로니가전서 2:19-20》 • 84
너희를 향하신 하나님의 뜻이니라 《데살로니가전서 5:16-18》 • 87
하나님의 말씀은 흥왕하여 더하더라 《사도행전 12:20-24》 • 90
하나님의 선한 청지기같이 《베드로전서 4:7-11》 • 93
별과 같이 영원토록 비취리라 《다니엘 12:1-3》 • 96

[구원]

가루를 가져오라 하여 솥에 던지고 《열왕기하 4:38-41》 • 99
내가 네게 무엇을 명하든지 너는 말할지니라 《예레미야 1:4-10》 • 102
내 하나님의 선한 손 《느헤미야 2:1-20》 • 105
네가 이것을 알라 《디모데후서 3:1-5》 • 108
다니엘의 하나님 《다니엘 6:25-28》 • 111
만물의 마지막이 가까왔으니 《베드로전서 4:7-11》 • 114
사람에게 정하신 것이요 《히브리서 9:27-28》 • 117
사람이 거듭나지 아니하면 《요한복음 3:1-15》 • 120
숙곳과 브누엘 사람들 《사사기 8:4-9》 • 123
신의 성품에 참예하는 자가 되게 하려 《베드로후서 1:3-11》 • 126

노아가 여호와를 위하여 《창세기 8:20-22, 9:1》 • 129
오늘 구원이 이 집에 이르렀으니 《누가복음 19:1-10》 • 132
천국이 이런 자의 것 《마태복음 19:13-15》 • 135
푯대를 향하여 좇아가노라 《빌립보서 3:10-16》 • 138
하늘이여 들으라 땅이여 귀를 기울이라 《이사야 1:1-9》 • 141
너희 중에 표징이 되리라 《여호수아 4:1-8》 • 144
너희는 이제라도 《요엘 2:12-27》 • 147

[말씀]

각기 종류대로 《창세기 1:11-13》 • 150
그 동일한 말씀 《베드로후서 3:1-13》 • 153
나 외에는 다른 신들을 네게 있게 말지니라 《출애굽기 20:2-3》 • 156
나는 너의 하나님 여호와로라 《출애굽기 20:1-2》 • 159
나는 너희를 치료하는 여호와임이니라 《출애굽기 15:22-26》 • 162
나는 네 하나님이 됨이니라 《이사야 41:8-16》 • 165
내가 너희에게 전한 복음 《고린도전서 15:1-11》 • 168
네가 어디 있느냐 《창세기 3:6-21》 • 171
말씀에 의지하여 《누가복음 5:1-11》 • 174
메네 메네 데겔 우바르신 《다니엘 5:22-31》 • 177
보시기에 심히 좋았더라 《창세기 1:31》 • 180
성벽이 무너져 내린지라 《여호수아 5:13-6:21》 • 184
수문 앞 광장에 모여 《느헤미야 8:1-12》 • 187
아사의 군대 《역대하 14:1-15》 • 190
여호와의 말씀이 내가 이 물을 고쳤으니 《열왕기하 2:19-22》 • 193
여호와의 율법은 《시편 19:7-11》 • 196
태초에 말씀이 계시니라 《요한복음 1:1-14》 • 199

태초에 하나님이 《창세기 1:1》• 202
하나님의 형상대로 사람을 《창세기 1:27-31》• 205
하나님이 가라사대 《창세기 1:3-4》• 208

[믿음]

가라 네 믿은 대로 될지어다 《마태복음 8:5-13》• 211
가시나무 가운데 백합화 《아가서 2:1-2》• 214
거룩한 성 새 예루살렘 《요한계시록 21:1-7》• 217
나를 들어 바다에 던지라 《요나 1:11-16》• 220
내가 크게 울었더니 《요한계시록 5:1-7》• 223
너는 내 집을 치리하라 《창세기 41:37-45》• 226
너희 믿음의 시련이 《베드로전서 1:5-7》• 229
네 면류관을 빼앗지 못하게 하라 《요한계시록 3:7-13》• 232
아무라도 능히 셀 수 없는 큰 무리 《요한계시록 7:9-14》• 235
땅에 엎드려 경배하며 《욥기 1:20-22》• 238
먼저 그의 나라와 의를 구하라 《마태복음 6:31-34》• 241
비록 피곤하나 따르며 《사사기 8:4》• 244
소원의 항구로 인도하시는도다 《시편 107:23-32》• 247
신령한 은사를 너희에게 나누어 주어 《로마서 1:8-13》• 250
여자야 네 믿음이 크도다 《마태복음 15:21-28》• 253
여호와는 우리와 함께 하시느니라 《민수기 14:1-10》• 256
아브람이 여호와를 위하여 《창세기 13:10-18》• 259
우리 앞에 당한 경주 《히브리서 12:1-5》• 262
위엣 것을 찾으라 《골로새서 3:1-4》• 265
이것이 우리에게 표징이 되리라 《사무엘상 14:6-15》• 268
태양아 너는 기브온 위에 머무르라 《여호수아 10:6-14》• 271

[바른 신앙]

나로 물을 건너게 하시니 《에스겔 47:1-12》 • 274
나의 떠날 기약이 가까왔도다 《디모데후서 4:6-8》 • 277
네 부모를 공경하라 《출애굽기 20:12》 • 280
네 어머니 유니게 속에 있더니 《디모데후서 1:3-5》 • 283
네가 어려서부터 성경을 알았나니 《디모데후서 3:15-17》 • 286
디도로 말하면 《고린도후서 8:16-24》 • 289
물로 된 포도주를 맛보고 《요한복음 2:1-11》 • 292
벌레가 생기고 냄새가 난지라 《출애굽기 16:13-20》 • 295
사람이 부모를 떠나 그 아내와 합하여 《에베소서 5:22-33》 • 298
요셉이 아비를 위하여 《창세기 50:1-14》 • 301

송이꿀
은혜강단설교
7

그 하나님께 감사하였더라

《다니엘 6:10》

바벨론 제국이 망한 후, 메데 왕 다리오가 120명의 방백을 두고 전국을 통치하는 가운데 총리 셋을 세웠습니다. 그 중에 제 1의 총리로 다니엘을 세워 전국을 다스리도록 하였습니다. 이는 다니엘이 하나님의 은총을 크게 받은 자였기 때문입니다. 이 일로 다른 총리들과 방백들의 시기와 모함에 빠져 다리오 왕은 살상적인 악법에 어인을 찍습니다. 이는 다니엘을 죽이고자 한 악법이었습니다. 이러한 기막힌 사실을 알고도 다니엘은 하나님께 감사하였다고 하였습니다. "그 하나님께 감사하였더라."라는 다니엘의 감동적인 감사와 그가 받은 축복에 대해 살펴봄으로 함께 은혜 받기를 원합니다. "그 하나님께 감사하였더라." 다니엘의 감사, 이는

1. 하나님 중심의 감사였습니다.

본문 10절에서 "예루살렘으로 향하여 열린 창에서…무릎을 꿇고 기도하며 그 하나님께 감사하였더라."라고 하였습니다. 여기에 "그 하나님께"라고 하였습니다. 오직 다니엘의 감사의 대상이 하나님이셨다는 사실입니다. 당시, "그 하나님"은 오직 한분이신 다니엘의 하나님이셨습니다. 곧 우리 모두의 유일하신 하나님이십니다. 다니엘이 느브갓네살의 꿈을 해몽할 때 "하늘에 계신 하나님"(단2:28)이라고 하였고, 37절에 "하늘의 하나님이 나라와 권세와 능력과 영광을 왕에게 주셨고"라고 전함으로 절대주권의 통치자이신 하나님이심을 알게 해 주었습니다. 이 하나님에 대한 절대 신뢰의 경외심이 있었기에 그는 항상 그 하나님께 감사하였던 것입니다. "그 하

나님께 감사하였더라." 다니엘의 감사, 이는

2. 말씀 중심의 감사였습니다.

본문에서 다니엘은 "자기 집에 돌아가서는 그 방의 예루살렘으로 향하여 열린 창에서 전에 행하던 대로 하루 세 번씩 무릎을 꿇고 기도하며"라고 하였습니다. 이는 일찍이 솔로몬이 성전봉헌의 기도 가운데 "자기를 사로잡아 간 적국의 땅에서 온 마음과 온 뜻으로 주께 돌아와서 주께서 그 열조에게 주신 땅과 주의 빼신 성과 내가 주의 이름을 위하여 건축한 전 있는 편을 향하여 기도하거든 주는 계신 곳 하늘에서 저희의 기도와 간구를 들으시고 저희의 일을 돌아 보옵시며 주께 득죄한 주의 백성을 용서하옵소서."(대하6:38-39)라고 했던 그 말씀이 그 중심에 자리 잡고 있었기 때문입니다. "그 하나님께 감사하였더라." 다니엘의 감사, 이는

3. 십자가 중심의 감사였습니다.

본문에서 "이 조서에 어인이 찍힌 것을 알고도 자기 집에 돌아가서는 그 방의 예루살렘으로 향하여 열린 창에서 전에 행하던 대로 하루 세 번씩 무릎을 꿇고 기도하며 그 하나님께 감사하였더라"라고 하였습니다. 크나큰 시련 중에 드린 감사였기에 더더욱 다니엘의 감사가 빛이 납니다. 사도 바울은 마게도냐 교회 성도들의 감사에 대해 "환난의 많은 시련 가운데서 저희 넘치는 기쁨과 극한 가난이 저희로 풍성한 연보를 넘치도록 하게 하였느니라"(고후8:2)라고 증거하였습니다. 다니엘이 그러했듯이 극한 시련과 역경 중에 드리는 감사는 바로 십자가 중심의 감사임을 보여 줍니다. "그 하나님께 감사하였더라." 다니엘의 감사, 이는

4. 축복 중심의 감사였습니다.

여기 다니엘의 기도 가운데 드린 감사는 반드시 하나님께서 전화위복(轉禍爲福)의 역사로 축복해 주실 것에 대한 확신이 있었기에 그 하나님께 감사하였던 것입니다. 그 결과 그가 기도 중에 확신하며 감사한대로 사자굴속에 던져진 그에게 6장 22절에서 하나님은 그의 천사가 사자들의 입을 봉해 버린 절대보호의 축복을 주셨던 것입니다. 또한 24절에 그를 모함했던 자들의 그 처자들까지 사자 굴에 넣어 죽게 하는 승리의 축복을 주셨을 뿐만 아니라 28절에 "이 다니엘이 다리오 왕의 시대와 바사 사람 고레스 왕의 시대에 형통하였더라."라고 하신 직위와 명성의 축복을 주셨습니다.

사랑하는 성도 여러분!

하나님께서는 우리 모든 성도들에게 그의 특별하신 은총인 구원의 은총과 함께 때를 따라 돕는 은혜를 주셨습니다. 그리고 우리들에게 더 풍성한 복을 주시기 위해 항상 감사할 것을 요구하시고 계십니다. 오직 하나님 중심, 말씀 중심, 십자가 중심과 축복 중심의 감사의 모범으로 다니엘을 우리에게 보여주셨습니다. 이처럼 감동적인 다니엘의 감사가 오늘 우리의 감사가 되고 또한 그가 받은 축복이 우리 모두의 축복이 되었으면 합니다. 하나님께 대한 감사는 성령 충만한 성도 삶의 현저한 특징이고 축복입니다. 오늘 우리 모든 성도들은 다니엘처럼 하나님의 은총을 크게 받은 자들로서 항상 그 하나님께 감사하는 삶을 하나님께 드려야 할 것입니다. 오직 뜨거운 감사로 우리 하나님께 큰 영광이 되시기를 축원합니다. 아멘.

나는 여호와를 인하여

《하박국 3:16-19》

구약시대의 3대 절기 중, 초실절에 근거하여 모든 교회가 하나님께서 베푸신 크신 은총에 감사 찬양하는 감사절기로 지킵니다. 우리의 기독교는 구원의 종교요, 또한 감사의 종교입니다. 오늘 본문에서 하박국 선지자는 유다의 범죄로 인한 하나님의 무서운 징치의 심판인 바벨론의 침공과 유다의 회복인 구원 역사의 벽보를 보면서 "나는 여호와를 인하여 즐거워하며 나의 구원의 하나님을 인하여 기뻐하리로다."라고 감사하며 찬양합니다. 오늘 "나는 여호와를 인하여"라는 본문의 말씀을 통해 은혜받기를 원합니다. "나는 여호와를 인하여" 하박국, 그의 감사는

1. 환난 가운데 감사였습니다.

본문 16절에서 하박국 선지자는 "내가 들었으므로 내 창자가 흔들렸고 그 목소리로 인하여 내 입술이 떨렸도다 무리가 우리를 치러 올라 오는 환난 날을 내가 기다리므로 내 뼈에 썩이는 것이 들어 왔으며 내 몸은 내 처소에서 떨리는도다."라고 토로합니다. 이는 앞서 3-15절까지, 바벨론의 침공으로 인한 유다 멸망의 장면을 보며 그 하나님의 위엄의 소리에 창자가 흔들렸고 입술이 떨렸다고 하면서 바로 이 날, 유다를 치러 오는 그 환난 날을 기다리는 그의 심정이 뼈를 깎는 것 같음을 고백하였습니다. 이러한 극한 환난 날에 그는 오히려 "나는 여호와를 인하여 즐거워하며 나의 구원 하나님을 인하여 기뻐하리로다."라고 감사 찬양하였습니다. 이것이 바로 기독교의 특징입니다. 사도 바울과 실라는 빌립보 옥에 갇혀 "기도하고 하나님

을 찬미하매"(행16:25)라고 하였습니다. "나는 여호와를 인하여" 하박국, 그의 감사는

2. 절대빈곤 가운데 감사였습니다.

본문 17절에 "비록 무화과나무가 무성치 못하며 포도나무에 열매가 없으며 감람나무에 소출이 없으며 밭에 식물이 없으며 우리에 양이 없으며 외양간에 소가 없을지라도"라고 하였습니다. 여기에 "없다"라는 말이 다섯 번이나 나옵니다. 바벨론의 침공, 즉 전쟁이 할퀴고 지나간 참담한 빈곤의 참상을 말해 줍니다. 이러한 절대빈곤의 참담한 상황 중에서 하박국은 "나는 여호와로 인하여 즐거워하며 나의 구원의 하나님으로 인하여 기뻐하리로다."라고 감사 찬양을 하였습니다. 참으로 신앙의 위대함을 보여 줍니다. "나는 여호와를 인하여" 하박국, 그의 감사는

3. 하나님 은혜 가운데 감사였습니다.

본문 18절에서 하박국은 "나는 여호와를 인하여 즐거워하며 나의 구원의 하나님을 인하여 기뻐하리로다"라고 하였습니다. 여기에 "여호와를 인하여" 그리고 "나의 구원의 하나님을 인하여"라고 함은 '오직 여호와 하나님 안에서'라는 말입니다. "인하여"라는 히브리어 전치사 '뻬'는 '안에서'(in)라는 뜻입니다. 하박국 선지자가 "나의 구원의 하나님"이라고 하였음에서 그 하나님의 그 은혜가 구원의 은혜였음을 밝혀 주었습니다. 바로 그 하나님의 은혜가 그로 하여금 극한 환난의 날과 절대빈곤의 역경을 오히려 감사의 찬양으로 드리게 하였던 것입니다. '오직 하나님의 은혜 안에서'란 말은 '오직 믿음 안에서'라는 말로 직결되기에 그는 "의인은 그 믿음으로 말미암아 살리라"(합2:4)라고 하였던 것입니다. 이는 오직 하나님의 은혜

와 그의 선물인 믿음 안에서만이 절대 가능한 일입니다. 바로 19절에서 "주 여호와는 나의 힘이시라" 이기 때문입니다. 그 어떤 역경도 하나님께서 힘이 되어 주실 때 해결되는 것임을 보여 줍니다. 바로 그 힘이 "나의 발을 사슴과 같게 하사 나로 나의 높은 곳에 다니게 하시리로다."로 나타나는 것입니다.

사랑하는 성도 여러분!

성군 다윗은 "내 영혼아 여호와를 송축하며 그 모든 은택을 잊지 말지어다."(시103:2)라고 노래하였고, "여호와께서 내게 주신 모든 은혜를 무엇으로 보답할꼬."(시116:12)라고 하였습니다. 사도 바울 역시, "범사에 감사하라. 이는 그리스도 예수 안에서 너희를 향하신 하나님의 뜻이니라."(살전 5:18)라고 하였습니다. 하나님의 선지자 하박국의 감사는 환난과 절대빈곤의 극한 상황 가운데 드린 감사였습니다. 바로 그의 초연한 감사의 동력이 오직 하나님 은혜였음을 알 수 있습니다. "여호와는 나의 힘"이라고 고백한 믿음 안에서만이 가능한 감사이기에 은혜가 아닐 수 없습니다. 오늘, 이 하박국의 감사와 찬양이 우리 모두의 감사와 찬양이 되었으면 합니다. 오직 하나님의 은혜와 믿음으로 "나의 높은 곳" 바로 저 영원한 하나님의 나라인 천국을 소망함으로 우리 하나님께 감사하셨으면 합니다. 온 몸과 진실한 마음과 정성을 다한 향기로운 예물을 올려 태워 드리는 번제로 하나님께 감사하시기를 바랍니다. 우리의 이 뜨거운 감사를 받으시고 베풀어 주시는 하나님의 풍성하신 축복이 우리들 자신과 가정 그리고 기업과 우리 교회에 넘치시기를 축원합니다. 아멘.

범사에 감사하라

《데살로니가전서 5:18》

사도 바울은 본문 18절에서 "범사에 감사하라 이는 그리스도 예수 안에서 너희를 향하신 하나님의 뜻이니라."라고 증거해 주고 있습니다. 미국의 R. A. 토리 목사는 "성령 충만한 가장 현저한 특징은 감사이다"라고 하였으며, 영국의 순교자인 브레드 퍼드는 기독교 박해 역사에 있어 악명이 높은 메어리에게 "여왕이 나를 놓아 주면 나는 그 하나님께 감사하리라. 여왕이 나를 가두면 나는 그 하나님께 감사하리라. 나를 불태우면 나는 그 하나님께 감사하리라"라고 하였습니다. 독일의 시인인 괴테는 "호흡에는 두 가지의 은혜가 있다. 공기를 마시고 내쉬는데, 전자는 억누르고 후자는 살아나게 한다. 생명은 이렇게도 조화되어 있다. 하나님이 그대를 억누를 때, 하나님께 감사하라. 하나님이 그대를 다시 해방할 때, 하나님께 감사하라"라고, 모든 일에 있어 그 하나님께 감사하라고 하였습니다. "범사에 감사하라" 이는 성도의 삶에 있어

1. 매사에 감사입니다.

본문에서 말씀해 주고 있는 "범사에"의 원어 '엔 판티'는 '모든 일 안에서' 라는 말입니다. 즉 성도 삶에 있어 수 없이 겪는 모든 일, 즉 행복과 불행, 성공과 실패 등 희로애락의 모든 삶을 뜻합니다. 무슨 일을 당하든지 성도는 감사하는 자가 되어야 한다는 말씀입니다. 이는 사도 바울의 "우리가 알거니와 하나님을 사랑하는 자 곧 그 뜻대로 부르심을 입은 자들에게는 모든 것이 합력하여 선을 이루느니라."(롬8:28)라는 하나님의 선하신 뜻이

있기 때문입니다. 모든 사람들의 보편적인 마음은 자신의 삶 속에서 그 기후가 호천후일 때 감사하고, 악천후일 때는 원망과 불평, 저주까지 하게 됩니다. 그러나 은혜 충만한 성도는 모든 삶의 영역 속에 만나게 되는 모든 일에 있어 오직 하나님께 감사함으로 영광 돌립니다. 이것이 바로 성도들의 삶에 있어 성령 충만한 현저한 특징인 것입니다. "범사에 감사하라" 이는 하나님의

2. 은혜 안에서 누리는 감사입니다.

본문에 "이는 그리스도 예수 안에서"라고 하였습니다. "그리스도 예수 안에서"라는 '엔 크리스토 예수' 라는 말은 '주의 말씀과 성령님의 은혜 안에서' 란 말로서 사도 바울이 그의 서신에서 가장 즐겨 사용하였던 말입니다. 성도들의 범사에 넘치는 감사가 오직 그리스도 예수 안에서 만이 가능한 것임을 밝혀 주고 있습니다. 즉 오직 성령님의 강권적인 역사 안에서만 절대 가능한 것이 바로 범사에 감사입니다. 주님을 떠나서는 절대로 범사의 감사가 나올 수가 없습니다. '말씀 충만' 과 '성령 충만' 은 곧 '감사 충만' 입니다. "범사에 감사하라" 이는 하나님께 드려지는

3. 온전한 헌신에서 나오는 감사입니다.

"범사에 감사하라. 이는 그리스도 예수 안에서 너희를 향하신 하나님의 뜻이라"고 하였습니다. 하나님의 뜻을 이루어 드림은 곧 그 하나님의 마음을 감동케 하는 온전한 헌신에 있습니다. 충성되고 온전한 헌신 그 자체가 곧 넘치는 감사입니다. 솔로몬은 "충성된 사자는 그를 보낸 이에게 마치 추수하는 날에 얼음냉수 같아서 능히 그 주인의 마음을 시원케 하느니라."(잠 25:13)라고 하였습니다. 충성된 사자는 그 주인의 베푸신 은혜에 감사하는

좋이요 그토록 뜨거운 감사의 마음이 있기에 목숨 바쳐 충성을 다하는 헌신이 드려지는 것입니다. "범사에 감사하라" 이는 하나님의

4. 축복에 대한 믿음의 감사입니다.

사도 바울은 "적게 심은 자는 적게 거두고 많이 심은 자는 많이 거둔다"(고후9:6)라고, 고린도 교회 성도들의 풍성한 연보가 바로 하나님께 감사한 것이며 그 많은 감사가 하나님께 영광을 돌리게 되었다고 11-13절에서 말씀해 주었습니다. 스펄존 목사의 말대로 "등불을 보고 감사하는 자에게 달빛을 주며 달빛을 보고 감사하는 자에게는 햇빛을 주리라" 입니다. 감사는 많고 풍성할수록 그 축복도 많고 풍성해 진다는 것이 추수의 원칙이요 이는 곧 축복의 대원리인 것입니다.

사랑하는 성도 여러분!

하나님께 드리는 정성되고 풍성한 감사는 곧 하나님의 마음을 시원케 하는 축복의 행위입니다. 하나님은 모든 일에 있어 감사하는 자들을 기뻐하시고 축복해 주십니다. 인간의 행복과 불행은 바로 감사하는 마음이 있느냐 없느냐에 따라 나타납니다. 범사에 감사함은 성령님의 역사 안에서만 이루어지기에 성령의 충만을 받아야합니다. 감사에 인색하거나 무지한 자는 참된 성도라 할 수 없습니다. 감사하는 성도는 축복의 소나기를 몰고 다니는 자들임에 분명합니다. 범사에 감사함으로 하나님께 큰 영광을 돌리시기를 축원합니다. 아멘.

하나님께 드리는 많은 감사

《고린도후서 9:6-15》

사도 바울의 제 2차 전도 여행 시 세워진 고린도 교회에 보낸 그의 두 번째 서신의 내용 중 특히 본문은 하나님께서 베푸신 풍성한 은혜로 말미암은 연보로 나타난 그들의 감사에 대해 증거해 주고 있습니다. 사도 바울은 15절에서 "말할 수 없는 그의 은사를 인하여 하나님께 감사하노라"라고 하였습니다. 토리 목사(R. A. Torrey)는 "성도에게 있어 성령 충만한 현저한 특징은 감사에 있다."라고 말한 바 있습니다. 맞습니다. 하나님의 풍성한 은혜를 체험한 자에게는 넘치는 감사가 따르는 법입니다. "하나님께 드리는 많은 감사"는 축복 받은 성도들의 삶에 있어 특권이기도 합니다. "하나님께 드리는 많은 감사" 이는 하나님의

1. 충만하신 은혜로 인한 감사였습니다.

사도 바울은 본문 8절에서 "하나님이 능히 모든 은혜를 너희에게 넘치게 하시나니"라고 하였습니다. 바로 고린도 교회 성도들이 하나님께 드린 많은 감사가 하나님의 넘치는 은혜로 말미암은 감사였음을 말씀해주고 있음입니다. 본문 6절에서 "이것이 곧 적게 심는 자는 적게 거두고 많이 심는 자는 많이 거둔다 하는 말이로다."라는 추수의 법칙으로 은혜와 감사의 필연적 상관관계를 설명해 주고 있습니다. 즉 많은 은혜가 많은 감사로 나타난다는 말씀입니다. 사도 바울이 "그러나 나의 나 된 것은 하나님의 은혜로 된 것이니 내게 주신 그의 은혜가 헛되지 아니하여 내가 모든 사도보다 더 많이 수고하였으나 내가 아니요 오직 나와 함께하신 하나님의 은혜로라"

(고전15:10)라고 고백했던 바도 이를 보여 말해줍니다. "하나님이 능히 모든 은혜를 너희에게 넘치게 하시나니"에서 12절에 "하나님께 드리는 많은 감사를 인하여 넘쳤느니라."로 그 열매가 나타난 것입니다. 하나님의 은혜는 감사의 아름다운 꽃을 피우며 또한 풍성한 열매를 맺히게 합니다. 그러므로 교회는 하나님의 은혜를 체험한 자들에 의해 성장하고 부흥하는 것입니다. 이는 하나님의 불가항력적인 은총이 그들을 사로잡았기 때문입니다. "하나님께 드리는 많은 감사" 이는 성도 삶에 있어

2. 축복의 열매였습니다.

하나님께 드리는 많은 감사, 이는 한마디로 축복된 삶의 노다지입니다. 그 축복의 열매가 무엇으로 나타납니까? 사도 바울은 본문 8절에서 "하나님이 능히 모든 은혜를 너희에게 넘치게 하시나니 이는 너희로 모든 일에 항상 모든 것이 넉넉하여 모든 착한 일을 넘치게 하게 하려 하심이라"라고 모든 착한 일에 넘침으로 그 열매가 나타남을 증거하였습니다. 바로 그 착한 일이 사랑의 손길인 구제의 연보였습니다. 9절에 "흩어 가난한 자들에게 주었으니 그의 의가 영원토록 있느니라."라고 하였으며, 10절에서 그 열매가 "의의 열매"라고 하였습니다. 착한 일인 의의 열매가 풍성한 자는 복 있는 자입니다. 성경 어느 곳을 보아도 세상적인 권력이나 부와 영화를 두고 복이 있다고 하신 말씀을 찾아 볼 수가 없습니다. 진정한 축복의 열매는 바로 착한 일인 베푸는 삶 그 자체입니다. 인생 삶의 행복과 그 가치와 보람이 바로 여기에 있다는 사실입니다. 하나님의 은혜로 말미암은 "착한 일" 곧 "의의 열매"가 '즐겨낸 너그러운 연보'(11절), '후한 연보'(13절)로 나타난 것입니다. "하나님께 드리는 많은 감사" 이는 성도 삶의 목적인

3. '오직 하나님께 영광을' 에 있습니다.

본문 12-13절에서 사도 바울은 하나님의 넘치는 은혜를 받은 자가 하나님께 받은 봉사의 직무를 행할 때 부족한 것을 보충하고 그리스도의 복음을 진실히 믿고 복종하였다고 증거합니다. 아울러 14절에 "하나님의 너희에게 주신 지극한 은혜를 인하여 너희를 사모하느니라."라고 하신바 서로 간에 사모하는 사랑의 친교가 있음을 말합니다. 은혜 받은 자의 이 모든 봉사의 직무 곧 착한 일의 목적이 13절 "모든 사람을 섬기는 너희의 후한 연보를 인하여 하나님께 영광을 돌리고"라고 하였습니다. 하나님의 은혜를 받은 모든 성도들의 삶의 목적이 "오직 하나님께 영광을"(Soli Deo Gloria) 임을 사도 바울은 분명하게 밝혀 주었습니다.

사랑하는 성도 여러분!

하나님은 출애굽 한 이스라엘 백성들에게 출애굽을 기념하는 유월절과 함께 "칠칠절 곧 맥추의 초실절을 지키고"(출34:22)라고 명하셨습니다. 이는 바로 보리추수에 대한 감사절을 말합니다. 한 해의 중반기를 결산하는 오늘 우리 모두는 하나님께서 명하신 맥추절의 정신과 오직 믿음으로 하나님께서 베풀어 주신 많은 감사의 열매로 감사와 찬송과 영광을 돌려야 할 것입니다. 하나님께 드리는 많은 감사와 영광돌림은 은혜 받은 성도들의 복된 삶에 있어 특권이며 또한 목적입니다. 많은 감사와 영광돌림의 삶으로 하나님을 기쁘시게 하는 우리 모두가 되시기를 축원합니다. 아멘.

하나님의 뜻이니라

《데살로니가전서 5:14-18》

사도 바울은 "너희는 이 세대를 본받지 말고 오직 마음을 새롭게 함으로 변화를 받아 하나님의 선하시고 기뻐하시고 온전하신 뜻이 무엇인지 분별하도록 하라"(롬12:2)라고 권면하였습니다. 본문 14절에서도 "형제들아 너희를 권면하노니"라고 말하며, 어떻게 사는 것이 하나님의 뜻인가를 밝혀 주고 있습니다. 예수님께서도 "나더러 주여 주여 하는 자마다 천국에 다 들어갈 것이 아니요 다만 하늘에 계신 내 아버지의 뜻대로 행하는 자라야 들어가리라"(마7:21)라고 말씀해 주시므로 하나님의 뜻에 순종하는 삶이 얼마나 중요한가를 가르쳐 주셨습니다. "하나님의 뜻이니라." 이는

1. 항상 선을 좇는 삶입니다.

본문 14-15절에서 성도들이 교회 안에서 실천해야 할 선한 삶이 어떠한 삶인가를 말씀해 주고 있습니다. "규모 없는 자들" 즉, 남의 신세 지기 만을 바라는 게으른 자들을 충고하며, 마음이 약한 자들을 위로해 주고 용기를 북돋아 주며, 힘이 없는 자들을 단단히 붙잡아 주며, 모든 사람에 대하여 오래 참을 것과 누구에게든지 악으로 악을 갚지 말게 하며, 15절에서 "모든 사람을 대하든지 항상 선을 좇으라."라고 하였습니다. 이와 같은 삶이 바로 모든 사람들에 대하여 성도들이 마땅히 가져야 할 마음의 자세이며, 이는 곧 하나님의 뜻인 선을 좇는 삶이라는 것입니다. 반드시 성도들은 그렇게 살아야 합니다. 이유는 주님께서 그렇게 살기를 원하시기 때문입니다. 항상 선을 좇는 삶이 바로 하나님의 뜻입니다. "하나님의 뜻이니라." 이는

2. 항상 기뻐하는 삶입니다.

본문 16절에서 "항상 기뻐하라"라고 하였습니다. 여기에 "항상"이란 인간 삶에 있어 성공과 실패 등 어떠한 경우에든지 기뻐하라는 말씀입니다. 바로 이 기쁨은 오직 그리스도 안에서만이 가능한 기쁨이기에 축복입니다. 그래서 사도 바울은 "주 안에서 항상 기뻐하라"(빌4:4)라고 말했던 것입니다. 오직 주의 말씀과 성령의 충만함에서 솟아나는 샘이기에 성도들은 항상 기뻐하는 것입니다. "하나님의 뜻이니라." 이는

3. 쉬지 않고 기도하는 삶입니다.

본문 17절에서 "쉬지 말고 기도하라"라고 하였습니다. 오직 하나님만을 의지하는 믿음의 자세로 하나님께 나아가는, 하나님만을 향한 마음 그 자체가 기도입니다. 그래서 사도 바울은 "무시로 성령 안에서 기도하고"(엡 6:18)라고 하였던 것입니다. 사실 기도는 하나님의 능력을 끌어들이는 통로와 같습니다. 옛 믿음의 선조들과 선지 사도들 그리고 모든 개혁자들과 성인들의 삶이 기도의 삶이였음을 우리는 성경에서 그리고 교회사에서 읽을 수 있습니다. "쉬지 말고 기도하라"라는 말은 아무리 많이 하고 또 들어도 부담이 되는 말이 아닙니다. 이는 기도가 바로 영적인 호흡과 같기 때문입니다. 사실 기도는 하나님께서 우리 모든 성도들에게 주신 양보할 수 없는 특권이며 또한 축복임에 틀림없습니다. "하나님의 뜻이니라." 이는

4. 범사에 감사하는 삶입니다.

본문 18절에서 "범사에 감사하라 이는 그리스도 예수 안에서 너희를 향하신 하나님의 뜻이니라."라고 하였습니다. 여기에 "범사" 곧 '엔 판티'라는 말은 '모든 상황과 환경에서' 라는 의미의 말입니다. 어떤 상황이나 환

경에서도 성도들은 하나님께 감사해야 합니다. 이유는 하나님께서 예수 그리스도의 십자가와 부활을 통해 우리의 모든 죄를 사하시고 영원한 생명을 주셨기 때문입니다. 즉 구원의 은혜입니다. 그리고 모든 성도들을 왕 같은 제사장으로 삼아주셨고, 또한 영원한 하나님의 나라인 천국을 기업으로 주셨기 때문입니다. 존 뉴톤이 지은 찬송가 405장 "나 같은 죄인 살리신 주 은혜 놀라워" 그리고 왓츠가 지은 141장 "늘 울어도 눈물로써 못 갚을 줄 알아 몸 밖에 드릴 것 없어 이 몸 바칩니다" 일 뿐입니다. 감사야말로 성령의 충만한 성도 삶의 현저한 특징입니다.

사랑하는 성도 여러분!

기독교는 대속의 종교요, 사랑의 종교이며 아울러 감사의 종교입니다. 어떠한 상황이나 환경에도 하나님께 감사하는 삶이야말로 복 있는 삶이며 행복한 삶입니다. 매사에 부정적이며 비관적인 마음과 삶은 하나님께서 원치 않습니다. 범사에 감사하면 하나님의 놀라운 축복은 기적처럼 임하는 것입니다. 이는 곧 감사가 그 풍성한 축복을 담을 수 있는 그릇이기 때문입니다. 우리들에게 일용할 양식을 주신 하나님께 감사하며, 교회에 나와 하나님께 예배드릴 수 있음에 감사합시다. 무엇보다 우리를 죄 가운데서 구원하시어 저 영원한 천국을 주셨음에 감사해야 합니다. 범사에 감사하는 삶으로 우리 하나님께 큰 영광이 되시기를 축원합니다. 아멘.

항상 하나님께 감사할지니

《데살로니가후서 1:3-12》

사도 바울이 제 2차 전도여행 시 마게도냐의 두 번째 도시인 데살로니가에 세워진 이 교회는 믿음의 역사와 사랑의 수고와 소망의 인내가 있어 마게도냐와 아가야 지방의 모든 믿는 자들의 본이 되었습니다. 이에 사도 바울은 "우리가 너희 무리를 인하여 항상 하나님께 감사하고 기도할 때에 너희를 말함은"(살전1:2)이라고 하였고, "우리의 소망이나 기쁨이나 자랑의 면류관이 무엇이냐 그의 강림하실 때 우리 주 예수 앞에 너희가 아니냐 너희는 우리의 영광이요 기쁨이니라"(살전2;19-20)라고 격찬하며 하나님께 감사하였던 것입니다. "항상 하나님께 감사할지니" 이는 데살로니가 교회 성도들의

1. 믿음의 성장 때문이었습니다.

본문 3절에 "너희를 위하여 항상 하나님께 감사할지니 이것이 당연함은 너희 믿음이 더욱 자라고"라고 하였습니다. 우리 주 예수께 기쁨이요 자랑이요 영광이요 면류관이 되는 것은 오직 믿음의 성장에 있음을 보여 줍니다. 믿음은 계속 성장해야 합니다. 사도 바울의 뜨거운 감사는 오직 능력과 성령과 확신 가운데 은혜로 주어진 그들의 믿음이 더욱 자라고 있었기 때문이었습니다. 오직 주의 순수한 말씀의 씨앗에서 믿음이 더욱 자라야 합니다. 이유는 그 믿음이 하나님을 기쁘시게 하며 그리고 의인의 축복된 삶 그 자체가 믿음이기 때문입니다. "항상 하나님께 감사할지니" 이는 데살로니가 교회 성도들의

2. 사랑의 풍성함 때문이었습니다.

본문 3절 후반 절에 "너희가 다 각기 서로 사랑함이 풍성함이며"라고 하였습니다. 하나님의 공동체인 교회는 사랑의 공동체입니다. 사도 바울은 고린도 교회 성도들에게 보낸 첫 번째 편지 가운데 최고의 은사인 사랑에 대해 "믿음 소망 사랑 이 세 가지는 항상 있을 것인데 그 중에 제일은 사랑이라"(고전13:13)라고 하였습니다. 예수께서는 "새 계명을 너희에게 주노니 서로 사랑하라 내가 너희를 사랑한 것 같이 너희도 서로 사랑하라 너희가 서로 사랑하면 이로써 모든 사람이 너희가 내 제자인줄 알리라"(요 13:34-35)라고 하였습니다. 참된 사랑은 베푸는 삶입니다. "항상 하나님께 감사할지니" 이는 데살로니가 교회 성도들의

3. 십자가 중심의 인내 때문이었습니다.

본문 4절에 "너희의 참는 모든 핍박과 환난 중에서 너희 인내와 믿음을 인하여"라고 하였습니다. 사실 데살로니가 교회 성도들은 "너희는 많은 환난 가운데서 성령의 기쁨으로 도를 받아 우리와 주를 본받은 자가 되었으니"(살전1:6)라고 증거 한 대로 그들의 가슴 속에는 그리스도의 십자가가 진하게 새겨져 있었습니다. 그렇기 때문에 그들은 모진 핍박과 환난 가운데서도 십자가 중심의 신앙으로 인내하며 믿음을 지켰던 것입니다. 사도 바울은 "우리가 그와 함께 영광을 받기 위하여 고난도 함께 받아야 될 것이니라 생각건대 현재의 고난은 장차 우리에게 나타날 영광과 족히 비교할 수 없도다"(롬8:17-18)라고 하였습니다. "항상 하나님께 감사할지니" 이는 데살로니가 교회 성도들의

4. 예수 재림의 소망 때문이었습니다.

　본문 7절에서 "환난 받는 너희에게는 우리와 함께 안식으로 갚으시는 것이 하나님의 공의시니 주 예수께서 저의 능력의 천사들과 함께 하늘로부터 불꽃 중에 나타나실 때에"라고 하였고, 10절에 "그 날에 강림하사 그의 성도들에게서 영광을 얻으시고 모든 믿는 자에게서 기이히 여김을 얻으시리라"라고 하였으며, 12절에 "우리 하나님과 주 예수 그리스도의 은혜대로 우리 주 예수의 이름이 너희 가운데서 영광을 얻으시고 너희도 그 안에서 영광을 얻게 하려 함이니라"라고 하였습니다. 이 모든 말씀은 데살로니가 교회 성도들의 가슴 속에서 불타오르고 있는 예수 재림의 확신, 즉 천국에서의 영원한 안식과 주와 함께 누릴 영광에 대한 소망이 분명하였음을 보여 줍니다. 그리스도의 재림이야말로 지상에 존재한 모든 하나님의 교회와 우리 성도들의 대망입니다.

사랑하는 성도 여러분!

　항상 우리 하나님께 감사합시다. 보배로운 믿음을 주셨고, 말씀의 은혜 가운데 그 믿음이 더욱 성장하고 있음에 감사해야 합니다. 또 예수 사랑으로 서로를 아끼며 위로하고 배려하여 이해와 관심을 가지고 존중하며 사랑을 나누게 하시는 은혜에 감사해야 할 것입니다. 오직 주님의 십자가 바라보며 인내할 수 있도록 하신 그 하나님께 감사해야 하며 이제 영광중에 오실 주님 재림에 대한 확고한 믿음과 소망을 주신 하나님께 항상 감사를 드려야 할 것입니다. 사도 바울의 가슴에서 뜨겁게 타 올랐던 감사의 불기둥이 우리 모두의 불기둥이 되어 항상 그리고 범사에 감사함으로 성삼위 우리 하나님께 큰 영광이 되시기를 축원합니다. 아멘.

간음하지 말지니라 1

《출애굽기 20:14》

현대를 가리켜 가치관 상실시대라고 합니다. 하나님께서 주신 십계명은 반드시 우리 성도들이 지켜야 할 황금률임에도 그것을 상실한 가운데 심각한 진통을 앓고 있음이 종말시대인 오늘날의 가슴 아픈 현실입니다. 특히 불효와 살인, 그리고 가정파괴의 주범인 간음죄가 그러합니다. 하나님께서 시내산에서 모세를 통하여 선민 이스라엘, 곧 오늘 날 우리 모든 성도들에게 주신 십계명 중, 제 7계명인 "간음하지 말지니라."라는 본문의 말씀을 이 시간, 우리의 마음에 깊이 새김으로 함께 은혜받기를 원합니다. "간음하지 말지니라." 이는 하나님의

1. 창조원리를 파괴하는 죄이기 때문입니다.

하나님께서는 태초에 천지를 창조하시면서 제 6일째에 "하나님이 자기 형상 곧 하나님의 형상대로 사람을 창조하시되 남자와 여자를 창조하시고"(창1:27)라고 하셨고, 31절에서 "보시기에 심히 좋았더라."라고 하셨습니다. 하나님의 인간창조 원리는 일부일처입니다. 일부다처로 빚어진 비극의 참상들을 성경에서 많이 보게 되는데 아브라함의 경우 독자 이삭과 이스마엘 사이의 그 갈등과 싸움이 그러합니다. 간음은 하나님의 인간 창조 원리를 파괴하는 죄이기 때문에 절대부정사인 '로'를 문장 서두에 넣어 '로 티느아프' 즉 '절대로 간음하지 말라'라고 하나님께서 명하셨던 것입니다. "간음하지 말지니라." 이는 결혼의

2. 신성을 파괴하는 죄이기 때문입니다.

　예수 그리스도는 "사람을 지으신 이가 본래 저희를 남자와 여자로 만드시고 말씀하시기를 이러므로 사람이 그 부모를 떠나서 아내에게 합하여 그 둘이 한 몸이 될지니라 하신 것을 읽지 못하였느냐 이러한즉 이제 둘이 아니요 한 몸이니 그러므로 하나님이 짝지어 주신 것을 사람이 나누지 못할지니라 하시니."(마19:4-6)라고 하셨고, 사도 바울 역시 "사람이 부모를 떠나 그 아내와 합하여 그 둘이 한 육체가 될지니"(엡5:31)라고 하였습니다. 여기에 "간음하지"로 번역된 '나이프'는 불법적인 관계를 가리키는 '자나'와는 달리 결혼한 부부가 다른 상대와의 불륜관계를 말합니다. 하나님께서 한 남자와 한 여자로 짝지어 주신 결혼이 신성하기 때문에 하나님은 '로 티느아프' 즉 '절대로 간음하지 말라'라고 명하셨던 것입니다. "간음하지 말지니라." 이는 하나님의

3. 영광을 가리는 죄이기 때문입니다.

　사도 바울은 "너희 몸이 그리스도의 지체인 줄 알지 못하느냐…음행을 피하라 사람이 범하는 죄마다 몸 밖에 있거니와 음행하는 자는 자기 몸에게 죄를 범하느니라 너희 몸은 너희가 하나님께로부터 받은바 너희 가운데 계신 성령의 전인 줄을 알지 못하느냐 값으로 산 것이 되었으니 그런즉 너희 몸으로 하나님께 영광을 돌리라"(고전6:15-20)라고 하였고, "너희가 하나님의 성전인 것과 하나님의 성령이 너희 안에 거하시는 것을 알지 못하느뇨 누구든지 하나님의 성전을 더럽히면 하나님이 그 사람을 멸하시리라 하나님의 성전은 거룩하니 너희도 그러하니라"(고전3:16-17)라고 하였으며, "저희 중에 어떤 이들이 간음하다가 하루에 이만 삼천 명이 죽었나니 우리는 저희와 같이 간음하지 말자"(고전10:8)라고 경고하였습니다. 간음

은 하나님의 성전을 더럽히며 그의 영광을 가리는 악행이기에 하나님은 엄중하게 '로 티느아프' 즉 '절대로 간음하지 말라' 라고 명하셨던 것입니다. 다윗의 경우, 자신의 간음죄를 눈물로 참회하여, 하나님께 용서는 받았지만 그 죄의 대가는 철저하게 받았음으로 간음죄가 얼마나 무서운 죄인가를 성경에서 이를 거울로 삼아 교훈해 줍니다.

사랑하는 성도 여러분!

하나님은 날마다 순간마다 '절대로 간음하지 말지니라.' 라고 우리에게 명하시고 계십니다. 이유는 그 간음이 하나님의 창조원리와 결혼의 신성 그리고 그리스도의 지체이며, 성령의 전인 몸을 더럽힘으로 하나님의 영광을 가리는 악행이기 때문입니다. 예수님은 제 7계명을 엄중히 여겨 마음의 음욕도 간음이라고 규정하셨던 것입니다(마5:27-28). 간음은 자신을 비롯하여 가정과 자녀들, 더더욱 교회를 파괴시키는 살인적인 악행에 해당합니다. 우리는 요셉이 보디발의 아내로부터 성적인 유혹을 받을 때, "내가 어찌 이 큰 악을 행하여 하나님께 득죄하리이까."(창39:9)라고 하며, 그 유혹을 뿌리쳤던 아름다운 모습을 기억해야합니다. 중생 받은 우리의 마음과 몸은 거룩한 하나님의 성전입니다. 결코 간음으로 성전을 더럽혀서는 안 될 것입니다. "간음하지 말지니라."라는 하나님 절대금기의 부정사 '로'를 잊지 말아야 합니다. 우리는 요셉과 같이 신전의식의 순결한 신앙과 인격, 그리고 예배적인 경건한 삶으로 우리 하나님께 큰 영광을 돌리시기를 축원합니다. 아멘.

간음하지 말지니라 2

《출애굽기 20:14》

하나님의 십계명과 모든 말씀은 오직 하나님 자신의 영광과 선민 이스라엘의 행복을 위하여 주신 특별은총의 선물입니다. 제 5계명인 부모를 공경해야 하며 제 6계명인 살인하지 말아야 합니다. 이는 인간관계에 있어 하나님의 절대적 명령입니다. 살인에 세 가지 유형의 살인이 있듯이 간음도 세 가지 유형으로 나눌 수 있습니다. 그 어떤 유형의 간음일지라도 절대로 범해서는 안 되는 악행이기에 하나님은 '로 티느아프' 즉 "절대로 간음하지 말라."라고 강력하게 명하셨던 것입니다. 이 시간 우리는 간음에 대한 세 가지 유형을 살펴봄으로 함께 은혜받기를 원합니다. "간음하지 말지니라." 이는

1. 육적(肉的) 간음입니다.

이는 부부의 대의를 깨고 부적절한 불륜관계를 가지는 음행을 말합니다. 사실 간음죄는 하나님의 창조원리와 결혼의 신성과 하나님의 성전을 더럽힘으로 그의 영광을 가리는 무서운 악행이기에 하나님은 "간음하지 말라"라고 하셨습니다. 여기에 "간음하지"로 번역된 '타노아프'의 원형 '나이프'는 매춘이나 동성애나 수간 등 육적인 간음을 뜻합니다. 그러므로 육적인 간음은 자신의 인격이나 명예를 더럽히는 추잡스러운 악행입니다. 실로 자신의 인격과 삶, 그리고 명예를 한 순간에 파괴시키는 죄가 육적 간음입니다. "간음하지 말지니라." 이는

2. 심적(心的) 간음입니다.

예수 그리스도께서는 제 7계명을 더욱 고차원적 측면, 곧 내면적으로 더욱 엄중하게 여겨 "간음치 말라 하였다는 것을 너희가 들었으나 나는 너희에게 이르노니 여자를 보고 음욕을 품는 자마다 마음에 이미 간음하였느니라"(마5:27-28)라고 규정하였습니다. 이는 곧 심적 간음을 말합니다. 우리는 인간의 본능적인 욕구의 성향인 심적 간음을 오직 주의 말씀과 성령의 도우심을 힘입어 이를 극복하며 그 마음을 지켜야 합니다. 사도 바울은 "내가 내 몸을 쳐 복종하게 함은"(고전9:27)라고 하였고, "나는 날마다 죽노라"(고전15:31)라고 하였듯이 경건한 개혁자들과 청교도들이 육체에 속한 지체를 죽이는 '죄 죽임'(Mortification)에 철저했던 것입니다. 매 순간, 순간 스쳐가는 마음의 간음, 곧 육신의 정욕을 그리스도의 십자가에 달아 죽여야만 합니다. 이는 심적 간음을 십자가에 못 박지 못하면 몸으로 무섭게 암처럼 전이되기 때문입니다. "간음하지 말지니라." 이는

3. 영적(靈的) 간음입니다.

하나님은 이스라엘의 영적 간음에 대해 "이 백성은 들어가 거할 그 땅에서 일어나서 이방 신들을 음란히 좇아 나를 버리며 내가 그들과 세운 언약을 어길 것이라"(신31:16)라고 경고하였습니다. 호세아에게 하나님은 "너는 가서 음란한 아내를 취하여 음란한 자식들을 낳으라. 이 나라가 여호와를 떠나 크게 행음함이니라."(호1:2)라고 하셨고, 예레미야를 통해 "패역한 이스라엘이 간음을 행하였으므로"(렘3:8)라고 하셨고, 9절에 "그가 돌과 나무로 더불어 행음함을 가볍게 여기고 행음하여 이 땅을 더럽혔거늘"라고 하셨습니다. 하나님을 떠나 다른 신들을 숭배하거나 다른 무엇이든지 사랑하면 그것이 바로 바로 영적 간음죄에 해당합니다. 예수님은 마지막 이 시

대를 가리켜 "악하고 음란한 세대"(마12:39)라고 하셨으며, 사도 요한은 "그 음행의 진노의 포도주를 인하여 만국이 무너졌으며 또 땅의 왕들이 그로 더불어 음행하였으며"(계18:3)라고 '큰 음녀 바벨론' 이라 하였습니다. 오늘 우리는 사도 바울이 "네가 이것을 알라 말세에 고통 하는 때가 이르리니 사람들은 자기를 사랑하며 돈을 사랑하며…쾌락을 사랑하기를 하나님 사랑하는 것보다 더하며"(딤후3:1-4)라고 경고한 말씀을 마음깊이 새기고 영적인 간음죄에 빠지지 말아야 할 것입니다.

사랑하는 성도 여러분!

하나님은 우리를 사랑하십니다. 사랑하시기에 하나님은 "이스라엘아 들으라 우리 하나님 여호와는 오직 하나인 여호와시니 너는 마음을 다하고 성품을 다하고 힘을 다하여 네 하나님 여호와를 사랑하라"(신6:4-5)라고 명하셨습니다. 지금 우리는 '로 티느아프' 즉 "간음하지 말지니라"라고 명하신 하나님의 말씀을 받고 있습니다. 육적, 심적, 더더욱 영적 간음을 하지 말 것을 엄중히 명하시고 계십니다. 그 이유는 하나님께서 우리의 행복을 위하고 사랑하시기 때문입니다. 간음은 모든 것을 한 순간에 파멸로 몰아넣는 재앙의 불씨입니다. 그러므로 요셉처럼, 조선의 옛 여인들이 은장도를 품고 자신의 정조를 지켰듯이 그리스도의 신부로서 우리 자신의 순결을 지켜야 합니다. 감찰하시는 하나님의 면전에서 육적, 심적, 영적인 간음을 주의 십자가에 못 박아 죽이는 순결한 삶으로 그리스도 예수 안에서 아버지 하나님께 큰 영광을 돌리시기를 축원합니다. 아멘.

거짓 선지자들을 삼가라

《마태복음7:15-20》

본문의 말씀은 예수께서 그의 산상수훈 가운데 제자들에게 거짓 선지자들을 경계하신 말씀입니다. 그의 종말훈에서도 "거짓 그리스도들과 거짓 선지자들이 일어나 큰 표적과 기사를 보이어 할 수만 있으면 택하신 자들도 미혹하게 하리라"(마24:24)라고 예고해 주셨습니다. 요즘, 기성 교회와 가정으로 깊숙이 파고 들어와 성도들을 미혹하고, 교회를 붕괴시키려고 하는 '신천지' 이단 집단들의 음흉한 만행들을 보며, 주님께서 일깨워 주신 바 "거짓 선지자들을 삼가라"라는 말씀으로 함께 은혜를 받기를 원합니다. "거짓 선지자들을 삼가라" 이들은

1. 양의 옷을 입은 이리들입니다.

본문 15절에 "거짓 선지자들을 삼가라 양의 옷을 입고 너희에게 나아오나"라고 하였습니다. 이는 그들의 뛰어난 위장술을 말합니다. 사도 바울은 "사탄도 자기를 광명의 천사로 가장하나니"(고후11:14)라고, 그들의 뛰어난 위장술에 속지 말 것을 경계하였습니다. 천사로 위장한 그들은 진리의 대적자요, 남의 담을 넘는 절도요 강도들입니다. 예수님은 이런 자들을 가리켜 "절도이며 강도"(요10:1)라고 하였습니다. '신천지' 이단은 절도요 강도입니다. "거짓 선지자들을 삼가라" 이들은

2. 노략질하는 이리들입니다.

본문 15절에 "거짓 선지자들을 삼가라 양의 옷을 입고 너희에게 나아오

나 속에는 노략질하는 이리라"라고 하였습니다. 여기에 "거짓 선지자들"이란 하나님의 선지자들로 자칭하며 양들을 노략질하는 이리들을 말합니다. "노략질 한다"라는 말은 강탈과 몰수, 약탈을 뜻합니다. 바로 이들의 노략질이 가정을 파괴시키고 교회를 붕괴시키려 함에서 나타납니다. 오늘날, 이만희를 교주로 하는 '신천지' 집단의 정체가 그러합니다. 이단자 이만희는 철저하게 옛 이단자로 단죄되었던 신앙촌의 박태선과 장막성전의 유재열에 뿌리를 두고 있습니다. 삼가 모든 교회는 단호하게 진리의 말씀으로 무장하여 이들의 노략질을 경계해야만 합니다. "거짓 선지자들을 삼가라" 이들은

3. 나쁜 열매를 맺는 좋지 못한 나무들입니다.

본문 16-18절에서 "그의 열매로 그들을 알지니 가시나무에서 포도를 또는 엉겅퀴에서 무화과를 따겠느냐 이와 같이 좋은 나무마다 아름다운 열매를 맺고 못된 나무가 나쁜 열매를 맺나니 좋은 나무가 나쁜 열매를 맺을 수 없고 못된 나무가 아름다운 열매를 맺을 수 없느니라."라고 하셨습니다. 가시나무와 엉겅퀴는 사나운 이리와 같은 속성을 지닌 나쁜 나무요 못된 나무입니다. 찌르고 숨통을 조이는 그들의 열매는 노략질에서 그 정체를 드러냅니다. 그래서 주님은 본문 20절에서 "이러므로 그의 열매로 그들을 알리라"라고 일러 주셨던 것입니다. "거짓 선지들을 삼가라" 거짓 선지자들, 이들은

4. 심판과 영벌을 받을 자들입니다.

본문 19절에서 주님은 "아름다운 열매를 맺지 아니하는 나무마다 찍어 불에 던지우느니라."라고 하셨습니다. 여기에 "찍어"라는 말씀은 하나님

진노의 심판을 뜻합니다. 세례요한은 "이미 도끼가 나무뿌리에 놓였으니 좋은 열매를 맺지 아니하는 나무마다 찍어 불에 던지우리라."(마3:10)라고 하였습니다. "불에 던지우느니라"라는 말씀은 영벌인 영원한 지옥 형벌을 말합니다. 사도 요한은 "짐승은 잡히고 그 앞에서 이적을 행하던 거짓 선지자도 잡혔으니…이 둘이 산채로 유황 불붙는 못에 던지우고"(계19:26)라고 그들의 최후 심판과 지옥형벌을 말씀해 주었습니다. 참으로 불쌍하고 가련한 자들이 아닐 수 없습니다. 그들의 미혹을 받아 이를 추종하는 이른바 '추수꾼'으로 악용당하고 있는 자들의 종말이 그러하기에 불쌍하기 이를 데 없는 것입니다.

사랑하는 성도 여러분!

주의 재림이 임박한 종말시대의 징조 중 하나가 거짓 선지자들의 출현입니다. 그래서 주님은 "거짓 선지자들을 삼가라"라고 하셨고, "너희가 사람의 미혹을 받지 않도록 주의하라 많은 사람이 내 이름으로 와서 이르되 나는 그리스도라 하여 많은 사람을 미혹케 하리라"(마24:4-5)라고 경계의 말씀을 주셨던 것입니다. 사도 요한은 이를 경계하기를 "누구든지 이 교훈을 가지지 않고 너희에게 나아가거든 그를 집에 들이지도 말고 인사도 말라 그에게 인사하는 자는 그 악한 일에 참예하는 자임이니라."(요이1:10-11)라고 하였습니다. 오늘, 이시간 우리 주님께서 일깨워 주신 경계의 말씀 "거짓 선지자들을 삼가라"라고 하신 말씀을 명심하셔서 예수 그리스도의 아름다운 포도원인 교회와 우리 자신들을 견고하게 잘 지켜 나가야 할 것입니다. 이 거룩한 영전에 오직 하나님의 말씀과 성령님의 도우심이 우리와 늘 함께 하시기를 축원합니다. 아멘.

나는 하나님을 경외하므로

《느헤미야 5:14-19》

우리는 느헤미야서를 통해 난국을 해결하고 그 민족을 부흥시킨 느헤미야의 강력한 지도자로서의 리더십을 보게 됩니다. 바로 그가 있었기에 성벽재건의 역사와 민족 대 각성운동은 성공을 거둔 것입니다. 느헤미야가 백성들과 함께 무너진 성벽을 쌓을 때, 심각한 경제난을 겪게 됩니다. 힘에 겨운 세금에다 흉년까지 겹쳐 백성들의 어려움은 극에 달하였기에 그 탄식과 원망이 대단했습니다. 이에 느헤미야는 그들의 고통을 가슴에 안고 지도층들을 설득하여 경제난을 해결하는 사건이 본문의 내용입니다. 그의 강력한 리더십의 동력이 바로 "나는 하나님을 경외하므로"였습니다. "나는 하나님을 경외하므로" 이는 그의

1. 믿음이었습니다.

본문 15절에서 그는 "나는 하나님을 경외하므로"라고 하였습니다. 그의 고상한 성품과 탁월한 지도자로서의 강력한 리더십, 그리고 그를 통해 펼쳐진 모든 업적이 바로 하나님 절대 신뢰의 믿음이었다는 것입니다. 하나님의 선한 손에 의한 승리 확신의 믿음이었습니다. 그의 결단과 헌신적 봉사의 기폭제가 바로 "나는 하나님을 경외하므로"였습니다. 오직 하나님 은혜 의존의 신앙이었기에 19절에서 그는 "내게 은혜를 베푸소서."라고 기도하였던 것입니다. 믿음의 사람은 강한 사람입니다. 이유는 전능하신 하나님의 오른 손이 그를 붙들어 주시기 때문입니다. 사도 요한은 "대저 하나님께로서 난 자마다 세상을 이기느니라. 세상을 이긴 이김은 이것이니 우리

의 믿음이니라."(요일5:4)라고 하였습니다. "나는 하나님을 경외하므로" 이는 그의

2. 개혁적 의지였습니다.

본문 15절에서 그는 "이전 총독들은 백성에게 토색하여 양식과 포도주를 취하였고 그 종자들도 백성을 압제하였으나 나는 하나님을 경외하므로 이같이 행치 아니하고"라고 하였습니다. 하나님을 경외하는 자신은 이전의 총독과는 다르다는 말입니다. 그렇기 때문에 그는 16절에서 "도리어 이 성 역사에 힘을 다하여 땅을 사지 아니하였고, 나의 모든 종자도 모여서 역사하였으며"라고 개혁적 의지를 밝혔던 것입니다. 이와 같은 역사가 하나님의 뜻을 성취하는 개혁입니다. 선지자 호세아는 "너희 묵은 땅을 기경하라 마침내 여호와께서 임하사 의를 비처럼 너희에게 내리시리라"(호10:12)라고 하였습니다. 묵은 땅을 기경하는 것이 개혁입니다. 무너진 성벽을 재건하는 역사와 대각성운동이 개혁입니다. 바로 여호와를 경외함에서 나온 그의 개혁이었습니다. "나는 하나님을 경외하므로" 이는 그의

3. 희생적 헌신이었습니다.

본문 14절에서 느헤미야는 "내가 유다 땅 총독으로 세움을 받을 때 곧 아닥사스다 왕 이십 년부터 삼십 년까지 십이 년 동안 나와 내 형제가 총독의 녹을 먹지 아니하였느니라."라고 하였습니다. 느헤미야는 하나님을 경외하므로 총독이 받을 삯을 받지 않았다는 것입니다. 이유는 18절에 "백성의 부역이 중함이니라." 였기 때문입니다. 이것이 바로 하나님을 경외하는 자의 선한 양심입니다. 선지자 아모스는 당시 "너희가 가난한 자를 밟고 저에게서 밀의 부당한 세를 취하였은즉…의인을 학대하며 뇌물을 받고 성문

에서 궁핍한 자를 억울하게 하는 자로다"(암5:11-12)라고 질타했던 탐관오리들과는 너무나도 대조적인 느헤미야의 모습을 봅니다. 바로 하나님을 경외함에서 나온 그의 위대한 모습입니다. "나는 하나님을 경외하므로" 이는 그의

4. 청빈의식이었습니다.

본문 16-18절에서 느헤미야는 "도리어 이 성 역사에 힘을 다하여 땅을 사지 아니하였고…내가 총독의 녹을 요구하지 아니하였음은 백성의 부역이 중함이니라."라고 하였습니다. 한마디로 그의 삶이 부끄러움이 없는 청빈한 삶이었다는 것입니다. 고금을 막론하고 권력이나 재력을 가진 사람들치고 부끄러움이 없는 사람을 찾아보기 힘들 것입니다. 느헤미야가 이같이 부끄러움 없이 살았기에 본문 19절에서 "내 하나님이여 내가 이 백성을 위하여 행한 모든 일을 생각하사 은혜를 베푸소서."라고 기도하였던 것입니다.

사랑하는 성도 여러분!

느헤미야와 같이 오직 하나님 중심의 신앙과 개혁, 희생과 부끄러움이 없는 삶으로 하나님께 영광이 되었으면 합니다. 하나님께 대한 거룩한 두려움인 경외심이 중요합니다. 이 경외심에 이상이 생기면 결국 모든 면에서의 성벽은 무너지고 그 결과 패망으로 이어지는 것입니다. 느헤미야가 "나는 하나님을 경외하므로"라고 고백했던 그 신앙과 삶이 우리 모두의 신앙과 삶이 되었으면 합니다. 그리하면 하나님은 반드시 우리들 자신과 가정, 교회와 이 나라와 민족에게 놀라운 복을 안겨 주실 것으로 확신 합니다. 아멘.

살인하지 말지니라

《출애굽기 20:13》

하나님의 십계명 중, 제 6계명이 "살인하지 말지니라." 입니다. "살인하지 말지니라."라는 히브리어 '로 티르차흐' 에서, 그 서두에 '결단코 ~해서는 안 된다' 라는 강력한 부정형인 '로' 라는 단어가 제 1계명에서부터 계속 기재되어 있음을 보게 됩니다. 그렇기 때문에 제 6계명은 율법시대인 모세 당시도 그러했지만 오늘날, 그리스도께서 구속사를 성취하신 복음시대를 살아가는 성도들에게 더욱 엄중한 계명입니다. 이 시간, 제 6계명의 말씀을 통해 함께 은혜받기 원합니다. "살인하지 말지니라." 제 6계명의

1. 절대금령(絶對禁令)의 이유입니다.

첫째, 신적(神的)주권 침해이기 때문입니다.

한 나라의 흥망성쇠와 사람의 생사화복은 하나님의 절대주권의 영역에 속한 것입니다. 그러므로 살인은 하나님의 절대불가침의 주권적 영역의 침해이기 때문에 타살이든 자살이든 죄악입니다.

둘째, 신적(神的)소유권 침해이기 때문입니다.

모든 생명의 주인은 오직 하나님이십니다. 그 하나님의 소유된 자신이나 타인의 생명을 살상한다는 것은 무서운 죄가 됩니다. 그러므로 살인은 하나님의 소유권을 침범하는 악행입니다.

셋째, 신적(神的)사랑 침해이기 때문입니다.

하나님께서는 선민 이스라엘을 사랑하셨습니다. 사도 요한은 "하나님은 사랑이시라"(요일4:8)라고 하였고, 사도 바울은 "긍휼에 풍성하신 하나님이 우리를 사랑하신 그 큰 사랑을 인하여 허물로 죽은 우리를 그리스도와 함께 살리셨고 너희가 은혜로 구원을 얻은 것이라"(엡2:4-5)라고 하였습니다. 살인은 하나님의 큰 사랑을 침해이기에 죄악입니다. "살인하지 말지니라." 제 6계명의

2. 절대적 신의(神意)의 규정입니다.

첫째, 육체적 살인입니다.

어떠한 방식으로든지 악의적으로 귀중한 사람의 생명을 앗아간다는 것은 무서운 살인의 악행입니다. 어느 시대나 그러했지만 요즘 들어 급증한 살인사건들이 곳곳에서 일어나 사람들을 공포로 몰아넣는 그 악랄한 참상들을 보며 개탄을 금치 못합니다.

둘째, 정신적 살인입니다.

고의적 또는 악의적으로 중상모략하며 형제 사이를 갈라놓는 이간질이나 법정에서의 위증 등은 정신적 살인입니다. 폭군들의 권력, 법관들의 뇌물, 노동자의 삯을 갈취하는 악덕 기업주들 횡포 기득권 등은 사람들의 마음에 칼질하는 정신적 살인 도구입니다.

셋째, 영적 살인입니다.

이는 인간의 영혼과 직결된 거짓 교사들의 "다른 교훈"(히13:9), "발람의 교훈"(계2:14), "니골라 당의 교훈"(계2:15)들과 천사도 저주 받아 마땅할 "다른 복음"(갈1:8), 적그리스도에 속하는 이단들의 독설과 추잡한 행동과

교제 등은 순진한 영혼들을 노략질하여 파멸로 이끄는 영적 살인입니다. "살인하지 말지니라." 제6계명의

3. 역행에 따른 공의의 심판입니다.

하나님은 동생 아벨을 돌로 쳐 죽인 가인에게 "땅이 그 입을 벌려 네 손에서부터 네 아우의 피를 받았은즉 네가 땅에서 저주를 받으리니"(창4:11)라고 하셨습니다. 노아 홍수 후 하나님은 "무릇 사람이 피를 흘리면 사람이 그 피를 흘릴 것이니 이는 하나님이 자기 형상대로 사람을 지었음이니라"(창9:6)라고 하셨습니다. 살인자는 결코 하나님 공의의 심판을 피하지 못함이 사실입니다.

사랑하는 성도 여러분!

하나님께로부터 받은 사람의 생명은 하나님의 형상대로 지음을 받았기에 그 존재가 귀중한 것입니다. 예수께서는 그 한 생명의 가치에 대해 "사람이 만일 온 천하를 얻고도 제 목숨을 잃으면 무엇이 유익하리요"(막8:36)라고 하셨습니다. "살인하다"라는 원어 '라차흐'는 단순히 육체적인 생명을 앗아가는 행위뿐만 아니라 인격을 훼손시키는 정신적인 가해, 더욱이 사람의 영혼을 병들게 하거나 죽이는 행위는 하나님의 절대주권적인 그의 불가침의 영역을 침해하는 악행이 되기 때문에 '로 티르차흐' 즉 '절대로 살인하지 말라'라고 명하신 것입니다. 그러므로 구원받은 모든 성도들은 형제를 실족케 하는 일이나 억울하게 하는 일은 결코 자행치 말아야 합니다. 주님은 "화평케 하는 자는 복이 있나니 저희가 하나님의 아들이라 일컬음을 받을 것임이요"(마5:9)라고 하셨습니다. 하나님의 자녀로서 화평케 하는 복된 삶으로 오직 하나님께 영광을 돌리시기를 축원합니다. 아멘.

새긴 우상을 만들지 말고

《출애굽기 20:4-6》

우리 신앙의 기본은 하나님에 대한 올바른 신관입니다. 과연 하나님은 누구시며, 그는 어떤 일을 하셨으며, 또 무엇을 요구하시는 분이신가를 분명하게 인식함입니다. 선민 이스라엘을 출애굽 시킨 전능하신 하나님은 시내산에 이르러 그들에게 십계명을 주시면서 제 1계명에서 "나 외에는 다른 신들을 네게 있게 말지니라."라고 하셨으며, 제 2계명으로 "너를 위하여 새긴 우상을 만들지 말고…절하지 말며 그것들을 섬기지 말라"고 명하셨습니다. 사실 우상 숭배는 하나님의 질투를 격발시키는 죄가 되기에 그 죄를 갚되 아비로부터 삼사 대까지 이르게 하신다고 경고하셨던 것입니다. "새긴 우상을 만들지 말고 그것들을 섬기지 말라" 이는

1. 잡신들인 우상배타의 명령입니다.

본문 4절에 "너를 위하여 새긴 우상을 만들지 말고 또 위로 하늘에 있는 것이나 아래로 땅에 있는 것이나 땅 아래 물속에 있는 것의 아무 형상이든지 만들지 말며"라고 하였습니다. 여기에 "새긴 우상", 곧 '페쎌'은 '돌들을 자르다', '새기다', '잘라 우상을 만들다' 라는 의미의 '파살'에서 유래한 말로 석재나 금속을 자르거나 조각하거나 혹은 흙을 빚어 만든 형상을 뜻합니다. 여기에 "만들지 말고"라는 '로 타아세'는 강한 부정사인 '로'가 문장 앞에 있어 우상의 배타성과 금기의 절대성을 지니고 있습니다. 절대로 우상을 만들어서는 안 된다는 우상배타의 명령입니다. "새긴 우상을 만들지 말고 그것들을 섬기지 말라" 이는

2. 우상숭배에 대한 절대금기의 명령입니다.

본문 5절에 "그것들에게 절하지 말며 그것들을 섬기지 말라"라고 명하셨습니다. 이는 4절에 "너를 위하여"라고 하신바 인간 탐욕에 그 뿌리를 두고 있음을 보여 줍니다. 그래서 사도 바울은 "탐심은 우상숭배니라"(골3:5)라고 지적하였던 것입니다. 아담 범죄 후 타락한 인간의 탐심은 끊임없이 수다한 우상을 만들어, 그 앞에 절하고 섬김으로 그 탐심을 충족시키려고 했던 것입니다. 이 모두는 오직 하나님 외에 "다른 신들"인 우상숭배에 해당하는 행위입니다. 그래서 하나님은 "너를 위하여 새긴 우상을 만들지 말고…그것들에게 절하지 말며 그것들을 섬기지 말라"라는 계명을 주셨던 것입니다. 오늘 본문에서 "만들지 말라"라는 '로 타이세', "절하지 말라"라는 '로 티쉬타흐웨', 그리고 "섬기지 말라"라는 '로 타아부뎀'은 하나같이 부정적 명령의 절대성을 지니고 있습니다. "새긴 우상을 만들지 말고 그것들을 섬기지 말라" 이는

3. 선민을 위한 축복의 명령입니다.

본문 5절에서 여호와 하나님은 "나 여호와 너의 하나님은 질투하는 하나님인즉"이라고 하셨습니다. 바로 그 하나님의 질투가 5절 하반 절에서 "나를 미워하는 자의 죄를 갚되 아비로부터 아들에게로 삼사 대까지 이르게 하거니와"라고 경고하였고, 6절에서는 "나를 사랑하고 내 계명을 지키는 자에게는 천 대까지 은혜를 베푸느니라."라고 축복을 약속하셨습니다. 하나님께서 선민 이스라엘에게 십계명을 주신 목적이 바로 그들의 행복과 축복에 있음을 보여 줍니다. 여호와 하나님은 모세를 통하여 "내가 오늘날 네 행복을 위하여 네게 명하는 여호와의 명령과 규례를 지킬 것이 아니냐 하늘과 모든 하늘의 하늘과 땅과 그 위의 만물은 본래 네 하나님 여호와께

속한 것이로되 여호와께서 오직 네 열조를 기뻐하고 그들을 사랑하사 그 후손 너희를 만민 중에서 택하셨음이 오늘날과 같으리로다."(신10:13-15)라고 하셨고, "이스라엘이여 너는 행복자로다 여호와의 구원을 너같이 얻은 백성이 누구뇨, 그는 너를 돕는 방패시오, 너의 영광의 칼이시로다. 네 대적이 네게 복종하리니 네가 그들의 높은 곳을 밟으리로다."(신33:29)라고 하였습니다.

사랑하는 성도 여러분!

하나님께서 우리들에게 주신 모든 계명은 결코 우리를 무겁게 하려는 짐이 아닙니다. 성도된 우리 모두의 행복과 축복을 위해 주신 명령입니다. 자손 천대에 이르도록 은혜를 주시기 위한 명령이라는 사실입니다. 제 2계명의 말씀대로 우리들 앞에 자신들을 이기적인 탐욕충족을 위하여 새긴 우상을 만들어 그것들을 섬기지 말아야 합니다. 하나님 없는 인간의 과학만능주의, 물질만능주의, 권력지상주의, 그리고 육체적 쾌락주의 등은 현대판 우상들임에 분명합니다. 천주교가 제 1, 2계명을 없애버린 이유가 바로 하나님 절대금기의 우상숭배 때문입니다. 하나님의 백성된 우리들 자신과 자녀들이 잘되고, 가정이 행복하며, 또한 기업이 번창하는 길이 바로 "새긴 우상을 만들지 말고 그것들을 섬기지 말라"라는 명령에 있음을 명심하고, 오직 하나님의 계명에 순종함으로 우리 하나님께 찬양과 영광을 돌리는 복된 삶이 되시기를 축원합니다. 아멘.

안식일을 기억하여 거룩히 지키라

《출애굽기 20:8-11》

안식일 즉 '욤 핫삽바트'는 하나님께서 태초에 6일 동안의 천지창조를 끝내시고 제 7일째 쉬신 것을 기념하는 날로, 선민 이스라엘에게 주신 십계명 중, 제 4계명인 "안식을 기억하여 거룩히 지키라"입니다. 여기에 "안식", '삽바트'는 '쉬다', '그치다'라는 의미로 '일체의 노동을 중지하고 쉬다'라는 말입니다. 바로 안식일 성수의 명령은 오늘날 주일성수로 그 도덕적, 신령적 의미와 정신은 그대로 모든 교회에 이어지고 있습니다. 이 시간 우리는 제 4계명인 본문의 말씀을 통해 함께 은혜 받기를 원합니다. "안식일을 기억하여 거룩히 지키라" 이 날이

1. 기억해야 할 여호와의 안식일입니다.

본문 8절에서 "안식일을 기억하여"라고 하였습니다. 여기에 "기억하라"에 해당하는 '자코르'는 '생각하다, 회상하다'라는 뜻을 지닌바 '반드시 기억하라', '언제나 유념해 두라'라는 명령입니다. 이렇게 안식일을 잊지 않고 유념한다는 것은 절대주권자이며 창조자이신 하나님의 주권을 인정하는 일이기 때문에 대단히 중요합니다. 사실 안식일을 기억함은 하나님의 창조사역과 출애굽사건을 잊지 말아야 할 것과 아울러 6일 동안의 노동을 중지하고 쉬면서 그 하나님께 영광을 돌리라는 명령입니다. 하나님의 창조와 출애굽 사건을 잊는다는 것은 바로 그 하나님의 은혜에 대한 배신행위가 되기 때문에 하나님은 친히 안식일의 모범을 보여 주신 것입니다. "안식일을 기억하여 거룩히 지키라" 이 날이

2. 지켜야 할 여호와의 안식일입니다.

안식일을 기억하여 그 날을 "거룩히 지키라"라고 하였습니다. "거룩히 지키라"를 직역하면 '그것을 거룩하게 하기 위해' 입니다. 이는 "거룩히 지키라"라는 원어 '레캇데쇼'가 거룩해야 할 이유인 '-위하여'라는 의미가 담겨져 있기 때문입니다. 그러므로 "기억하라"의 '자코르'가 명령형이고 "거룩히 지키라"는 안식일을 성별되게 지켜야 하는 이유를 뜻하고 있습니다. 그러므로 이 안식일 성수의 올바른 의미는 '안식일을 거룩히 지키기 위하여 그 안식일을 기억하라' 입니다. 여호와의 안식일을 먼저 기억해야만이 그 날을 거룩히 구별하여 지키는 순종의 삶이 꽃을 피우기 때문입니다. 강력한 동기부여는 그에 따른 행동을 낳는 이치와 같습니다. 결국, 하나님은 이 안식일 성수의 명령을 통해 그 날을 거룩히 구별하여 세속적이며, 육신적인 모든 일을 일절 금하고 오직 천지 창조와 출애굽의 하나님께만 헌신할 것을 요구하신 것입니다. "안식일을 기억하여 거룩히 지키라" 이 날이

3. 복된 여호와의 안식일입니다.

본문 9-11절에서 "엿새 동안은 힘써 네 모든 일을 할 것이나 제 칠일은 너의 하나님 여호와의 안식일인즉 너나 네 아들이나 네 딸이나 네 남종이나 네 여종이나 네 육축이나 네 문 안에 유하는 객이라도 아무 일도 하지 말라 이는 엿새 동안에 나 여호와가 하늘과 땅과 바다와 그 가운데 모든 것을 만드시고 제 칠일에 쉬었음이라 그러므로 나 여호와가 안식일을 복되게 하여 그 날을 거룩하게 하셨느니라."라고 하였습니다. 안식일을 "여호와의 안식일"로 규정하시고, 그 날에 노동금지의 대상을 크게 네 분류로 제시하였습니다. 즉 자신을 비롯한 가족과 종들, 그리고 육축과 자신의 손인 나그네입니다. 심지어 미물에 속한 짐승까지도 쉬기를 원하셨으니 이것이 모든

생명체를 향하신 하나님의 깊으신 배려입니다. 그리고 하나님은 이 날을 "복되게 하여"라고 하셨습니다. 여기에 "복되게 하여"라는 원어 '빠라크'는 "축복하다"라는 '빠라크'에서 온 말로 하나님께서 축복하신 안식일이라는 말입니다.

사랑하는 성도 여러분!

출애굽 후, 시내산에서 제정해 주신 "여호와의 안식일"은 "안식일의 주인"(막2:28)되신 예수 그리스도의 그림자입니다. 그리스도께서 십자가에 죽으시고 부활하신바 그의 구속성취에 근거한 첫째 날을 기념하는 날이기에 '주일성수'는 '안식일성수'의 신령적 도덕성은 변함없이 계속 이어지고 있는 것입니다. 곧, 그리스도께서 죽음에서 다시 살아나심으로 구원의 문을 여신 부활의 이 날에 대해 시편기자는 "이 날은 여호와의 정하신 것이라 이 날에 우리가 즐거워하고 기뻐하리로다."(시118:24)라고 예언하였던 것입니다. 그러므로 오순절 날, 성령강림 후, 사도들과 초대교회는 이 날을 즐거움과 기쁨으로 지켰고, 그리스도께서 재림하실 그 날까지 지켜질 "여호와께서 정하신 날" 곧 '주의 날' 입니다. 이 날은 하늘에 속한 날이지 땅에 속한 날이 아니기 때문에 세속적인 일을 금하고, 그리스도의 십자가와 부활을 기념하며, 우리를 구원해 주신 성삼위 하나님께만 영광을 돌리는 것입니다. 안식일성수의 그 정성으로 주의 날인 주일을 성수함으로 약속해 주신 하나님의 모든 축복을 누리는 우리 모든 성도들이 되시기를 축원합니다. 아멘.

안식일을 일컬어

《이사야 58:13-14》

　　당시 선민 이스라엘 자손들은 하나님께서 일찍이 시내산에서 명하신 십계명 중 제 4계명인 안식일을 망각하고 세속적인 쾌락과 사사로운 일에 집착하여 그 날을 불경스럽게 변질시키고 있었습니다. 그렇기 때문에 주전 690년 경, 하나님의 선지자 이사야는 하나님께서 복되게 하신 그 날에 대한 바른 인식과 이 날을 준수하여 하나님의 축복을 누릴 것을 촉구하고 있음이 본문의 말씀입니다. 여호와의 안식일 대해 올바른 인식은 대단히 중요합니다. "안식일을 일컬어" 바로 이 날이

1. 절대가치의 날임을 주지시켜 주심입니다.

　　본문 13절에 "안식일을 일컬어 즐거운 날이라 여호와의 성일을 존귀한 날이라 하여 이를 존귀히 여기고"라고 하였습니다. 하나님은 이 날을 "여호와의 안식일"(출20:10)이라고 하셨고 "복되게 하여"라고 하셨으며, 본문에서는 "여호와의 성일"이라고 하였습니다. 그러므로 이 날은 "즐거운 날", 또는 "존귀한 날"인 것입니다. 여기에서 "즐거운 날"에 해당하는 '오네그'는 원래 하나님을 기뻐하는 것을 의미합니다. 또한 "존귀한 날"이라는 '메쿰바드'는 하나님과 관련하여 '영화롭게 하다'라는 뜻입니다. 그러므로 "여호와의 성일"인 이 날이야말로 인생들에게 주신 수많은 날들 중에 가장 즐겁고 영예로운 날, 곧 절대가치의 날임을 주지시켜 주셨던 것입니다. 이 날에 대한 가치관이 상실되면 결국 육체적 쾌락과 사사로운 일에 빠진다는 것이 이사야 당시도 그러했지만 오늘날도 마찬가지입니다. "여호

와의 성일"인 곧 주의 날은 "즐거운 날"이며, "존귀한 날"이라는 사실을 명심하고 성수해야 합니다. "안식일을 일컬어" 바로 이 날에

2. 실천적 삶의 방향을 일깨워 주심입니다.

본문 13절에서 "만일 안식일에 네 발을 금하여 내 성일에 오락을 행치 아니하고"라고 하였고, 계속해서 "네 길로 행치 아니하며 네 오락을 구치 아니하며 사사로운 말을 하지 아니하면"이라고 하셨습니다. 크게 세 가지의 준수 방향을 제시하셨습니다. 첫째는 "네 발을 금하여"와 "네 길로 행치 아니하며"입니다. 이를 문자적으로 직역하면 '만약 네가 안식일로부터 네 발을 돌린다면'이라는 의미의 말로 이 날로부터 자신의 발을 돌이켜 세속적이며 육체적 쾌락을 추구하는 길로 행치 말라는 것입니다. 그리고 둘째는 "내 성일에 오락을 행치 아니하고" 이어 "네 오락을 구치 아니하며"라고 명하심입니다. 여기에 "오락"에 해당하는 '하파체카'의 원형 '헤페츠'는 '소원'이나 '기쁨'을 뜻하는 말로, 하나님을 기쁘시게 함이 아닌 육체적인 쾌락에 치우치지 말라는 말씀입니다. 셋째는 "사사로운 말을 하지 아니하며"라고 하셨으니 이는 이 날에 경건치 않고 속된 말을 함부로 쏟아내지 말라는 말씀입니다. 이 같은 행동지침이 안식일에 준수해야 할 실천적 삶의 자세임을 일깨워 주셨습니다. 이는 여호와의 성일인 이 날이 땅에 속한 날이 아니고 하늘에 속한 하나님께서 정하신 성일이기 때문입니다. "안식일을 일컬어" 바로 이 날이

3. 하나님의 축복을 확인시켜 주심입니다.

본문 14절에서 "네가 여호와의 안에서 즐거움을 얻을 것이라 내가 너를 땅의 높은 곳에 올리고, 네 조상 야곱의 업으로 기르리라 여호와 입의 말이

니라."라고 하셨습니다. 이 날을 준수함에 따른 세 가지의 축복을 확인시켜 주셨는데, 첫째, 즐거움의 축복, 곧 '여호와 안에서 누리는 기쁨'의 축복입니다. 이는 성도만이 누리는 구원은총의 즐거움으로 천국을 맛보는 축복입니다. 둘째, 승리와 영예의 축복입니다. "내가 너를 높은 곳에 올리고"라고 하셨는데, 이는 약대나 말, 수레나 전차 등에 타는 것을 의미하는 것으로 '내가 너를 땅에 높은 곳들에 태울 것이다' 라는 말입니다. 즉, 대적들로부터의 승리와 영예의 축복을 말합니다. 셋째는 자손과 기업의 축복입니다. "네 조상 야곱의 업으로 기르리라"라고 하심이 이를 말해줍니다. 이 땅에서의 축복뿐 아니라 영원한 천국기업의 축복도 보장되어 있으니, 그만치 이 날이 절대가치의 축복의 날임을 확인시켜 주셨습니다.

사랑하는 성도 여러분!

예수께서는 "안식일은 사람을 위하여 있는 것이요 사람이 안식일을 위하여 있는 것이 아니니 이러므로 인자는 안식일에도 주인이니라."(막2:27-28)라고 말씀해 주셨습니다. 여호와의 성일인 안식일의 이 영적인 축복의 가치를 인식한다는 것이 매우 중요합니다. 안식일, 곧 그리스도께서 부활하신 주의 날 곧 주일은 즐거운 날, 존귀한 날, 축복의 날입니다. 천국을 맛보는 성도들에게만 주어진 특권의 날입니다. 우리들 자신과 가정의 행복, 기업이 번창, 천국에서의 기업과 상급이 보장되어 있는 "안식일"인 "주의 날"을 성수함으로 하나님께 큰 영광이 되시기를 축원합니다. 아멘.

여호와 편에 있는 자

《출애굽기 32:25-29》

이스라엘 백성들이 출애굽한 후, 시내산 앞에서 하나님의 진노를 격발케 한 사건이 바로 본장에 나타난 금송아지 사건입니다. 모세가 시내산에 있는 동안 이스라엘 백성들은 아론을 충동하여 금송아지를 만들어 번제와 화목제로 더불어 뛰노는바 광란의 축제로 모세를 대노케 하였습니다. 이에 모세는 돌판을 던져 깨뜨리고 금송아지를 불태워 가루를 만들어 물에 뿌려 그 물을 백성들에게 마시게 한 후, "누구든지 여호와의 편에 있는 자는 내게로 나아오라"라고 하였고, 이에 레위 자손이 여호와 편에 섰던 것입니다. "여호와의 편에 있는 자" 이들 레위 자손은

1. 성별된 자들이었습니다.

본문 26절에 "모세가 진문에 서서 가로되 누구든지 여호와의 편에 있는 자는 내게로 나아오라"라고 하였습니다. 이는 하나님과 금송아지를 갈라 놓는 하나님의 성별역사였습니다. 이에 하나님은 레위 자손을 성별하여 갈라놓으신 것입니다. 사도 바울은 "그리스도와 벨리알이 어찌 조화되며… 하나님의 성전과 우상이 어찌 일치가 되리요"(고후6:15-16)라고, 이를 분명하게 밝혀 주었습니다. "여호와 편에 있는 자" 이들 레위 자손은

2. 개혁의 사람들이었습니다.

본문 27절에 "모세가 그들에게 이르되 이스라엘의 하나님 여호와께서 이같이 말씀하시기를 너희는 각각 허리에 칼을 차고 진 이 문에서 저 문까

지 왕래하며 각 사람이 그 형제를 각 사람이 그 친구를 각 사람이 그 이웃을 도륙하라 하셨느니라."라고 명하셨고, 이에 성별된 레위 자손이 28절에 "모세의 말대로 행하매 이 날에 백성 중에 삼천 명 가량이 죽인바 된지라" 라고 하였습니다. 바로 하나님께서 펼치신 개혁운동의 주역들이었습니다. 이들 손에 들려진 칼이 바로 하나님 개혁의 칼, 말씀의 검이었습니다. "여호와의 편에 있는 자" 이들 레위 자손은

3. 헌신된 자들이었습니다.

본문 29절에 "모세가 이르되 각 사람이 그 아들과 그 형제를 쳤으니 오늘날 여호와께 헌신하게 되었느니라."라고 하였습니다. 이는 그들의 칼로 금송아지 숭배자들을 멸한 사건이 여호와께 헌신된 제사장으로 위임이 되었다는 뜻입니다. 사도 베드로는 이렇게 헌신 된 성도를 "왕 같은 제사장들이요"(벧전2:9)라고 하였습니다. "여호와의 편에 있는 자" 이들 레위 자손은

4. 축복의 사람들이었습니다.

본문 29절에 "그가 오늘날 너희에게 복을 내리시리라"라고 하였습니다. 이 복은 그들에게 주어진 제사장직의 축복입니다. 과거 레위는 아버지 야곱에게서 "시므온과 레위는 형제요 그들의 칼은 잔해하는 기계로다. 그 노염이 혹독하니 저주를 받을 것이요 분기가 맹렬하니 저주를 받을 것이라"(창49:5,7)라는 혹독한 저주를 받았습니다. 그러한 레위 자손이 여호와 편에 있는 자되어 우상숭배자들을 척결한 이 사건으로 하나님께 헌신되어진 축복의 자손이 된 것입니다. 모세는 운명하기 전 레위에게 계대적인 제사장 직과 이에 따른 물질과 승리의 축복을 해 주었습니다(신33:10-11).

사랑하는 성도 여러분!

사도 바울은 디모데에게 여호와 편에 있는 자들의 세 가지의 자세와 삶을 밝혀 주었습니다.

첫째, 오직 진리 편에 있으라는 것입니다. "아들 디모데야 내가 네게 이 경계로써 명하노니 전에 너를 지도한 예언을 따라 그것으로 선한 싸움을 싸우며"(딤전1:18)라고 하였습니다. "너를 지도한 예언" 이는 하나님의 말씀인 진리입니다.

둘째, 오직 믿음 편에 있으라는 것입니다. 19절에 "믿음…을 가지라"라고 하였습니다. 선지자 하박국은 "의인은 그 믿음으로 말미암아 살리라"(합2:4)라고 하였고, 사도 바울은 이에 "기록된바 오직 의인은 믿음으로 말미암아 살리라 함과 같으니라."(롬1:17)라고 했습니다.

셋째, 오직 착한 양심 편에 있으라는 것입니다. 이어 "믿음과 착한 양심을 가지라"라고 명하였습니다. 사도 베드로는 "선한 양심을 가지라"(벧전3:16)라고 하였고, 21절에서 "선한 양심이 하나님을 향하여 찾아가는 것이라"라고 하였습니다. 1521년 4월 17일, 보름스 의회에 출두한 루터는 그의 주장을 취소하라는 황제 찰스 5세에게 '하나님의 말씀에 구속을 받는 자신의 양심을 거슬린 행동을 할 수 없다' 하며 이를 단호하게 거절했습니다. 이는 그가 하나님 편에, 진리와 믿음과 선한 양심 편에 서 있었기 때문입니다. 하나님은 지금도 우리 모두에게 여호와 편, 곧 진리와 믿음과 양심 편에 있기를 원하시기에 이를 명하고 계십니다. 오직 하나님 중심의 말씀과 믿음과 선한 양심의 삶으로 영적 전투에 승리함으로 하나님께 영광 돌리시기를 축원합니다. 아멘.

내가 만군의 여호와를 위하여

《열왕기상 19:9-21》

주전 860년 경, 엘리야는 이스라엘 사상 최악의 왕이었던 아합의 악처인 이세벨의 칼날을 피하여 광야로 들어가 한 로뎀 나무 아래에서 죽기를 구하다 깊이 잠이 듭니다. 그때 엘리야에게 천사가 나타나 숯불에 구운 떡과 한 병의 물을 공급해 주어 힘을 얻고 사십 주야를 행하여 하나님의 산 호렙에 이르게 됩니다. 바로 그 호렙 산, 굴에서 하나님은 세미한 소리 가운데 엘리야를 만나주셨고 마지막으로 그가 해야 할 일, 곧 사명을 주셨음을 본문 15-18절에서 기록해 주고 있습니다. 그는 여호와께 "내가 만군의 하나님 여호와를 위하여 열심히 특심하오니"라고 고백하였습니다. "내가 만군의 여호와를 위하여" 엘리야, 그는

1. 여호와 중심의 사람이었습니다.

본문 9절에서 하나님은 "엘리야야 네가 어찌하여 여기 있느냐"라고 물으셨습니다. 그 때, 그는 10절에서 "내가 만군의 하나님 여호와를 위하여"라고 말하면서 "이스라엘 자손이 주의 언약을 버리고 주의 단을 헐며 칼로 주의 선지자들을 죽였음이오며 오직 나만 남았거늘"라고 대답하였습니다. 또한 여호와께서 크고 강한 바람과 지진, 불과 세미한 소리 가운데 그를 만나 주신 후에 엘리야는 겉옷으로 얼굴을 가리고 굴 어귀에 서게 됩니다. 그 때, 하나님은 다시 그에게 "엘리야야 네가 어찌하여 여기 있느냐"라고 물으셨고, 이에 14절에서 동일하게 "내가 만군의 하나님 여호와를 위하여"라고 말하며, "이스라엘 자손이 주의 언약을 버리고 주의 단을 헐며 칼로 주

의 선지자들을 죽였음이오며 오직 나만 남았거늘"이라고 대답을 합니다. 이는 엘리야, 그가 오직 하나님의 중심의 사람이었음 고백함입니다. "내가 만군의 여호와를 위하여" 엘리야, 그는

2. 열정적 헌신의 사람이었습니다.

그는 본문 10절과 14절에서 "내가 만군의 하나님 여호와를 위하여 열심히 특심하오니"라고 하였습니다. 이 말은 그의 열정적인 헌신의 삶을 그대로 고백한 말입니다. 그의 열정적인 헌신의 삶이 갈멜산에서 그 절정을 이룬 것을 보게 됩니다. 그는 갈멜산에서 여호와의 무너진 단을 수축하였고, 여호와 불의 응답을 받음으로 승리의 쾌거를 거두게 됩니다. 그리고 바알 선지자들을 모두 죽인 후, 갈멜산 꼭대기에서 간절하게 기도함으로 기적적인 큰 비가 내리도록 하였습니다. 이 모든 일은 오직 "여호와를 위하여" 자신을 불태워 드렸던 그의 열정적인 헌신적 삶의 모습임을 보여 줍니다. 의인 노아와 아브라함과 엘리야, 그리고 모든 선지 사도들, 모든 개혁자들과 선교사들의 삶의 모습이 그러했듯이 오늘 날에도 참된 성도들의 삶 또한 마찬가지입니다. 사도인 바울은 "나는 주 예수의 이름을 위하여 결박을 받을 뿐 아니라 예루살렘에서 죽을 것도 각오하였노라"(행21:13)라고 하였고, 사도 요한은 "그들은 죽기까지 자기 생명을 아끼지 아니하였도다."(계12:11)라고 하였습니다. "내가 만군의 여호와를 위하여" 엘리야, 그는

3. 하나님 축복의 사람이었습니다.

"여호와를 위하여" 자신을 불태웠던 엘리야를 통해 나타내 주신 하나님의 축복은 대단하였습니다. 하나님께서 그에게 주셨던 크고도 놀라운 축복을 몇 가지로 살펴 볼 수 있습니다. 첫째, 그에게 주셨던 하나님의 충만하신

영감, 곧 능력입니다. 이는 그 시대에 그를 통하여 나타내 주신 수많은 기적들이 이를 말해줍니다. 둘째, 승리의 축복입니다. 이는 갈멜산 대결 후 기손 시내에서 바알 선지자들을 죽였던 사건입니다. 셋째, 큰 비의 축복입니다. 하나님께서 3년 반 만에 큰 축복의 장맛비를 주셨습니다. 넷째, 후계자의 축복입니다. 하나님은 본문 16절에서 "사밧의 아들 엘리사에게 기름을 부어 너를 대신하여 선지자가 되게 하라"라는 명령에 따라 그를 후계자로 삼았던 것입니다. 다섯째, 승천한 축복입니다. "홀연히 불수레와 불말들이 두 사람을 격하고 엘리야가 회리바람을 타고 승천하더라."(왕하2:11)라고 하였습니다.

사랑하는 성도 여러분!

"내가 만군의 여호와를 위하여" 이렇게 사는 것이 참 행복과 승리의 삶입니다. 이유는 하나님께서 이 목적으로 우리 모두를 창조하셨기 때문입니다. 그래서 솔로몬 왕의 "일의 결국을 다 들었나니 하나님을 경외하고 그 명령을 지킬지어다. 이것이 사람의 본분이니라."(전12:13)라고 하였던 것입니다. 가장 어두웠던 저주의 시대, 오직 "여호와를 위하여" 즉 하나님 중심의 신앙과 열정적인 헌신으로 자신을 불태워 하나님께 드렸던 축복의 사람 엘리야처럼, 그리고 사도 바울과 모든 시대에 어두움을 밝혔던 개혁자들처럼 우리 또한 이 마지막 시대에 별처럼 빛나는 존재가 되었으면 합니다. 오직 "여호와를 위하여" 우리들 자신을 불태워 드림으로 성삼위 우리 하나님께 영광을 돌리는 복된 삶이 되시기를 축원합니다. 아멘.

오직 너희는 여호와의 제사장이라

《이사야 61:4-9》

주전 690년 경, 하나님의 선지자 이사야는 "주 여호와의 신이 내게 임하셨으니 이는 여호와께서 내게 기름을 부으사 가난한 자에게 아름다운 소식을 전하게 하려 하심이라. 나를 보내사 마음이 상한 자를 고치며 포로 된 자에게 자유를, 갇힌 자에게 놓임을 전파하여"(사61:1)라고, 장차 오실 메시야에 대한 희망의 소식을 전하고 있습니다. 이는 "아름다운 소식" 곧, 복음입니다. 이 복음에 쓰임 받는 자들을 가리켜 "오직 너희는 여호와의 제사장이라 일컬음을 얻을 것이라."라고 하였습니다. "오직 너희는 여호와의 제사장이라" 이들은

1. 하나님께 헌신된 자들입니다.

본문 6절에서 이들을 일컬어 "하나님의 봉사자라 할 것이며"라고 하였습니다. 이는 하나님께 헌신된 자를 말합니다. 이들은 본문 4절에서 "오래 황폐되었던 곳을 다시 쌓을 것이며 예로부터 무너진 곳을 다시 일으킬 것이며 황폐한 성읍 곧 대대로 무너져 있던 것들을 중수할 것이며"라고 하였습니다. 자신을 불태우는 희생적인 헌신이 황폐하였던 곳을 다시 쌓는 재건의 역사로, 무너진 곳을 다시 일으키며 중수하는 창조적인 역사로 그 꽃을 피웁니다. 오직 믿음으로 살았던 선지 사도들과 개혁자들 그리고 선교사들과 주의 신실한 종들의 위대한 삶이 다 그러했습니다. 이들을 가리켜 사도 베드로는 "왕 같은 제사장들이요"(벧전2:9)라고 하였습니다. 그리스도의 피로 사신바 된 교회에서 주님께 세움을 받는 모든 헌신된 종들은 여

호와의 제사장들입니다. "오직 너희는 여호와의 제사장이라" 바로 이들은

2. 축복의 사람들입니다.

본문 6절 끝에 "너희가 열방의 재물을 먹으며 그들의 영광을 얻어 자랑할 것이며"라고 하였습니다. 그 축복은

첫째, 물질의 축복입니다.

본문 6절에 "너희가 열방의 재물을 먹으며"라고 하였고, "그 때에 네가 보고 희색을 발하며 네 마음이 놀라고 또 화창하리니 이는 바다의 풍부가 네게로 돌아오며 열방의 재물이 네게로 옴이라"(사60:5)라고 하였으며, 11절에서 "네 성문은 항상 열려 주야로 닫히지 아니하리니 이는 사람들이 네게로 열방의 재물을 가져오며"라고 하셨습니다. "하늘의 아름다운 보고를 열으사…네 손으로 하는 모든 일에 복을 주시리니"(신28:12)라고 하신 축복입니다.

둘째, 영광과 자랑의 축복입니다.

본문 6절 끝에 "그들의 영광을 얻어 자랑할 것이며"라고 하였습니다. 하나님의 축복으로 사람들로부터 영광을 얻어 자랑이 된다는 것은 크나큰 축복이 아닐 수 없습니다. 하나님은 이스라엘 백성들에게 "너로 머리가 되고 꼬리가 되지 않게 하시며 위에만 있고 아래에 있지 않게 하시리니"(신28:13)라고 약속하셨음이 바로 영광과 자랑의 축복입니다. 이는 곧 8절에서 "그들과 영영한 언약을 세울 것이라"라고 하신바 된 여호와의 제사장들에게 약속해 주신 영광과 자랑의 축복입니다. 여호와의 제사장이란 직책 자체가 영광과 자랑입니다. 우리 기독교의 위대함이 바로 하나님의 영광에 있습니다.

셋째, 자손의 축복입니다.

본문 9절에서 "그 자손을 열방 중에, 그 후손을 만민 중에 알리리니 무릇 이를 보는 자가 그들은 여호와께 복받은 자손이라 인정하리라"라고 하였습니다. 열방과 만민 중에 알려진다는 것은 그들의 명성이 세계 속에 뛰어나다는 말입니다. 세계 속에 탁월한 자손의 축복을 말합니다. 바로 그 자손들이 하나님께 영광이 되며, 가정과 가문의 영광이요. 나아가 교회와 나라의 영광이 됩니다. 요셉과 다니엘의 영광이 그러했습니다. 이 땅에서 부모된 자로서 주 안에서 이보다 더 흐뭇하고 보람되며 영광스럽고 자랑스러운 축복이 어디에 있겠습니까? 여호와의 제사장으로 봉사한 헌신이 이토록 아름다운 자손의 축복으로 주어진다는 것입니다.

사랑하는 성도 여러분!

우리 모든 성도들은 영광스럽게도 하나님의 "왕 같은 제사장들"(벧전 2:9)이요, 하나님의 봉사자들입니다. 영광의 하나님께 소명되고 헌신되어 그의 일에 쓰임 받는 축복의 사람들입니다. 하나님의 풍성한 재물의 축복과 아울러 영광과 자랑의 축복, 그리고 열방과 만민 중에 뛰어난 자손의 축복을 받아 누릴 자들입니다. 오늘, 우리 모든 성도들은 하나님께 헌신된 봉사자, 곧 여호와의 제사장들로 황폐한 성읍을 쌓고, 일으키며, 중수하는 일에 최선을 다하여야 할 것입니다. 오직 주의 말씀과 믿음과 성령 충만함으로 영광스러운 여호와의 제사장으로 삼으신 그 하나님 앞에서 쌓고, 일으키며, 중수하는 값진 헌신으로 하나님께 큰 영광이 되며, 또한 우리들 자신과 가정과 자손, 그리고 기업을 통해 하나님과 교회의 영광과 자랑이 되시기를 축원합니다. 아멘.

자신을 깨끗케 하자

《고린도후서 6:14-7:1》

사도 바울 당시 고린도는 도덕적으로 매우 타락한 항구도시였습니다. 그래서 고린도 교회 성도들은 세속적인 영향을 벗어나지 못한 진통을 겪고 있었기에 사도 바울은 "사랑하는 자들아 이 약속을 가진 우리가 하나님을 두려워하는 가운데서 거룩함을 온전히 이루어 육과 영의 온갖 더러운 것에서 자신을 깨끗케 하자"라고 권하였습니다. 사실 우리 모든 성도들이 죄악으로 관영한 이 세상에 살면서 자신을 깨끗케 하는 성화의 삶은 대단히 중요합니다. 이유는 우리가 하나님의 자녀가 되어 그의 약속을 가진 자가 되었기 때문입니다. "자신을 깨끗케 하자" 이유는

1. 믿는 자가 되었기 때문입니다.

본문 14절에서 "너희는 믿지 않는 자와 멍에를 같이 하지 말라"라고 하였습니다. 여기에서 "너희"는 "믿지 않는 자"와 상반되는 믿음을 가진 자를 가리킵니다. 여호와 하나님은 "너는 소와 나귀를 겨리하여 갈지 말며"(신22:10)라고 하였고, "네 육축을 다른 종류와 교합시키지 말며 네 밭에 두 종자를 섞어 뿌리지 말며"(레19:19)라고 하신 말씀에 근거하여 "믿지 않는 자와 멍에를 같이 하지 말라"라고 하셨음을 알 수 있습니다. 여기에 "멍에"란 믿음의 순수성을 저해하는 성적이며 도덕적인 타락과 우상숭배 등에 얽매인 삶을 뜻합니다. 이는 의와 불법이 함께하지 못하고 빛과 어두움이 사귀지 못하며 그리스도와 벨리알 즉 사탄이 조화되지 못하며 하나님의 성전과 우상이 일치되지 못하는 이유 때문임을 14-16절에서 밝혀 주고 있습니

다. "자신을 깨끗케 하자" 이유는

2. 하나님의 성전이 되었기 때문입니다.

　본문 16절에서 "우리는 살아계신 하나님의 성전이라"라고 하였습니다. 여기에 "성전"이란 단어 '나오스'는 하나님이 임재하시는 '지성소'를 가리킵니다. 성전은 거룩한 곳입니다. 이에 사도 바울은 "너희가 하나님의 성전인 것과 하나님의 성령이 너희 안에 거하시는 것을 알지 못하느뇨 누구든지 하나님의 성전을 더럽히면 하나님이 그 사람을 멸하시리라 하나님의 성전은 거룩하니 너희도 그러하니라."(고전3:16-17)라고 경고하였던 것입니다. 성도들이 자신을 깨끗케 하여야 할 이유가 하나님의 성전이기 때문입니다. "자신을 깨끗케 하자" 이유는

3. 하나님의 자녀가 되었기 때문입니다.

　본문 16절 하반 절에서 사도 바울은 구약성경 레위기 26장 12절의 "나는 너희 중에 행하여 너희 하나님이 되고 너희는 나의 백성이 될 것이니라"라는 말씀을 인용하면서 성도들이 하나님의 거룩한 백성임을 밝혀 주고 있습니다. 18절에서는 "너희에게 아버지가 되고 너희는 내게 자녀가 되리라"라고 하였습니다. 바로 하나님의 자녀와 백성이 되었기 때문에 자신을 깨끗케 하여야 한다는 것입니다. 요셉이 이성적인 유혹 앞에 "내가 어찌 이 큰 악을 행하여 하나님께 득죄하리이까"(창39:9)라고 하였습니다. 여기에 "두려움"의 단어 '포보'는 심판하시는 하나님 공의뿐 아니라 하나님께 대한 무조건적 두려움을 포함하는 것입니다. 이는 하나님의 백성들이 마땅히 가져야 할 영적인 기본 마음의 자세입니다. "자신을 깨끗케 하자" 이유는

4. 약속을 가진 자가 되었기 때문입니다.

본문 7장 1절에 "그런즉 사랑하는 자들아 이 약속을 가진 우리가" 라고 하였습니다. 이 약속은 하나님께서 그의 백성인 이스라엘에게 하신 약속으로 16-18절에서 하나님의 백성 됨과 그의 자녀 됨에 대한 약속, 살아계신 하나님의 성전이 되게 하심의 약속입니다. 바로 이 약속을 해주신 하나님이 "전능하신 주"라고 하였습니다. 우리 모든 성도들이 하나님의 약속을 가진 자이기 때문에 약속의 자녀 곧 약속의 백성, 그리고 살아계신 하나님의 성전이 된 것입니다. 하나님의 복된 약속을 가진 자이기 때문에 성도들은 자신을 깨끗케 하여야 합니다.

사랑하는 성도 여러분!

거룩하신 하나님은 오늘 우리 모든 성도들에게 세속적 더러움에서 분리될 것을 원하셨고, 또 명하셨습니다. 이유는 우리 모두가 믿는 자가 되었기 때문이며, 하나님의 백성이 되었기 때문이며, 또한 살아계신 하나님의 성전이 되었기 때문이며, 하나님의 복된 약속을 받은 자이기 때문입니다. 믿지 아니하는 자와 멍에를 같이 하지 말아야 합니다. 불법과 어두움을 좇지 말아야 합니다. 온갖 우상숭배로부터 멀리해야 합니다. 철저하게 믿는 자 곧 하나님의 자녀, 또한 살아계신 하나님의 성전과 그의 약속들을 받은 자로서 자신을 깨끗케 하여야 합니다. 이것이 우리 성도들이 부단히 노력해야 할 성화의 삶입니다. 오직 그리스도 안에서 거룩한 삶으로 우리 하나님께 큰 영광이 되시기를 축원합니다. 아멘.

잘 하였도다

《마태복음 25:14-23》

예수님께서 공생애의 마지막 예루살렘 입성 후, 감람산에서 제자들에게 세상 종말에 대한 예언과 최후심판을 강론하시는 가운데, 그 날을 대비한 제자들의 삶의 자세를 '열 처녀' 비유(25:1-13)에 이어 '달란트' 비유(14-30절)로 일깨워 주셨습니다. 주님은 다섯 달란트 받은 종과 두 달란트 받은 종에게 "잘 하였도다 착하고 충성된 종아 네가 작은 일에 충성하였으매"라고 격찬하시면서, "내가 많은 것으로 네게 맡기리니 네 주인의 즐거움에 참예할지어다"라는 상급을 주셨습니다. "잘 하였도다" 이는 그들의

1. 선한 성품을 격찬하심입니다.

본문 21절과 23절에서 다섯 달란트 받은 종과 두 달란트 받은 종에게 동일하게 주신 말씀이 "잘 하였도다 착하고 충성된 종아"입니다. 여기에 "착하다"라는 '아가도스'는 올바르고 정직함의 인간성, 곧 그들의 좋은 성품을 뜻합니다. "하나님을 따라 의와 진리의 거룩함으로 지으심을 받은 새 사람"(엡4:24)의 거룩한 성품이며, 빛의 자녀로서의 "착함과 의로움과 진실함"(엡5:9)의 성품입니다. 위대한 전도자 바나바에 대해 "바나바는 착한 사람이요 성령과 믿음이 충만한 자라"(행11:24)라고 소개하였습니다. 예수께서는 너희는 세상의 빛이라"(마5:14)라고 하시며, 16절에서 "이같이 너희 빛을 사람 앞에 비취게 하여 저희로 너희 착한 행실을 보고 하늘에 계신 너희 아버지께 영광을 돌리게 하라"라고 하셨습니다. "잘 하였도다" 이는 그들의

2. 사명수행을 격찬하심입니다.

본문 21절과 23절에서 두 종들에게 "잘 하였도다 착하고 충성된 종아 네가 작은 일에 충성하였으매"라고 하였습니다. 이들은 16-17절에서 "바로 가서 그것으로 장사하여"라고 하였고, "그같이 하여"라고 하였습니다. 그들은 "바로"라는 기회를 놓치지 않고 주님께 받은바 사명에 충성하였던 것입니다. 사도 바울은 "나의 달려갈 길과 주 예수께 받은 사명 곧 하나님의 은혜의 복음 증거하는 일을 마치려 함에는 나의 생명을 조금도 귀한 것으로 여기지 아니하노라"(행20:24)라고 하였습니다. 두 종은 주인께 받은 달란트를 바로 가서 장사하는 일에 최선을 다했기에 "잘 하였도다"라는 칭찬과 상급을 받았던 것입니다. 그 주님의 칭찬이야말로 그들에게 주어진 최상의 영예요 상급이 아닐 수 없습니다. 이는 또한 예수 그리스도께서 의로운 재판장으로 재림하실 날, 충성한 우리들 각자가 사명을 수행한 행위대로 나타나게 될 것입니다. "잘 하였도다" 이는 그들의

3. 드려진 실적을 격찬하심입니다.

본문 16절에서 "다섯 달란트 받은 자는 바로 가서 그것으로 장사하여 또 다섯 달란트를 남기고"라고 하였고, 17절에서 "두 달란트 받은 자도 그같이 하여 또 두 달란트를 남겼으되"라고 하였습니다. 적극적이고 능동적이며 또한 생산적인 그들의 충성된 모습입니다. 주님은 이 같은 자들에게 칭찬을 아끼지 않으심을 보게 됩니다. 바로 그들은 "오래 황폐하였던 곳을 다시 쌓을 것이며 예로부터 무너진 곳을 다시 일으킬 것이며 황폐한 성읍 곧 대대로 무너져 있던 것들을 중수할 것이며"(사61:4)라고 하신바 6절에 "여호와의 제사장"과 같은 자들입니다. 모세가 그러했고, 여호수아와 갈렙이 그러했으며, 스룹바벨과 느헤미야가 그러했습니다. 하나님의 나라 확장을

위해 자신을 드렸던 사도 바울이 그러했으며 어두웠던 시대를 오직 주의 말씀으로 밝혔던 모든 개혁자들과 모든 선교사들의 삶이 그러했습니다. 그리고 오직 그리스도의 몸 된 교회의 부흥을 위해 헌신 봉사하는 모든 성도들의 삶 또한 그러합니다. 결코 이 같은 수고가 헛되지 않기에 사도 바울은 "그러므로 내 사랑하는 형제들아 견고하며 흔들리지 말며 항상 주의 일에 더욱 힘쓰는 자들이 되라 이는 너희 수고가 주 안에서 헛되지 않은 줄을 앎이니라."(고전15:58)라고 하였던 것입니다.

사랑하는 성도 여러분!

날마다 매 순간마다 예수님을 닮아가는 선한 성품과 삶은 대단히 중요합니다. 바로 그 성화(聖化)된 성품과 인격, 그리고 그 충성된 삶을 통해 "오직 하나님께 영광을"(Soli Deo Gloria) 주님께 드릴 수 있기 때문입니다. 결코, "살았다 하는 이름은 가졌으나 죽은 자로다"(계3:1)라고 질책 받은 사데 교회가 되어서는 안 됩니다. 좋은 나무에서 좋은 열매가 맺히듯이 선한 성품에서 위대한 삶의 실적이 그 열매로 맺히는 법입니다. 그래서 먼저 물과 성령으로 거듭난 새 사람됨의 변화가 중요한 것입니다. 오직 예수님의 성품과 삶을 본받아 우리들에게 주신바 사명 수행에 최선을 다함으로 마지막 예수 그리스도의 재림의 날, 주님으로부터 "잘 하였도다."라는 칭찬과 상급을 받는 우리 모두가 되시기를 축원합니다. 아멘.

정결하고 더러움이 없는 경건

《야고보서 1:26-27》

본문에서 말씀하는 "경건", 곧 '드레스케이아'는 하나님께 드려지는 신앙적 행위를 뜻합니다. 이는 곧 성도들이 기본적으로 갖추어야 할 자세이기도 합니다. 이유는 하나님께서 인간을 예배적인 존재로 창조하셨기 때문입니다. 사도 바울은 디모데에게 "경건에 이르기를 연습하라…경건은 범사에 유익하니 금생과 내생에 약속이 있느니라"(딤전4:7-8)라고 하였습니다. 하나님 앞에서 정결하고 더러움이 없는 경건만이 금생과 내생에 약속이 있는 복되고 참된 경건입니다. 찰스 호지는 "신령한 마음은 기독자의 최고 은혜이다. 그것은 그가 영생을 소유한 확실한 증거이다"라고 함으로 경건이 곧 최고의 은혜인 신령한 마음임을 말해 주었습니다. "정결하고 더러움이 없는 경건" 이는

1. 절제된 언어의 삶입니다.

본문 26절에 "누구든지 스스로 경건하다 생각하며 자기 혀를 재갈 먹이지 아니하고"라고 하였습니다. 즉, 자칭 나는 경건하다고 하면서 자신의 혀를 재갈 먹여 절제치 아니하면 그 사람의 경건은 헛것이라는 말씀입니다. 경건한 자는 말을 함부로 하거나 특히 이간질이나 거짓을 말하지 않습니다. 혀는 반드시 통제해야 할 성격의 것이기에 야고보는 "우리가 말을 순종케 하려고 그 입에 재갈 먹여 온 몸을 어거하며"(약3:3)라고 하였던 것입니다. 사도 바울은 "무릇 더러운 말은 너희 입밖에도 내지 말고 오직 덕을 세우는데 소용되는대로 선한 말을 하여 듣는 자들에게 은혜를 끼치게 하라"

(엡4:29)라고 권면하였습니다. 말은 그 사람의 인격과 직결됩니다. "정결하고 더러움이 없는 경건" 이는

2. 진실한 마음의 삶입니다.

본문 26절 끝에 "자기 마음을 속이면 이 사람의 경건은 헛것이라."라고 하였습니다. 이 말씀은 자기 스스로가 '나는 경건하다' 하면서 자신의 마음을 속이면 바로 이 사람의 경건은 헛것이라는 말입니다. 이는 곧 하나님 앞에서 정결하고 더러움이 없는 참된 경건의 삶이 정직한 마음에서의 삶이라는 말입니다. 하나님 앞에서 자신 마음, 곧 청결한 양심을 속이는 자는 결코 경건한 자가 아니라는 사실입니다. 유다 왕 히스기야는 하나님 보시기에 정직하였다고 하였습니다(왕하18:3). 진실한 마음에서 경건한 삶은 그 꽃을 피우고 열매를 맺는 법입니다. 하나님 앞에 정직한 자는 자신의 양심 앞에서도 모든 사람들에게도 정직한 것입니다. "정결하고 더러움이 없는 경건" 이는

3. 선행의 삶입니다.

본문 27절에 "하나님 아버지 앞에서 정결하고 더러움이 없는 경건은 곧 고아와 과부를 그 환난 중에 돌아보고"라고 하였습니다. 이는 환난 중에 어려움을 당하는 형제를 사랑으로 돌보아 줌을 말합니다. 사랑을 실천하는 것이 선행입니다. "돌아보고"라는 말은 곧 자신을 불태우는 희생적 봉사를 말합니다. 예수께서는 강도 만난 자를 찾아가 돌보아 주며 자신을 희생한 선한 사마리아인의 비유에서 "가서 너도 이와 같이 하라"(눅10:37)라고 말씀해 주셨습니다. 그렇습니다. 희생 없는 선행은 있을 수 없습니다. 사무엘 채프맨 암스트롱은 "희생이 없는 일은 하나님의 뜻을 이루는데 있어서 무

가치하다"라고 하였습니다. 경건한 삶은 선행의 삶입니다. "정결하고 더러움이 없는 경건" 이는

4. 거룩한 순결의 삶입니다.

본문 27절 끝에 "자기를 지켜 세속에 물들지 아니하는 이것 이니라"라고 했습니다. 불신 세속으로부터 자신을 지키는 신앙의 정절과 아울러 거룩해져 가는 성화의 삶이 경건입니다. 이성적인 유혹에서 자신을 지켰던 요셉이 그러했으며(창39:7-12) 다니엘과 그의 세 친구들의 순결의 의지가 그러했습니다(단1:8). 성화된 성도의 삶, 그 자체가 하나님 앞에서 정결하고 더러움이 없는 경건입니다. 하나님 앞에서 경건한 자는 자신을 세속으로부터 순결을 지킵니다. 이유는 신자와 교회가 그리스도의 신부이기 때문입니다.

사랑하는 성도 여러분!

"하나님 앞에서"라는 헬라어 '파라 테 데오'라는 말은 대단히 중요합니다. 이유는 하나님 앞에서의 삶이 바로 경건이기 때문입니다. 분명한 신전의식의 신자는 선한 말, 진실한 마음과 아름다운 선행, 그리고 순결한 삶으로 하나님께 영광 돌림을 목적으로 삼기에 경건한 삶에 최선을 다하는 것입니다. 경건한 마음과 인격, 그리고 그 삶 자체는 하나님의 은총이 함께하시는 복된 삶입니다. 우리 주 예수 그리스도께서 다시 오실 재림의 날이 가까운 이 종말시대에 정결하고 더러움이 없는 경건한 마음으로 그리스도의 복음과 그의 몸된 교회를 위하여 헌신하는 우리 모두가 되었으면 합니다. 정결하고 더러움이 없는 경건이 우리 삶의 타오르는 불꽃이 되어 성삼위 하나님께 큰 영광을 돌리시기를 축원합니다. 아멘.

나의 동산에

《아가 4:16》

솔로몬 왕은 술람미 여인에게 "나의 사랑 나의 어여쁜 자야 일어나서 함께 가자. 겨울도 지나고 비도 그쳤고 지면에는 꽃이 피고 새의 노래할 때가 이르렀는데 반구의 소리가 우리 땅에 들리는구나. 무화과나무에는 푸른 열매가 익었고 포도나무에는 꽃이 피어 향기를 토하는구나."(아2:10-13)라고, 봄의 기운을 마음에 담고 노래하였습니다. 이에 술람미 여인은 "북풍아 일어나라 남풍아 오라 나의 동산에 불어서 향기를 날리라 나의 사랑하는 자가 그 동산에 들어가서 그 아름다운 실과 먹기를 원하노라"라고 화답합니다. 이 시간, "나의 동산에"라는 말씀을 통해 은혜받기를 원합니다. "나의 동산에" 이는

1. 축복의 동산입니다.

첫째, 바람이 불기 때문입니다.

본문에서 "북풍아 일어나라 남풍아 오라 나의 동산에 불어서"라고 노래하였습니다. 찬바람인 "북풍"과 온화하고 따스한 "남풍"이 교차하여 부는 동산입니다. 바로 그 동산을 살리는 기운입니다. 곧 성령의 바람을 뜻합니다. 사망한 자에게 불어서 살게 하는 하나님의 생기입니다(겔37:9-10). 이 바람이 오순절 날, 예루살렘 교회를 출범케 한 역사적인 바람이었습니다.

둘째, 향기를 날리기 때문입니다.

"북풍아 일어나라 남풍아 오라 나의 동산에 불어서 향기를 날리라"라고

하였습니다. 동산이 살아 있다는 증거는 그 동산에 바람이 불고 있다는 것이요, 그 기운으로 꽃들이 피어 향기를 날리고 있다는 사실입니다. 이는 생명의 향기요 축복의 향기입니다. 곧 예수 그리스도의 향기이며, 그리스도를 닮은 성도 삶의 향기입니다. 사도 바울은 "우리는 구원 얻는 자들에게나 망하는 자들에게나 하나님 앞에서 그리스도의 향기니"(고후2:15)라고 하였습니다.

셋째, 열매가 풍성하기 때문입니다.

"나의 사랑하는 자가 그 동산에 들어가서 그 아름다운 실과 먹기를 원하노라"라고 하였습니다. 예수께서는 "나는 포도나무요 너희는 가지니 저가 내 안에 내가 저 안에 있으면 과실을 많이 맺나니 나를 떠나서는 아무 것도 할 수 없음이라"(요15:5)라고 말씀하셨습니다. 실과가 풍성한 동산은 축복의 동산입니다. "나의 동산에" 이는

2. 그리스도의 신부된 동산입니다.

여기에 "나의 동산에"이라 함은 술람미 여인, 그 자신을 두고 한 고백의 노래입니다. 이는 바로

첫째, 그리스도의 신부된 신자입니다.

우리 모든 신자들은 그 자신이 협의적인 의미로 그리스도의 신부들입니다. 사도 요한은 "우리가 즐거워하고 기뻐하여 그에게 영광을 돌리세 어린 양의 혼인기약이 이르렀고 그 아내가 예비하였으니 그에게 허락하사 빛나고 깨끗한 세마포를 입게 하셨은즉"(계19:7-8)라고 하였습니다. 솔로몬은 술람미 처녀에게 "내 신부야"(아4:11)라고 하였습니다.

둘째, 그리스도의 몸된 교회입니다.

여기에 "동산"의 광의적인 의미는 그리스도의 몸된 모든 교회를 뜻합니다. 사도 바울이 "주께서 호령과 천사장의 소리와 하나님의 나팔로 친히 하늘로 좇아 강림하시리니 그리스도 안에서 죽은 자들이 먼저 일어나고 그 후에 우리 살아남은 자도 저희와 함께 구름 속으로 끌어 올려 공중에서 주를 영접하게 하시리니 그리하여 우리가 항상 주와 함께 있으리라"(살전4:16-17)라고 증거한 교회입니다.

셋째, 영원한 안식처인 천국입니다.

이는 내세적인 의미로 천국을 뜻합니다. 사도 요한은 "또 내가 보매 거룩한 성 새 예루살렘이 하나님께로부터 하늘에서 내려오니 그 예비한 것이 신부가 남편을 위하여 단장한 것 같더라"(계21:2)라고 하였습니다. 천국은 영원한 하나님의 신부로서의 나라입니다. 믿음의 선진들이 그렇게도 사모하였던바 "더 나은 본향"(히11:15)으로 하늘에 간직하신바 된 영원한 기업(벧전1:4)입니다.

사랑하는 성도 여러분!

우리 자신과 교회는 언제나 성령의 바람이 불어와야 하며, 그리스도의 향기로 가득해야 합니다. 또한 아름다운 과실로 풍성해야만 합니다. 이를 위하여 하나님께서는 우리를 선택하여 그리스도의 신부로 삼으신 것입니다. 영원한 동산인 천국에 이르는 그 순간까지 우리들 자신과 교회는 축복된 동산으로 오직 주의 말씀과 성령의 바람으로 꽃과 향기와 아름다운 과실로 "나의 사랑하는 자" 곧 우리 하나님께 큰 기쁨과 영광을 돌리시는 복된 그리스도의 신부가 되시기를 축원합니다. 아멘.

주 예수 그리스도의 십자가

《갈라디아 6:11-17》

그리스도의 신실한 종, 사도 바울, 그는 베냐민 지파의 바리새파 출신으로 당대 최고의 교법사인 가말리엘의 문하에서 엄격한 교육을 받은 율법주의자였으며, 길리기아 다소의 출생으로 나면서부터 로마의 시민권을 소유한 특출한 인물이었습니다. 그가 다메섹 도상에서 부활하신 주님을 극적으로 만나 기독교로 개종한 후, 복음전도자요, 선교사요, 목회자로서 그의 생을 그리스도와 복음 그리고 교회를 위해 온전히 헌신 봉사하였던 사람이었습니다. 그가 본문에서 "내게는 우리 주 예수 그리스도의 십자가 외에 결코 자랑할 것이 없으니"라고 하였습니다. 그에게 있어 "주 예수 그리스도의 십자가"는 삶의 중심이요, 전부였습니다. "주 예수 그리스도의 십자가" 이는 그의

1. 사유(赦宥)의 십자가였습니다.

사도 바울은 "이제는 전에 멀리 있던 너희가 그리스도 예수 안에서 그리스도의 피로 가까와졌느니라."(엡2:13)라고 하였고, "또 너희의 범죄와 육체의 무할례로 죽었던 너희를 하나님이 그와 함께 살리시고 우리에게 모든 죄를 사하시고"(골2:13)라고 하였습니다. 이사야 선지자는 "그가 찔림은 우리의 허물을 인함이요 그가 상함은 우리의 죄악을 인함이라 그가 징계를 받음으로 우리가 평화를 누리고 그가 채찍에 맞음으로 우리가 나음을 입었도다 우리는 다 양 같아서 그릇 행하여 각기 제 길로 갔거늘 여호와께서는 우리 무리의 죄악을 그에게 담당시키셨도다"(사53:5-6)라고 하였습니다.

히브리서 기자 또한 "이와 같이 그리스도도 많은 사람의 죄를 담당하시려고 단번에 드리신바 되셨고"(히9:28)라고 함으로 주 예수 그리스도의 십자가가 대속적 사유의 십자가였음을 증거해 주었습니다. 그러므로 주 예수 그리스도의 십자가는 그에게 있어 크나 큰 자랑이 될 수밖에 없었던 것입니다. "주 예수 그리스도의 십자가" 이는 그의

2. 화평(和平)의 십자가였습니다.

사도 바울은 "그의 십자가의 피로 화평을 이루사 만물 곧 땅에 있는 것들이나 하늘에 있는 것들을 그로 말미암아 자기와 화목케 되기를 기뻐하심이라"(골1:20)라고 하였고, "그는 우리의 화평이신지라 둘로 하나를 만드사 중간에 막힌 담을 허시고"(엡2:14)라고 하였으며, 16절에서는 "또 십자가로 이 둘을 한 몸으로 하나님과 화목하게 하려 하심이라 원수 된 것을 십자가로 소멸하시고"라고 하였습니다. 또한 그는 "곧 우리가 원수 되었을 때에 그 아들의 죽으심으로 말미암아 하나님으로 더불어 화목되었은즉 화목된 자로서는 더욱 그의 살으심을 인하여 구원을 얻을 것이니라"(롬5:10)라고 하였습니다. 오직 주 예수그리스도의 십자가로 인한 하나님과의 화평은 곧 구원과 영원한 천국입니다. "주 예수 그리스도의 십자가" 이는 그의

3. 영광(榮光)의 십자가였습니다.

주 예수 그리스도의 십자가는 원시복음인 "여자의 후손은 네 머리를 상하게 할 것이요"(창3:15)라고 하신바 사탄의 세력을 그의 십자가로 꺾어버린 완전승리였기에 그리스도의 십자가야말로 승리하신 하나님 영광의 십자가가 아닐 수 없습니다. 사도 바울은 "그리스도께서 약하심으로 십자가에 못 박히셨으나 오직 하나님의 능력으로 살으셨으니 우리도 저의 안에서

약하나 너희를 향하여 하나님의 능력으로 저와 함께 살리라"(고후13:4)라고 하였습니다. 주 예수 그리스도의 십자가는 악한 영인 사탄과 죄와 죽음의 세력인 지옥의 권세를 격파한 하나님의 능력입니다. 이는 율법 고지인 시내산 터널을 뚫고 열어놓으신 갈보리 산 복음의 핵탄인 영광의 십자가입니다. 그래서 사도 바울은 그의 로마서 5장 6-10절에서 "우리가 아직 연약할 때에", "우리가 아직 죄인 되었을 때에" 또 "우리가 원수 되었을 때에" 하나님은 주 예수 그리스도의 십자가로 그의 크신 사랑을 확증해 주신 것입니다.

사랑하는 성도 여러분!

오늘 우리는 사도 바울, 그의 서신에서 밝혀 준 그리스도의 십자가관을 살펴보았습니다. 그리스도의 십자가는 너무나도 값비싼 하나님의 은총입니다. 우리는 그리스도의 십자가에서 다음 세 가지의 극치를 볼 수 있습니다. 첫째는 죄에 대한 형벌의 극치, 둘째는 하나님 사랑의 극치, 그리고 셋째는 겸손과 인내로 하나님께 번제로 드려지는 온전한 헌신의 극치입니다. 기독교의 존재 의미와 가치는 바로 그리스도의 십자가에 있습니다. 사도 바울이 고백한 "내게는 우리 주 예수 그리스도 십자가 외에 결코 자랑할 것이 없으니"라는 말씀과 "내가 내 몸에 예수의 흔적을 가졌노라"라는 말씀이 깊은 감동을 줍니다. 오직 예수 십자가 중심의 목회와 선교 그리고 성도의 삶만이 하나님을 기쁘시게 합니다. 바로 사도 바울과 같은 삶으로 하나님께 큰 영광이 되시기를 축원합니다. 아멘.

날마다 더하게 하시니라

《사도행전 2:37-47》

오순절 성령강림 후에 시작된 예루살렘 초대교회는 역동적인 말씀이 힘차게 선포된 교회였습니다. 즉, 주의 말씀이 회개운동으로 그 꽃을 피웠고, 그리스도의 사랑이 성도의 뜨거운 교제로 그 열매가 무르익었던 축복의 교회였습니다. 또한 은혜 받은 성도들의 빛된 생활로 모든 사람들에게 칭송을 받았던 교회였습니다. 바로 이 예루살렘 교회에 주께서 구원 받는 사람을 날마다 더하게 하셨음을 본문에서 말씀해 주고 있습니다. 부흥하는 교회는 주의 말씀과 성령의 역사가 나타나는 교회요 날마다 그 수가 더해가는 교회임을 보여주고 있습니다. 이 시간, "날마다 더하게 하시니라"라는 비전의 말씀을 믿음으로 받으며 함께 은혜 받기를 원합니다. "날마다 더하게 하시니라" 이는

1. 말씀운동의 역사입니다.

본문 37절에 "저희가 이 말을 듣고…"라고 하였고, 또한 41절에 "이 말을 받는 사람들은 세례를 받으매"라고 하였습니다. 본 2장에는 성령의 충만함을 받은 사도 베드로의 복음전파의 내용이 14절에서부터 36절까지 소개되고 있습니다. 한마디로 예수 그리스도의 십자가와 부활의 내용이었습니다. 폭발적인 불길로 타 올랐던 예루살렘의 교회운동은 복음전파, 곧 말씀운동이었습니다. 히브리서 기자는 "하나님의 말씀은 살았고 운동력이 있어"(히4:12)라고 하였습니다. 바로 이 살아 역사하시는 말씀운동이 예루살렘에서부터 시작해, 온 유다와 사마리아와 땅 끝까지 퍼져 나가고 있음

이 바로 하나님의 구속사입니다. 말씀운동은 주께서 구원 받는 사람을 날마다 더해 가시는 생명운동입니다. "날마다 더하게 하시니라" 이는

2. 회개운동의 역사입니다.

본문 37절에 "저희가 이 말을 듣고 마음에 찔려 베드로와 다른 사도들에게 물어 가로되 형제들아 우리가 어찌할꼬"라고 하였고, 38절에서 베드로는 "너희가 회개하여 각각 예수 그리스도의 이름으로 세례를 받고"라고 하였습니다. 그 결과 41절에 "그 말을 받은 사람들은 세례를 받으매 이 날에 제자의 수가 삼천이나 더하더라."라고 하였습니다. 우리 한국교회도 1907년 평양에서 일어났던 회개운동이 백만인 구령운동으로 확산되어 오늘에 이른 것입니다. 하나님의 말씀이 마음에 찔려 어찌할꼬 라는 참회의 운동이 구원받는 사람을 날마다 더하게 하신 하나님의 역사로 나타난 것입니다. 하나님은 호세아 선지자를 통하여 "너희가 자기를 위하여 의를 심고 긍휼을 거두라 지금이 곧 여호와를 찾을 때니 너희 묵은 땅을 기경하라 마침내 여호와께서 임하사 의를 비처럼 너희에게 내리시리라"(호10:12)라고 하셨습니다. 교회운동은 말씀운동이요 또한 묵은 땅을 기경하는 회개운동입니다. "날마다 더하게 하시니라" 이는

3. 충만하신 성령의 역사입니다.

본문 38절에서 베드로는 "너희가 회개하여 각각 예수 그리스도의 이름으로 세례를 받고 죄사함을 얻으라 그리하면 성령을 선물로 받으리니"라고 하였습니다. 결국 41절에서 "그 말을 받은 사람들은 세례를 받으매 이 날에 제자의 수가 삼천이나 더하더라."라고 하였습니다. 이는 곧 성령의 폭발적인 역사임을 말해 줍니다. 그리고 43절에 "사람마다 두려워하는데 사

도들로 인하여 기사와 표적이 나타나니"라고 하였는데, 이는 사도들에게서 나타난 기사와 표적이 성령의 충만한 역사였음을 말해 줍니다. 교회운동에 있어 말씀운동과 회개운동의 주체는 오직 성령의 충만한 역사임을 사도행전 전 장을 통해 보여 줍니다. 이 위대한 역사를 에스겔 선지자는 환상으로 보았고, 요엘 선지자 역시 이를 분명하게 예언하였던 것입니다. 오직 성령의 역사로 회개운동이 일어났으며 결국 주께서 구원 받는 사람을 날마다 더하게 하셨던 것입니다.

사랑하는 성도 여러분!

우리 모든 교회가 옛 초대 예루살렘 교회처럼 오직 예수 십자가와 부활의 복음이 전파되어 오직 성령 충만한 주께서 구원 받는 사람을 날마다 더하게 하시는 교회가 되었으면 합니다. 무엇보다 우리들 자신의 묵은 마음의 땅을 기경하는 참회의 역사가 있었으면 합니다. 오직 성령의 능력이 불같이 역사하시기를 소원합니다. "여호와의 산에서 준비되리라"라고, 아브라함에게 주셨던 말씀처럼 우리들 자신과 가정 그리고 오늘 우리 교회를 위해 준비해 놓으시고 베풀어 주실 성령의 각양 은사와 놀라운 축복을 확신해 봅니다. 역동적인 말씀의 충만함과 성령 충만, 은사 충만 그리고 감사로 충만한 우리 교회와 가정 자신들이 되었으면 합니다. 바로 이 길이 "날마다 더하게 하시니라"는 교회와 자신들과 가정과 기업들을 일으키시는 축복의 불기둥인 것입니다. 말씀 충만, 성령 충만으로 오직 하나님께 영광이 되시기를 축원합니다. 아멘.

너희 믿음의 소문이

《데살로니가전서 1:2-10》

데살로니가는 사도 바울의 제2차 전도여행 시, 마게도냐 지방에 있던 빌립보 다음의 곳으로서 아름다운 항구도시입니다. 사도 바울이 이곳에 와서 유대인의 회당에서 복음을 전하였는데(행17:1), 그때 경건한 헬라인의 큰 무리와 적지 않은 귀부인이 주의 말씀을 받아 세워진 교회가 데살로니가 교회입니다. 박해로 고린도 지역까지 내려 온 사도 바울은 이 교회를 생각할 때마다 하나님께 감사하고 기도한다고 하였습니다. 이유는 마게도냐와 아가야 각처에 믿음의 소문이 퍼진 교회였기 때문입니다. "너희 믿음의 소문이" 데살로니가 교회는

1. 주의 말씀이 역사 한 교회였습니다.

본문 8절에 "주의 말씀이 너희에게로부터 마게도냐와 아가야에만 들릴 뿐 아니라"라고 하였습니다. 이는 그들이 사도 바울이 전한 복음을 들었을 때, 6절에 "성령의 기쁨으로 도를 받아"라고 하였고, "너희가 우리에게 들은바 하나님의 말씀을 받을 때에 사람의 말로 아니하고 하나님 말씀으로 받음이니"(살전2:13)였기 때문입니다. 즉 살아 역사하시는 하나님 말씀을 그대로 받았다는 사실입니다. 히브리서 기자는 "하나님의 말씀은 살았고 운동력이 있어"(히4:12)라고 하였습니다. 바로 그 하나님의 말씀이 데살로니가 교회 성도들의 마음속에서 강력하게 역사하셨던 것입니다. 그러므로 그 말씀이 본문 3절에 "믿음의 역사와 사랑의 수고와 우리 주 예수 그리스도에 대한 소망의 인내"가 나타나도록 하셨던 것입니다. "너희 믿음의 소

문이" 데살로니가 교회는

2. 성령의 능력이 함께 한 교회였습니다.

본문 5절에 "이는 우리의 복음이 말로만 너희에게 이른 것이 아니라 오직 능력과 성령과 큰 확신으로 된 것이니"라고 하였습니다. 즉 주의 말씀을 통해 성령께서 큰 능력으로 역사하셨기에 확신으로 충만했다는 말입니다. 성령의 역사는 그 자체가 능력입니다. 예수님께서 "오직 성령이 너희에게 임하시면 너희가 권능을 받고"(행1:8)라고 하셨음이 그러합니다. 복음을 전하는 사도 바울에게 역사하신 성령의 능력은 이 복음을 하나님의 말씀으로 받은 데살로니가 교회 성도의 마음속에서도 역사하심으로 충만하게 하셨던 것입니다. 오순절 날, 사도들을 비롯한 120명의 성도들에게 강력하게 임하신 성령의 역사가 그러합니다(행2:2:1-4). 사도 바울은 "하나님의 나라는 말에 있지 아니하고 오직 능력에 있음이라."(고전4:20)라고 하였습니다. 믿음의 생활이란 항상 성령님의 인도하심을 체험 하는 생활입니다. 데살로니가 교회의 이 같은 믿음의 소문이 각처에 퍼졌음으로 사도 바울은 8절에서 "우리는 아무 말 할 것이 없노라"라고 그들을 격찬하였던 것입니다. "너희 믿음의 소문이" 데살로니가 교회는

3. 변화된 모범적인 교회였습니다.

본문 6절에 "또 너희는 많은 환난 가운데서 성령의 기쁨으로 도를 받아 우리와 주를 본받는 자가 되었으니"라고 하였습니다. 주의 말씀과 성령의 능력이 그들로 하여금 사도들과 주님을 본받는 놀라운 변화를 주었던 것입니다. 또한 9절에서 사도 바울은 그들의 변화된 삶에 대해 "너희가 어떻게 우상을 버리고 하나님께로 돌아와서 사시고 참되신 하나님을 섬기며"라고

하였습니다. 바로 이 같은 그들의 변화된 삶의 소문이 각처에 퍼졌던 것입니다. 기독교는 영혼 구원의 종교요 또한 변화의 종교입니다. 구원받은 우리 신자들과 교회는 날마다 새롭게 변화되어야 합니다. 이유는 그 변화된 인격과 삶을 통해서 하나님의 영광을 드러내기 때문입니다. 날마다 예수 그리스도와 사도들의 순수한 신앙과 순결한 삶을 본받는 변화가 있어야 합니다. 데살로니가 교회가 모범으로 그 변화된 모습을 보여 주었듯이 우리 교회와 성도 또한 그러해야 합니다.

사랑하는 성도 여러분!

오직 주의 말씀과 성령의 능력이 신자들의 마음과 인격, 그리고 삶을 변화시키는 교회가 바로 생동하는 교회, 행복한 교회라고 확신합니다. 우리 모든 성도들과 교회가 가야할 방향을 초대교회와 데살로니가 교회의 모습에서 찾아봅니다. 오직 하나님의 말씀으로 흥왕하는 교회(행12:24)가 그러합니다. 하나님 앞에서 데살로니가 교회처럼 소문난 교회가 되었으면 합니다. 주의 말씀과 성령의 능력이 역사하는 교회, 그러므로 믿음의 역사와 사랑의 수고와 소망의 인내가 꽃피우고 열매 맺히는 교회, 날마다 새롭게 예수 그리스도와 사도들의 순수한 신앙과 순결한 삶을 본받아 닮아가는 교회가 되었으면 합니다. 그리하므로 오직 성삼위 우리 하나님께 큰 기쁨과 영광이 되시기를 축원합니다. 아멘.

너희는 우리의 영광이요 기쁨이니라

《데살로니가전서 2:19-20》

사도 바울의 제 2차 전도여행 시, 마게도니아의 첫 성 빌립보 다음으로 세워진 교회가 데살로니가 지역의 교회입니다. 그들을 향한 사도 바울의 사랑의 열정은 대단하였습니다. 그는 "우리 목숨까지 너희에게 주기를 즐겨함은 너희가 우리의 사랑하는 자 됨이니라."라고 하였고, "형제들아 우리가 잠시 너희를 떠난 것은 얼굴이요 마음은 아니니 너희 얼굴 보기를 열정으로 더욱 힘썼노라"라고 함에서 분명하게 보여 줍니다. 사도 바울은 그들에게 "너희는 우리의 영광이요 기쁨이니라."라고 하였습니다. "너희는 우리의 영광이요 기쁨이니라." 이는 그들에게

1. 믿음의 역사가 있었기 때문입니다.

1장 3절에 "너희의 믿음의 역사와"라고 하였습니다. 여기에 "믿음의 역사"란 믿음에서 산출된 열매 즉 변화된 삶을 뜻합니다. 9절에서 "너희가 어떻게 우상을 버리고 하나님께로 돌아와서 사시고 참되신 하나님을 섬기며"라고 한 역동적인 삶입니다. 바로 그 믿음의 역사가 5절에 "오직 능력과 성령과 큰 확신으로" 전해진 하나님의 말씀에 있었고, "너희가 우리에게 들은 바 하나님의 말씀을 받을 때에 사람의 말로 아니고 하나님의 말씀으로 받음이니 진실로 그러하다. 이 말씀이 또한 너희 믿는 자 속에서 역사하느니라."(살전2:13)에 있었던 것입니다. 오직 하나님 말씀중심의 믿음만이 전인적 삶의 변화를 꽃 피우는 것입니다. "너희는 우리의 영광이요 기쁨이니라." 이는 그들에게

2. 사랑의 수고가 있었기 때문입니다.

계속해서 "사랑의 수고와"라고 하였습니다. 이는 그들이 겪는 엄청난 수고가 하나님의 사랑인 아가페적 사랑의 수고였음을 말해 줍니다. 이 "사랑이 수고"에 대해 개혁자 칼빈은 "그들의 자발적인 사랑을 행사하는 데 있어서 그 어떤 괴로움이나 아픔도 사양하지 않았다"라고 기술하였습니다. 희생적인 수고가 따르지 않는 사랑은 참 사랑이 될 수 없습니다. 바로 이 사랑의 수고는 이해와 용서, 위로함과 관용 등 유익을 위한 희생적 수고로 그들에게 이 실천적 사랑의 수고가 있었던 것입니다. "너희는 우리의 영광이요 기쁨이니라." 이는 그들에게

3. 소망의 인내가 있었기 때문입니다.

1장 3절에 계속해서 "우리 주 예수 그리스도에 대한 소망의 인내를"이라고 하였습니다. 예수 그리스도에 대한 소망이 인내의 삶으로 나타난 것입니다. 본문 10절에서 "죽은 자들 가운데서 다시 살리신 그의 아들이 하늘부터 강림하심을 기다린다고 말하니 이는 장래 노하심에서 우리를 건지시는 예수시니라"라고 하였습니다. 그리스도에 대한 이 소망이 있었기에 그 많은 환난을 인내하며 그리스도와 사도들을 본받은 자들이 되었던 것입니다. 여기에 "많은 환난"이란 마치 포도주를 만들 때, 포도를 밟아 짓누르는 것과 같은 '아주 지독한 압박'을 뜻합니다. 히브리서 기자는 "그 앞에 있는 즐거움을 위하여 십자가를 참으사 부끄러움을 개의치 아니하시더니 하나님 보좌 우편에 앉으셨느니라." (히12:2)라고 하였습니다. "너희는 우리의 영광이요 기쁨이니라." 이는 그들이

4. 모든 믿는 자의 본이 되었기 때문입니다.

1장 7절에서 "그러므로 너희가 마게도니아와 아가야 모든 믿는 자의 본이 되었는지라"라고 하였고, 8절에서는 "하나님을 향하는 너희 믿음의 소문이 각처에 퍼진 고로 우리는 아무 말도 할 것이 없노라"라고 하였습니다. 이들의 하나님을 향하는 믿음의 소문이 각처에 퍼졌기에 사도 바울의 감사와 기도가 항상 주님께 드려졌던 것입니다. 그러므로 본문 19절에서 "우리의 소망이나 기쁨이나 자랑의 면류관이 무엇이냐 그의 강림하실 때 우리 주 예수 앞에 너희가 아니냐."라고 하며, 너희들이야말로 20절에 "우리의 영광이요 기쁨이니라."라고, 감격의 찬사를 보내었던 것입니다.

사랑하는 성도 여러분!

데살로니가 교회 성도들에게 있었던 믿음의 역사와 사랑의 수고와 그리스도에 대한 소망의 인내, 그리고 그들의 신앙적 모범으로 인한 영광과 그 기쁨이 우리 모두의 영광과 기쁨이 되고, 또한 우리의 헌신적인 삶이 하나님과 교회의 영광과 기쁨이 되었으면 합니다. 오직 하나님을 향하는 믿음에서 산출되는 변화된 삶의 열매와 사랑하기에 희생하는 수고와 그리스도만을 소망함에서 인내하는 삶만이 하나님 앞에서 영광과 자랑과 기쁨이 되는 것입니다. 바로 그 하나님의 영광과 기쁨은 우리 교회의 영광과 기쁨 뿐 아니라 자신과 가정의 영광과 기쁨이 되기에 큰 축복이 아닐 수 없습니다. "너희는 우리의 영광이요 기쁨이니라."라는 이 같은 복된 삶으로 우리 하나님께 큰 영광이 되시기를 축원합니다. 아멘.

너희를 향하신 하나님의 뜻이니라

《데살로니가전서 5:16-18》

사도 바울은 데살로니가 교회 성도들을 향하여 "이는 그리스도 예수 안에서 너희를 향하신 하나님의 뜻이니라."라고 전하면서 그의 뜻대로 살 것을 당부하였습니다. 예수께서는 "나더러 주여, 주여 하는 자마다 천국에 다 들어갈 것이 아니요 다만 하늘에 계신 내 아버지의 뜻대로 행하는 자라야 들어가리라"(마7:21)라고 하셨고, 사도 바울은 "너희는 이 세대를 본받지 말고 오직 마음을 새롭게 함으로 변화를 받아 하나님의 선하시고 기뻐하시고 온전하신 뜻이 무엇인지 분별하도록 하라"(롬12:2)고 했습니다. 이 시간, "너희를 향하신 하나님의 뜻이니라."라는 말씀으로 은혜 받기를 원합니다. "너희를 향하신 하나님의 뜻이니라." 이는

1. 항상 기뻐하는 삶입니다.

본문 16절에서 "항상 기뻐하라"라고 하였습니다. 이것이 곧 "그리스도 예수 안에서 너희를 향하신 하나님의 뜻이니라."라는 것입니다. 데살로니가 교회 성도들은 복음을 처음 받을 때, "많은 환난 가운데서 성령의 기쁨으로 도를 받아 우리와 주를 본받은 자"(살전1:6)가 되었다고 하였습니다. 이는 그 구원의 복음이 기쁨이었기 때문입니다. 성군 다윗은 "예루살렘을 사랑하는 자여 다 그와 함께 기뻐하라 다 그와 함께 즐거워하라 그를 위하여 슬퍼하는 자여 다 그의 기쁨을 인하여 그와 함께 기뻐하라"(사66:10)라고 하였고, 하박국 선지자도 극한 역경 속에서 "나는 여호와를 인하여 즐거워하며 나의 구원의 하나님을 인하여 기뻐하리로다."(합3:18)라고 찬양하

였으며 사도 바울 또한 로마 옥에서 "주 안에서 항상 기뻐하라 내가 다시 말하노니 기뻐하라"(빌4:4)라고 하였습니다. "너희를 향하신 하나님의 뜻 이니라." 이는

2. 쉬지 않고 기도하는 삶입니다.

본문 17절에서 "쉬지 말고 기도하라"라고 하였습니다. 이는 전혀 다른 일은 하지 않고 잠시도 쉴 틈 없이 기도하라는 의미가 아니라 항상 기도 가운데 하나님과 교제하며 그만을 의지하라는 말입니다. 예수께서는 "항상 기도하고 낙망치 말아야 될 것"(눅18:1)을 가르치면서 7절, 8절에 "하나님께서 그 밤낮 부르짖는 택하신 자들의 원한을 풀어 주지 아니하시겠느냐 저희에게 오래 참으시겠느냐 내가 너희에게 이르노니 속히 그 원한을 풀어 주시리라"라고 하셨습니다. 시편의 시인은 "여호와여 내 음성과 내 간구를 들으시므로 내가 저를 사랑하는도다. 그 귀를 내게 기울이셨으므로 내가 평생에 기도하리로다."(시116:1-2)라고 노래하였습니다. 빌립보 감옥에서 "밤 중 되어 바울과 실라가 기도하고 하나님을 찬미하매… 이에 홀연히 큰 지진이 나서 옥 터가 움직이고 문이 곧 다 열리며 모든 사람의 매인 것이 다 벗어진지라(행16:25-26)"라고 기록해 주고 있습니다. 항상 기도하는 자는 낙망치 않는 자요 하나님과 교제하는 자요, 엄청난 축복과 기적을 체험하는 자입니다. "너희를 향하신 하나님의 뜻이니라." 이는

3. 범사에 감사는 삶입니다.

본문 18절에 "범사에 감사하라"라고 하였습니다. 여기에 "범사" 곧 '엔 판티'는 '모든 상황과 환경에서'라는 의미로 그 감사가 초월적인 감사임을 뜻합니다. 보통 사람들의 감사는 기복적이며 이기적이며 조건적이며 상대

적인 그 틀에서 벗어나지 못합니다. 그래서 아주 작은 역경 앞에서도 좌절과 실망의 벼랑으로 떨어지고 마는 것입니다. 그러나 구원 은총에 젖은 감사는 모든 상황과 환경을 초월한 감사로 그 삶을 꽃피웁니다. "성도들의 삶에 있어 성령의 충만하고 현저한 특징은 첫째도, 둘째도, 셋째도 감사이다"라고 한 토리 박사의 말이 옳습니다. 시편의 시인은 "여호와께 감사하라 그는 선하시며 그 인자하심은 영원함이로다."라고 하였습니다. 감사야말로 하나님의 풍성한 축복을 담는 그릇과도 같습니다. 그래서 성령 충만한 성도들이 하나님의 구원 은총에 감사하며 기쁨과 즐거운 마음의 밝은 얼굴로 그리스도를 위해 헌신 봉사하는 것입니다. 감사는 성도들의 삶에 있어 축복이며 또한 특권입니다.

사랑하는 성도 여러분!

항상 기뻐하는 삶을 성삼위 우리 하나님께 드립시다. 그리고 쉬지 않고 기도하는 삶과 어떠한 상황이나 환경 속에서도 초월적인 감사의 삶이 하나님께 드려졌으면 합니다. 이것이 바로 축복의 삶입니다. 항상 우리들의 영적인 삶을 되돌아보며 매 순간 하나님께서 그 크신 사랑으로 우리 모두에게 베푸신 은혜에 감사하는 보은의 삶이 되시기를 소원합니다. 시인은 "여호와께서 내게 주신 모든 은혜를 무엇으로 보답할꼬."(시116:12)라고 노래하였습니다. 오늘 우리에게 주신 바 "항상 기뻐하라 쉬지 말고 기도하라 범사에 감사하라 이는 그리스도 예수 안에서 너희를 향하신 하나님의 뜻이니라."라고 하신 이 말씀이 우리들 삶 속에 활짝 핀 꽃처럼 만발하여 은혜를 주신 하나님께 큰 영광이 되시기를 축원합니다. 아멘.

하나님의 말씀은 흥왕하여 더하더라

《사도행전 12:20-24》

오순절 날, 성령강림 후 사도들을 중심으로 한 예루살렘 교회는 스데반의 순교(행7:60)로 시작하여, 엄청난 박해를 당하였습니다. 또한 당시 질풍노도와 같은 박해자 헤롯이 칼로 요한의 형제 야고보를 죽이고 베드로를 투옥시키는 등 그 모진 박해 가운데서도 하나님의 말씀은 점점 더 왕성하였다고 하였습니다. 바로 이 때, 헤롯의 갑작스러운 죽음으로 24절에 "하나님의 말씀은 더욱 흥왕하여 더하더라."라고 하였습니다. 오늘 이 시간 "하나님의 말씀은 흥왕하여 더하더라."라고 하신 말씀으로 함께 은혜받기를 원합니다. "하나님의 말씀은 흥왕하여 더하더라." 그 말씀은

1. 하나님의 능력입니다.

흥왕하여 더하게 하시는 하나님의 말씀은 바로 하나님 절대권위의 능력입니다. 사도 바울이 에베소에서 복음을 전할 때에 나타난 이적들을 통해 "주의 말씀이 힘이 있어 흥왕하여 세력을 얻으니라"(행19:20)라고 하심도 그 하나님 말씀의 능력을 보여 줍니다. "하나님의 말씀은 살았고 운동력이 있어"(히4:12)라고 하였습니다. 하나님의 말씀은 철학도 과학적 지식도 아닙니다. 바로 흥왕하여 더하게 하시는 능력 그 자체입니다. 바로 그 말씀의 능력이 천지를 창조하셨고, 그 말씀이 죽은 영혼들을 구원하셨으며, 그 말씀이 온갖 이적들을 행했던 것입니다. 창조의 능력이요, 구원의 능력이며, 변화의 위대한 능력입니다. 데살로니가 교회에 있어 "이 말씀이 또한 너희 믿는 자 속에서 역사하느니라."(살전2:13)라고 하신바 하나님, 곧 성령의

능력입니다. "하나님의 말씀은 흥왕하여 더하더라." 그 말씀은

2. 하나님의 치유입니다.

흥왕하여 더하게 하시는 하나님의 말씀은 놀라운 치유의 광선이 발합니다. 가장 근본적인 치유가 바로 죽은 영혼들의 구원입니다. 죄로 만신창이 된 절망과 죽음의 병에서 참 생명으로 치유되는 역사가 하나님의 말씀을 통해 나타나며, 심신의 모든 병 또한 말씀을 통해 치유됨을 4복음서와 사도행전에서 많이 찾을 수 있습니다. 병든 자들을 고쳐주신 예수님과 사도들의 치유사역이 그러합니다. 항상 있는 하나님의 말씀은 지금도 수많은 사람들의 영혼과 육체의 병을 치유할 뿐 아니라, 모든 시대, 모든 나라에 있어 정치와 경제, 문화와 교육 등 병든 모든 부분을 개혁하고 치유합니다. "하나님의 말씀은 흥왕하여 더하더라." 그 말씀은

3. 하나님의 축복입니다.

본문에서의 "흥왕하여 더하더라."는 폭발적인 예루살렘 교회 부흥을 말합니다. 능력과 치유의 말씀이 일으키는 교회운동의 축복입니다. 당시, 베드로가 전한 말씀 선포에 많은 사람들이 마음이 찔려 "우리가 어찌할꼬"(행2:37)라고 회개하고 주를 믿고 세례를 받았는데, 41절에 "이 날에 제자의 수가 삼천이나 더하더라."라고 하였고, 일곱 집사를 안수하여 세운 후, "하나님의 말씀이 점점 왕성하여 예루살렘에 있는 제자의 수가 더 심히 많아지고 허다한 제사장의 무리도 이 도에 복종하니라."(행6:7)라고 하였습니다. 이는 "하나님의 말씀이 흥왕하여 더하더라."라고 한 교회부흥의 축복입니다. 말씀과 성령의 충만함에 따른 축복입니다. 그러므로 교회부흥은 전적 하나님 자신의 절대주권적인 사역임에 분명합니다. 살아 역사하시는

하나님의 말씀은 반석에서 샘이 솟게 하시고, 사막에 꽃을 피워 열매를 맺게 하는 축복입니다. 교회로 하여금 흥왕하여 더하게 하시는 축복의 역사, 그 안에 성도들의 영육간의 모든 풍성한 축복이 다 담겨져 있는 것입니다.

사랑하는 성도 여러분!

예수 그리스도는 "사람이 떡으로만 살 것이 아니요 하나님의 입으로 나오는 모든 말씀으로 살 것이라"(마4:4)라고 하셨습니다. 능력과 치유와 축복의 하나님 말씀은 우리 모든 성도들의 삶을 밝고 기름지게 하며, 교회로 하여금 부흥 성장케 합니다. 사도 베드로는 "모든 육체는 풀과 같고 그 모든 영광이 풀의 꽃과 같으니 풀은 마르고 꽃은 떨어지되 오직 주의 말씀은 세세토록 있도다."(벧전1:24-25)라고 하였습니다. 오직 하나님의 말씀만이 하나님의 절대 능력이요, 위대한 치유요, 풍성한 축복임을 우리는 믿습니다. 바로 그 말씀이야말로 "내 발의 등이요 내 길에 빛"(시109:105)이 되심에 감사치 않을 수 없습니다. 그 하나님의 살아 역사하시는 말씀이 오늘날, 우리 교회와 우리들 믿는 자 속에서 역사하시는 생생한 체험으로 충만하였으면 합니다. "하나님의 말씀이 흥왕하여 더하더라."라고 하신 예루살렘교회의 부흥의 축복이 우리의 모든 삶의 전 영역에서 능력과 치유와 축복의 역사로 불 같이 일어 나타났으면 합니다. 오직 하나님의 말씀으로 인한 축복의 열매가 우리 교회와 자신들과 가정, 기업 위에 풍성하여 하나님께 기쁨과 영광이 되시기를 축원합니다. 아멘.

하나님의 선한 청지기같이

《베드로전서 4:7-11》

사도 베드로는 그리스도의 임박한 재림을 앞두고 있는 우리 모든 성도들이 주의 피로 사신 교회에서 하나님의 각양 은혜를 맡은 선한 청지기 같이 서로 봉사할 것을 당부하였습니다. 여기에 "청지기"인 '오이코노모스'는 관리인을 뜻합니다. 마치 예수 그리스도의 달란트 비유에 나오는 종과 같습니다. "선한 청지기"는 다섯 달란트와 두 달란트 받은 종과 같이 "착하고 충성된 종"(마25:21,23)입니다. 이들 곧 하나님의 선한 청지기에 의해서 하나님의 교회는 날로 부흥하고 또한 성장하는 것입니다. 주의 몸된 교회에서의 이들의 존재가 실로 값지고 중요한 이유가 바로 여기에 있습니다. "하나님의 선한 청기지 같이" 이는

1. 기도의 청지기입니다.

본문 7절에 "만물의 마지막이 가까왔으니 그러므로 너희는 정신을 차리고 근신하여 기도하라"라고 하였습니다. "만물의 마지막"이란 그리스도의 재림을 두고 하신 말씀입니다. 이 날은 주인이 돌아와서 종들과 회계하는 날(마25:19)과 같습니다. 그러므로 하나님의 선한 청지기는 그리스도의 재림이 임박했음을 알기에 깨어 기도하는 삶에 최선을 다하는 것입니다.

첫째, 건전한 정신의 기도입니다.

여기에 "정신 차리고"라는 말의 '정신 차리다'는 '건전한 마음을 가진다' 라는 뜻으로 바르고 건전한 마음의 자세로 하나님께 기도하라는 말입니다. 올바른 마음의 자세를 말합니다.

둘째, 근신함의 기도입니다.

"근신하여"라는 말의 '근신하다'는 '술 취하지 않다, 자제하다' 라는 뜻의 말로 자신을 통제하는 자제력을 의미합니다. 하나님의 선한 청지기는 언제나 올바른 마음과 믿음의 자세로 자신을 통제하며 기도하는 청지기입니다. 기도하지 않는 청지기는 선한 청지기가 아닙니다. 이유는 기도를 통해 주시는 하나님의 지혜와 능력을 힘입지 못했기 때문입니다. "하나님의 선한 청지기같이" 이는

2. 사랑의 청지기입니다.

본문 8-9절에서 "무엇보다도 열심으로 서로 사랑할찌니 사랑은 허다한 죄를 덮느니라 서로 대접하기를 원망 없이하고"라고 하였습니다. 하나님의 선한 청지기는 형제의 허다한 죄를 '칼륲테이' 즉 감추며 보이지 않도록 하는 것 같이 용서합니다. 또한 형제를 대접함에 있어 불평이나 인색함이 없이 합니다. 이것이 바로 참사랑의 대접입니다. 하나님의 선한 청지기는 용서와 선대의 종입니다. "하나님의 선한 청지기같이" 이는

3. 봉사의 청지기입니다.

본문 10절에 "선한 청지기 같이 서로 봉사하라"라고 하였습니다. 청지기는 일하는 자, 즉 일꾼입니다. 하나님께서는 그의 선한 청지기들에게 하나님의 집인 교회에서 헌신 봉사하도록 각양 은사를 주셨습니다. 그러므로 하나님의 선한 청지기는 그의 봉사함에 있어 11절에서 "누가 봉사하려면 하나님의 공급하시는 힘으로 하는 것 같이 하라"라고 말씀하신 그대로 전능하신 하나님 절대의존의 믿음, 그 힘으로만 합니다. 결코 자신의 재능이나 힘을 의지하지 않습니다. 이유는 그 봉사의 일이 영에 속한 하나님의 일

이기 때문입니다. 하나님께서 공급해 주시는 힘에 전적 의존함이 바로 겸손입니다. 하나님은 청지기가 자신의 공로를 내세우며 교만한 것은 결코 용납지 아니 하십니다. 그래서 말에나 봉사에 있어 하나님만을 의존하라고 하신 것입니다. "하나님의 선한 청지기같이" 이는

4. 오직 하나님 영광의 청지기입니다.

본문 11절에 "이는 범사에 예수 그리스도로 말미암아 하나님이 영광을 받으시게 하려 함이니"라고 하였습니다. 이것이 선한 청지기의 삶에 있어 그 목적입니다. 하나님의 선한 청지기는 그에게 맡겨진 모든 일, 곧 범사에 있어 오직 하나님의 영광만을 목적으로 헌신 봉사함에 최선을 다합니다. 사도 바울의 "너희가 먹든지 마시든지 무엇을 하든지 다 하나님의 영광을 위하여 하라"(고전10:31)라고 권면하였음이 그러합니다.

사랑하는 성도 여러분!

하나님의 선한 청지기는 꼭 교회 제직들뿐만이 아닙니다. 하나님께 부름 받아 하나님의 백성이 된 모든 성도들도 하나님의 일을 맡은 청지기들입니다. 우리 모두 하나님의 선한 청지기로서 늘 깨어 기도하며, 그리스도의 사랑으로 형제의 허물을 용서하고 또한 따뜻하게 대접하며, 우리 주 예수 그리스도께 헌신된 자로서 봉사하는 일에 최선을 다 합시다. 그리스도께서 재림하실 그 날까지 하나님의 선한 청지기로 충성을 다함으로 주님 앞에 섰을 때, 칭찬과 영광과 존귀함을 받는 상급이 있으시기를 축원합니다. 아멘.

별과 같이 영원토록 비취리라

《다니엘 12:1-3》

주전 536년 경, 하나님의 은총을 크게 입은 자 다니엘이 지구 종말의 시대에 벌어질 상황에 대한 묵시를 받아 기록한 내용이 오늘 본문의 말씀입니다. 바로 이러한 때에 지혜 있는 자가 일어나 궁창의 빛과 같이 많은 사람을 옳은 데로 돌아오게 할 것이라고 하였고, 바로 이러한 자가 "별과 같이 영원토록 비취리라"라고 하였습니다. 오직 "의로운 해" 곧, "치료하는 광선"(말4:2)이신 예수 그리스도를 바라보고, 영원토록 비취는 별과 같은 우리들 자신과 교회와 그리고 축복된 가정과 기업이 되실 것을 확신하며 은혜받기를 원합니다. "별과 같이 영원토록 비취리라" 이 별은

1. 새벽별이신 예수 그리스도이십니다.

본문 3절에 "지혜 있는 자는 궁창의 빛과 같이 빛날 것이요 많은 사람을 옳은 데로 돌아오게 한 자는 별과 같이 영원토록 비취리라"라고 하였습니다. 여기에 "궁창의 빛"과 영원토록 비취는 "빛"의 실체에 대해 사도 요한은 그의 계시록에서 "나 예수는…광명한 새벽별이라"(계22:16)라고 하였고, 그의 복음서에서 "참 빛 곧 세상에 와서 각 사람에게 비취는 빛"(요1:9)이라고 하였습니다. 또한 그는 "그 안에 생명이 있었으니 이 생명은 사람들의 빛이라"(요1:4)라고 하였습니다. 오직 예수 그리스도야말로 성부 하나님 안에 충만하신 영광과 진리와 은혜의 빛 곧 "궁창의 빛"과 영원토록 비취는 "새벽별"이십니다. "별과 같이 영원토록 비취리라" 이 별은

2. 어둔 세상을 밝히는 교회입니다.

본문에서 "지혜로운 자" 곧 "많은 사람을 옳은 데로 돌아오게 하는 자"는 죄악으로 어두운 세상에서 별과 같이 빛나는 의로운 삶을 통하여 영생 주시기로 작정된(행13:48)바 많은 사람을 예수 생명의 길로 인도하는 모든 성도를 말합니다. 바로 이들이 '에클레시아' 곧 하나님의 신령한 공동체인 교회입니다. 교회는 세상의 빛입니다. 그래서 예수께서는 "너희는 세상의 빛이라"(마5:14)라고 하셨던 것입니다. 사도 바울 역시 "너희가 전에는 어두움이더니 이제는 빛이라 빛의 자녀들처럼 행하라"(엡5:8)라고 하였습니다. 이사야 선지자는 "일어나라 빛을 발하라…오직 여호와께서 네 위에 임하실 것이며 그 영광이 네 위에 나타나리니 열방은 네 빛으로 열왕은 비취는 네 광명으로 나아오리라"(사60:1-3)라고 하였습니다. 이는 장차 광명한 새벽별로 오실 메시야 곧 예수 그리스도의 빛을 말하며 또한 그의 몸된 신약 교회를 두고 하신 예언의 말씀입니다. 교회는 어두운 세상을 향하여 그 빛을 비춰야 합니다. 이것이 지상의 모든 교회들에게 주어진 사명이요 또한 책임입니다. "별과 같이 영원토록 비취리라" 이 별은

3. 영원히 빛날 천국의 영화입니다.

본문 3절 끝에 "영원토록 비취리라"라고 하였습니다. 이는 하나님 영광의 별로서 천국에서의 영화로운 삶에 대한 상징적인 표현입니다. 사도 요한은 "그 성은 해와 달의 비췸이 쓸데없으니 이는 하나님의 영광이 비취고 어린양이 그 등이 되심이라"(계21:23)라고 하였고, "다시 밤이 없겠고 등불과 햇빛이 쓸데없으니 이는 주 하나님이 저희에게 비취심이라"(계22:5)라고 하였습니다. 본문 1절에서 "그 때에 네 백성 중 무릇 책에 기록된 모든 자가 구원을 얻을 것이라"라고 하였습니다. 사도 요한 역시 "오직 어린양

의 생명책에 기록된 자들뿐이라"(계21:27)라고 하였고, "다시는 밤이 없겠고, 등불과 햇빛이 쓸데없으니 이는 주 하나님이 저희에게 비춰심이라 저희가 세세토록 왕노릇 하리로다."(계22:5)라고 하심이 그러합니다. 어찌 불신 세상이 이 천국의 영화를 알겠습니까?

사랑하는 성도 여러분!

우리 모든 성도들은 영감의 사람 다니엘처럼 지혜로운 사람들입니다. 그래서 하나님 계시의 말씀을 그대로 믿고 따르는 것입니다. 궁창의 빛과 별이신 예수 그리스도의 그 영광의 빛이 우리 마음에 날마다 충만하시기를 바랍니다. 그래서 별과 같이 빛나는 성도, 가정, 우리들의 기업, 그리고 별과 같이 빛나는 우리의 교회가 되기를 간절한 마음으로 바라며 또 확신합니다. 또한 하나님의 선한 청지기로서 별과 같이 빛나는 그리스도의 종이 되시기를 소원합니다. 우리 자신들의 헌신 봉사하는 희생의 이 빛 때문에 교회가 밝아지고 가정이 밝아지며 우리들 기업들이 오직 하나님의 영광의 빛으로 밝아질 것입니다. 바로 이 별은 우리들 가슴 속에서 영원토록 비칠 예수 그리스도의 빛이요, 천국영화의 빛입니다. 이는 또한 많은 사람을 옳은 데로 돌아오게 할 전도자들의 빛입니다. 성도 여러분과 가정과 자손 그리고 기업들 위에 별과 같이 영원토로 비춰는 축복의 빛으로 충만하여 영광의 빛 되신 성삼위 우리 하나님께 영광이 되시기를 축원합니다. 아멘.

가루를 가져오라 하여 솥에 던지고

《열왕기하 4:38-41》

여호와 하나님은 그의 말씀으로 천지를 창조하시고, 그 만드신 피조세계를 섭리하시며 또한 다스리십니다. 그러므로 지구촌의 모든 역사는 하나님께서 그의 백성을 구원하신 구속사요, 그 구속사의 중심은 그리스도이시며, 성령강림 후, 교회운동을 통해 지금도 땅 끝까지 펼쳐지고 있는 것입니다. 하나님의 구속사는 한마디로 치유입니다. 하나님은 마라의 쓴물을 단물로 변화시키시며 "내가 너희를 치료하시는 하나님임이니라"라고 하셨습니다. 본문은 엘리사가 "가루를 가져오라 하여" 솥에 던져 음식가운데 사망의 독을 치유하여 선지생도들로 먹게 한 기적적인 사건의 내용입니다. "가루를 가져오라 하여 솥에 던지고" 이는

1. 성부의 절대주권적인 통치의 치유입니다.

본문 38절에 엘리사가 길갈에 다시 왔을 때, "그 땅에 흉년이 들었는데"라고 하였습니다. 여기에 "흉년"이란 '라아브' 앞에 정관사 '하' 가 결합된 '그 흉년' 으로 이는 엘리사 활동 당시의 7년 기근의 때를 말합니다. 이 때, 선지생도들이 "들외" 즉 '클로신티다스' 라는 식물에서 맺히는 열매를 썰어 큰 솥에 넣고 끓였는데 그 속에 "사망의 독" 이 있어 먹지 못하게 되었습니다. 이에 하나님은 "가루를 가져오라" 하여 솥에 던짐으로 사망의 독을 치유해 주셨던 것입니다. 7년 흉년이나 사망의 독을 제거해 주신바 치유사건은 바로 성부의 절대주권적인 그의 공의와 사랑의 통치를 보여 줍니다. "가루를 가져오라 하여 솥에 던지고" 이는

2. 성자의 대속적인 희생의 치유입니다.

본문 41절에 "가루를 가져오라 하여 솥에 던지고"라고 하였습니다. 바로 이 솥에 던져진 가루는 예수 그리스도의 대속적인 십자가의 사건을 보여 줍니다. 여기에 "가루"라는 '케마흐'는 '곡식을 갈아 만든 가루'로 보통 평민들이 먹는 밀가루를 말하며 특별한 경우 제사의식에 사용하는 무교병이나 과자, 전병을 만드는 데 사용되었습니다. 성자이신 예수 그리스도는 죄 없으신, 그러면서도 아주 평범한 인간으로 오셔서 화목제물로 드러진 '케마흐' 이셨습니다. 바로 그 분이 사망의 독으로 가득한 이 세상이라는 솥에 던져짐으로 저주와 사망의 권세에서 선민을 치유, 구원해 주셨던 것입니다. "가루를 가져오라 하여 솥에 던지고" 이는

3. 성령의 강권적인 교회운동의 치유입니다.

본문 41절에서 엘리사가 "퍼다가 무리에게 주어 먹게 하라 하매 이에 솥 가운데 해독이 없어지니라"라고 했습니다. 이는 가루가 단순히 하나님의 권능을 나타내기 위한 상징이었지만 그 권능의 실체가 절대주권자이신 성부 하나님 자신이며, 예수 그리스도의 대속적인 십자가이며, 또한 성령님의 강권적인 역사로 인한 교회운동임을 확증해 줍니다. "무리에게 주어 먹게 하라 하매 이에 솥 가운데 해독이 없어지니라"라는 말씀이 바로 복음전파로 인한 생명운동인 교회운동을 뜻합니다. 중요한 것은 "가루" 곧 '케마흐'가 사망의 독이 있는 큰 솥에 던져졌다는 사실입니다. 교회운동이란 사망의 독을 제거, 치유하는 진리운동, 생명운동, 천국운동입니다. 그리스도께서 그러하셨듯이 우리 모든 성도들, 한 사람 한 사람은 사망의 독이 있는 솥이라는 세상에 던져져야만 하는 가루라는 사실입니다. 예수생명인 기독교는 탁상공론의 이론과 사색의 철학이나 염세주의 사상이 아닙니다. 하나

님의 부르심 앞에 이사야가 "내가 여기 있나이다. 나를 보내소서."(사6:8) 라고 했던 헌신적 결단과 같이 오늘날, 가루인 우리들도 "내가 여기 있나이다. 나를 던지소서."라는 결단으로 헌신되어야 할 것입니다. 이것이 지구촌에 존재한 모든 교회와 우리들 모두에게 주어진 사명인 것입니다.

사랑하는 성도 여러분!

하나님의 구속사를 간단하게 정리하면 성부 하나님의 구속계획과 섭리, 성자 하나님의 대속적인 십자가의 구속완성, 성령 하나님의 구속적용인 교회운동입니다. 하나님의 구속사는 그의 치유, 곧 구원하심에 있습니다. 하나님은 마라의 쓴물을 단물로 치유하시면서 "나는 너희를 치료하는 여호와임이니라"(출15:26)라고 하셨습니다. 또한 터는 아름다우나 물이 좋지 못하여 토산이 익지 못하고 떨어지는 여리고에서 "여호와의 말씀이 내가 이 물을 고쳤으니"(왕하2:21)라고 했던 치유의 역사를 비롯하여 오늘, "가루를 가져오라 하여 솥에 던지고"라고 하신 길갈에서의 치유 사건을 통해 성삼위 우리 하나님께서 펼치시는 그의 구속사를 보게 됩니다. 이 모든 치유의 사건은 예수 그리스도의 대속적인 십자가와 부활 사건임을 상징적으로 예표론적으로 나타내 줍니다. 이 종말시대, 우리 교회와 신자들은 사망의 독이 있는 솥에 던져져 치유한 가루처럼 하나님의 말씀과 성령의 능력을 힘입어 세상을 치유하는 빛과 소금의 사명을 다해야 할 것입니다. 바로 이 같은 십자가 중심의 희생적인 삶으로 성삼위 우리 하나님께 큰 영광이 되시기를 축원합니다. 아멘.

내가 네게 무엇을 명하든지 너는 말할지니라

《예레미야 1:4-10》

눈물의 선지자 예레미야, 그는 예루살렘이 바벨론 왕 느부갓네살에 의해 패망하기까지의 40년간 유다민족의 죄악을 질책하고 그 죄로 인한 망국을 예언할 수밖에 없었던 그 시대의 양심적 등불이었습니다. '선지자' 곧 '나비'는 하나님의 명을 받아 왕이나 국가를 견책하고 미래에 일어날 사실들을 예언하는 사람으로 '말하는 자'(렘1;7)요, '가는 자'(렘1:7)요, 또한 비밀한 것을 '보는 자'(렘1:11,13)였습니다. 오늘 이 시간, 하나님께서 예레미야에게 명하셨던바 "내가 네게 무엇을 명하든지 너는 말할지니라."라는 말씀을 상고함으로 우리 함께 은혜 받기를 원합니다. "내가 네게 무엇을 명하든지 너는 말할지니라." 이는

1. 회개를 촉구하시는 하나님의 사랑입니다.

본문 10절에 "보라 내가 오늘날 너를 열방 만국 위에 세우고 너로 뽑으며"라고 하였습니다. 이는 하나님께서 그의 말씀을 통해 회개를 촉구하시는 하나님의 사랑이 바로 "뽑으며"입니다. 이것이 어두운 시대 시대마다 있었던 대각성 운동으로 나타났습니다. 사도 베드로가 복음을 외칠 때, 무리들이 "우리가 어찌할꼬"(행2:37)라고 했던 참회가 그러합니다. 오늘날 먼저 교회 안에 번식하여 타락케 하는 비진리의 잡초를 뽑아야 하며, 또한 정치, 경제, 사회, 교육, 예술 모든 분야에 번식하여 부패케 하는 죄악의 잡초를 오직 하나님의 말씀으로 뽑아야 합니다. 호세아 선지자는 바로 지금 "너희 묵은 땅을 기경하라."(호10:12)라고 하였습니다. "내가 네게 무엇을

명하든지 너는 말할지니라." 이는

2. 심판을 경고하신 하나님의 공의입니다.

본문 10절에 "너로…파괴하며, 파멸하며, 넘어뜨리며"라고 하였습니다. 즉 예레미야의 입에 두고 말하게 하신 하나님의 심판 경고의 말씀이 파괴, 파멸, 그리고 넘어짐입니다. 악한 영인 사탄과 그로 인한 죄와 죽음의 권세를 파괴, 파멸하며 넘어뜨리게 할 수 있는 폭탄은 여호와의 입의 말씀 밖에 없다는 사실입니다. 진정한 말씀 선포, 곧 '케리그마'는 반드시 죄에 대한 심판적 경고의 성격을 지니고 있음을 보여 줍니다. 그의 공의의 경고를 거부하면 그리스도의 재림의 날, 영원한 파괴와 파멸, 넘어짐의 영벌인 유황 불 못을 피하지 못할 것입니다. 그러므로 "오늘 날 너희가 그의 음성을 듣거든 노하심을 격동하여 광야에서 시험하던 때와 같이 너희 마음을 강팍케 하지 말라"(히3:7-8)라고 경고했던 것입니다. 죄악 된 인간의 아성이 공의로우신 주의 말씀으로 파괴, 파멸, 넘어지지 아니하면 돌이킬 수 없는 영원한 파괴와 파멸과 넘어짐인 하나님의 불심판이 주어지기 때문입니다. 그래서 호세아 선지자는 "지금이 곧 여호와를 찾을 때니 너희 묵은 땅을 기경하라"(호10:12)고 외쳤던 것이고, 사도 바울은 "보라 지금은 은혜 받을 만한 때요 보라 지금은 구원의 날이로다."(고후6:2)라고 하였던 것입니다. "내가 네게 무엇을 명하든지 너는 말할지니라." 이는

3. 구원은총인 하나님의 축복입니다.

본문10절에 "너로 건설하며 심게 하였느니라."라고 하였습니다. 이는 유다를 향한 하나님 축복의 약속입니다. 바로 유다민족의 범죄로 바벨론의 손에 붙여 70년 동안 파괴와 파멸과 넘어짐의 고통을 겪게 하셨지만 결국

은 하나님께서 그들을 회개케 하심으로 파괴와 파멸과 넘어짐의 터에 다시 건설하며 심어주는 축복을 약속하셨던 것입니다. 바로 이것이 하나님 구원은총의 축복입니다. 그리스도께서 십자가상에서의 "다 이루었다"(요 19:30)라고 하신바 하나님 구속사 완성이 아담의 범죄로 뽑힘과 파괴와 파멸, 그리고 넘어짐의 사망에서 택자들의 구원 곧 건설과 심음으로 주어졌던 것입니다. 이것이 구원은총의 복음이요 교회운동입니다.

사랑하는 성도 여러분!

하나님의 살아 역사하시는 말씀이 천지를 창조하셨고, 그 말씀이 우리로 하여금 죄로 인해 뽑혔고, 파괴, 파멸되었고, 넘어짐의 절망상태에서 구원해 주신 축복의 말씀입니다. 오늘, 구원받은 우리들은 오직 하나님의 말씀으로 죄의 잡초를 뽑으며 파괴와 파멸, 넘어짐의 정과 욕심을 십자가에 달아 죽여야 합니다. 사도 바울의 고백처럼 "오호라 나는 곤고한 사람이로다."(롬7:24)라는 탄식과 "내가 내 몸을 쳐 복종하게 함"(고전9:27)인 자신과의 싸움, 그리고 "나는 날마다 죽노라"(고전15:31)라는 성화의 삶이 되어야 할 것입니다. "내가 네게 무엇을 명하든지 너는 말할지니라." 바로 그 말씀이 회개를 촉구하시는 하나님 사랑이며, 심판적 경고의 공의이며 택자들에 대한 구원은총의 축복입니다. 그러므로 그 하나님의 말씀을 항상 읽고, 묵상하여 그 말씀을 믿음으로 순종하는바 하나님 중심, 곧 말씀 중심의 복된 삶이 되시기를 축원합니다. 아멘.

내 하나님의 선한 손

《느헤미야 2:1-20》

페르시아 왕인 아닥사스다의 총애를 받고 있었던 느헤미야의 신앙과 불타는 그의 애국심, 그리고 그의 헌신적인 희생을 거울삼는 것이 교회와 나라 사랑의 올바른 자세라고 생각합니다. 느헤미야는 오직 하나님의 선하신 손에 대한 확고한 신앙을 소유하고 있었습니다. 바로 그 하나님의 선하신 손이 있었기에 무너진 성벽을 52일 만에 재건하였고, 또한 수문 앞 광장에서의 대각성운동의 열매를 거두게 된 것입니다. 오늘날, 난국의 해결과 한국의 밝은 내일이 오직 하나님의 선하신 손에 있음을 확신해 봅니다. "내 하나님의 선한 손" 이는 그 손이

1. 도움의 손이었습니다.

본문 8절에서 느헤미야는 유다 백성들에게 "내 하나님의 선한 손이 나를 도우심으로 왕이 허락하고"라고 하였습니다. 전능하신 하나님은 느헤미야의 기도를 들으시고 그의 선한 손이 도움을 주셨습니다. 그 도움이 아닥사스다 왕으로 하여금 느헤미야의 간청을 허락해 줌으로 나타납니다. 느헤미야는 그 손의 도움을 확신하며 본문 5절에서 "나를 유다 땅 나의 열조의 묘실 있는 성읍에 보내어 그 성을 중건하게 하옵소서."라고 간청하였고, 이에 왕은 그의 간청을 들어 주었던 것입니다. 그리고 7-8절에서 강 서편 총독들에게 조서를 내려 유다까지 그를 통과할 수 있도록 해주었을 뿐만 아니라 삼림 감독 아삽에게 조서를 내려 성벽중건에 필요한 재목을 적극 지원토록 해주었습니다. 이는 하나님의 선한 손의 도우심에서 이루어진 것

입니다. 결국 18절에서 유다 백성들로 하여금 "일어나 건축하자"라고 하며 단합된 성벽 중건의 대 역사를 시작, 52일 만에 완공을 하였던 것입니다. "내 하나님의 선한 손" 이는 그 손이

2. 인도하심의 손이었습니다.

하나님의 선한 손이 느헤미야로 하여금 고국인 예루살렘으로 무사하게 인도하셨던 것입니다. 본문 11절에 "내가 예루살렘에 이르러"라고 하였습니다. 그리고 하나님의 인도하심은 본문 12절에서 "내 하나님이 내 마음을 감화하사 예루살렘을 위하여 행하게 하신 일을 내가 아무 사람에게도 말하지 아니하고 밤에 일어나 두어 사람과 함께 나갈쌔, 내가 탄 짐승 외에는 다른 짐승이 없더라."라고 하였습니다. 이는 하나님의 감동하심에 따른 그의 순종이었지만 주님의 뜻을 이룸에 있어 그의 신중하고도 치밀한 성품을 보여 주기도 합니다. 느헤미야와 함께 하셨던 그 하나님의 선한 손은 우리들로 하여금 교회운동의 역사를 이루도록 하실 뿐만 아니라 저 영원한 천국에 이르도록 인도하실 것입니다. "내 하나님의 선한 손이" 이는 그 손이

3. 형통케 하시는 손이었습니다.

본문 20절에 "하늘의 하나님이 우리로 형통케 하시리니 그의 종 우리가 일어나 건축하려니와"라고 하였습니다. 이는 하나님의 선한 손이 형통케 하심으로 중건될 예루살렘 성벽재건의 성공적인 완성을 말해 줍니다. 성군 다윗은 "저는 시냇가에 심은 나무가 시절을 좇아 과실을 맺으며 그 잎사귀가 마르지 아니함 같으니 그 행사가 다 형통하리로다."(시1:3)라고 하였습니다. 하나님의 선한 손이 함께 하실 때 반드시 형통한 역사는 벌어집니다. 58년 전 6·25 한국전쟁 중 극적인 위기에서 구한 맥아더의 인천상륙작전이

야말로 하나님의 선한 손이 도우신 형통의 역사였습니다. 이유는 그 작전이 5천분의 1의 성공가능성으로 불가능한 작전이었기 때문입니다. 당시 소련군 탱크를 앞세운 북한침략군에 밀려 한강 철교는 끊기고 대통령과 국회의원, 국방장관과 참모총장 등 모든 장교와 병사들이 남쪽으로 도망한 극한 상황이었는데 신앙의 사람 맥아더 총사령관이 이 작전을 시도, 성공하였으니 이는 분명 하나님께서 맥아더로 하여금 형통케 하심으로 이루어진 역사가 아닐 수 없습니다. 하나님께서 우리 민족을 위해 싸워주신 작전이었습니다.

사랑하는 성도 여러분!

구국의 달, 6월을 맞아 느헤미야와 함께 하셨던 우리 하나님의 선한 손이 오늘날 절실히 요구되는 시국을 통과하고 있다고 봅니다. 우리 민족을 도우시는 하나님의 손, 그리고 인도하시는 손, 어떠한 난국에도 형통하게 하시는 그의 선한 손만을 의지하는 이 나라와 한국교회가 되었으면 합니다. 광장과 거리를 뒤덮고 있는 촛불시위를 나라와 민족을 위한 기도의 촛불로 밝혔으면 합니다. 6·25 사변 이후 반세기 짧은 역사에 하나님의 축복으로 엄청난 발전과 성장을 이루었습니다. 이는 전적으로 하나님의 축복입니다. 느헤미야가 하나님의 선한 손을 의지하였듯이 우리 또한 그래야만 합니다. 이유는 모든 축복이 하나님의 선한 손에 의해서 이루어지기 때문입니다. 오늘날, 하나님의 선한 손이 우리 한국교회와 자신과 가정, 그리고 이 민족을 덮는 축복의 옷자락이 되기를 축원합니다. 아멘.

네가 이것을 알라

《디모데후서 3:1-5》

역사를 섭리하시고 지배하시는 우리 주 예수 그리스도께서 사도 바울을 통하여 말세에 고통 하는 때가 이를 것이라고 예고하시면서 그 고통의 정체와 경계할 것에 대해 그의 제자인 디모데에게 "네가 이것을 알라"라고 하였습니다. '유비무환' 이라는 말이 있습니다. 인간의 무지는 언제나 현실에 안주하며 미래를 준비하지 못하게 합니다. 그래서 결국은 홀연히 닥친 무서운 재앙에 망하고 마는 경우를 많이 봅니다. 시대를 바로 보고 분별하는 영적인 지혜는 하나님의 은혜입니다. 말세의 경고인 "네가 이것을 알라"라는 말씀을 통하여 은혜 받기를 원합니다. "네가 이것을 알라" 이는

1. 종말에 대한 경고입니다.

본문 2절에서 "네가 이것을 알라 말세에 고통하는 때가 이르리니"라고 하였습니다. 여기에 "고통하는" 원어 '칼레포스' 는 '위협하는' 이라는 말로 심히 사납고 위협적인 시대를 뜻합니다. 또한 "말세" 란 우리 주심께서 재림하시기 바로 직전인 종말시대를 의미합니다. 홍수심판 때에도 하나님은 120년 동안이라는 시간을 두고 당대의 의인이었던 노아로 하여금 방주를 예비토록 하셨던 것입니다. 선지자 아모스는 "주 여호와께서는 자기의 비밀을 그 종 선지자들에게 보이지 아니하시고는 결코 행하심이 없으시리라" (암3:7)라고 하셨습니다. "네게 이것을 알라" 라고 말씀하심도 오늘날, 이 마지막 종말 시대에 대한 예언적 경고의 말씀입니다. "네가 이것을 알라" 이는

2. 타락에 대한 경고입니다.

본문 2-4절에서 종말시대의 인간타락의 실상을 밝혀 주고 있습니다. "사람들은 자기를 사랑하며 돈을 사랑하며 교만하며 훼방하며 부모를 거역하며 감사치 아니하며 거룩하지 아니하며 무정하며…참소하며 절제하지 못하며 사나우며 선한 것을 좋아 아니하며 배반하여 팔며 조급하며 자고하며 쾌락을 사랑하기를 하나님 사랑하는 것보다 더하며"라고 하였습니다. 옛 노아시대도 그러했지만 마지막 이 시대는 더더욱 그 타락의 실상이 극에 달하고 있음을 보게 됩니다. 두드러지게 나타나는 특징 중 세 가지는 자기 사랑의 '이기주의'와 돈 사랑의 '배금주의', 그리고 쾌락 사랑의 '향락주의' 입니다. 이것이 바로 인간의 몸과 영혼을 송두리째 망쳐버리는 위협적인 우상숭배의 실체라는 것입니다. 참으로 위협적인 패망의 불씨입니다. 부모를 거역함이 하늘을 찌르고 있습니다. 사납기가 말할 수 없이 잔인하기만 합니다. 배반을 밥 먹듯 합니다. 그 어느 것 하나인들 선한 것이 없습니다. 이유는 거룩함과 선한 것을 좋아하지 않기 때문입니다. 교만하며 자고합니다. 무정하여 원통함을 풀지 않고 악심을 가지고 이를 갑니다. 이 모든 것이 종말시대에 인간의 타락상입니다. 바로 이것이 고통이요 저주요 불행입니다. "네가 이것을 알라" 이는

3. 경건 상실에 대한 경고입니다.

본문 4절에 "경건의 모양은 있으나 경건의 능력을 부인하는 자니"라고 하였습니다. 한마디로 타락한 종교의 모습입니다. 교회사에 얼룩진 중세 교회의 타락이 그러했고, 종말 시대인 오늘날의 현대 교회가 그 길을 가고 있습니다. 여기에 "경건의 모양"이란 형식주의적 종교행위를 말합니다. 예수님 당시 율법주의자들의 외식이 그러했습니다. "네가 살았다는 이름을

가졌으나 죽은 자로다"(계3:1)라는 책망을 받은 사데교회와 같습니다. 여기에 '경건의 능력에 대한 부인'은 복음에 대한 올바른 지식을 갖지 못하고 이를 거부하는 행위를 말하며 이는 곧 구원에 이르는 믿음의 상실을 가리킵니다. 경건의 능력은 곧 믿음의 능력입니다. 예수님의 "할 수 있거든이 무슨 말이냐 믿는 자에게는 능치 못할 일이 없느니라."(막9:23)라고 하셨고, 사도 바울이 "하나님의 나라는 말이 있지 아니하고 능력에 있음이라." (고전4:20)라고 하였습니다.

사랑하는 성도 여러분!

우리 주님은 마지막 시대에 벌어질 상황들의 실체를 알기를 원하시기에 오늘 우리들에게 "네가 이것을 알라"라고 하셨던 것입니다. 사람들은 자기와 돈과 쾌락만을 사랑하며 이를 목적으로 추구합니다. 파괴된 인간 성품에서 부모를 거역하며, 교만하고 무정하며 사납기만 합니다. 죄에 대한 통제력을 잃어 버렸습니다. 원통함을 풀지 못하고 끔직스러운 만행들을 자행합니다. 명분상의 교인들은 경건의 모양만 갖추었을 뿐 그리스도의 십자가와 부활의 능력은 상실하였습니다. 이렇게 예고하신 종말의 타락상을 우리 성도들은 알아야 합니다. 또한 "이 같은 자들에게서 네가 돌아서라"라는 명령을 명심하면서 거룩함과 경건함으로 살아야 합니다. 하나님의 거룩한 자녀로써 오직 복음에 합당한 우리 모두의 경건한 삶을 통해 하나님께 영광을 돌리는 복된 삶이 되시기를 축원합니다. 아멘.

다니엘의 하나님

《다니엘 6:25-28》

페르시아 제국의 다리오 왕, 그는 간신배들의 계략에 의한 악법에 어인을 찍음으로 다니엘을 사자 굴에 넣었습니다. 하지만, 그 사자 굴에서 살아 나온 다니엘을 보고서 다니엘의 하나님을 경외하였고, 이에 전국에 "내 나라 관할 아래 있는 사람들은 다 다니엘의 하나님 앞에서 떨며 두려워할지니"라고 조서를 내렸습니다. 바로 그 조서에 다니엘의 하나님에 대한 확실한 신앙이 담겨져 있음을 보게 됩니다. 대제국의 제왕으로 이렇게 하나님에 대한 고백을 조서에 담아 반포함은 참으로 놀라운 일이 아닐 수 없습니다. "다니엘의 하나님" 그 하나님은

1. 생존하신 하나님이십니다.

본문 26절에서 "그는 사시는 하나님이시요"라고 하였습니다. 이는 다니엘의 하나님, 그를 사자 굴에서 천사를 보내어 지켜주셨던 생존하신 하나님, 그 놀라운 기적을 보고 고백한 내용입니다. 엘리야의 갈멜산 대결이 바로 생존하신 하나님을 온 이스라엘에게 보여 준 대결이었습니다. 그가 생존하셨기에 그 제단에 불로 응답을 주셨고, 다니엘을 사자 굴에서 구해 주셨던 것입니다. 지금도 우리가 믿는 하나님은 다리오의 고백처럼 생존하신 하나님이십니다. 이것이 우리 모두의 동일한 믿음입니다. 사실 이 같은 믿음의 소유자들은 "세상이 감당치 못하도다."(히11:38)입니다. "다니엘의 하나님" 그 하나님은

2. 영원불변하신 하나님이십니다.

계속해서 26절에 "영원히 변치 않으실 자시며"라고 하였습니다. "그 나라는 망하지 아니할 것이요 그 권세는 무궁할 것이며"라고 했습니다. 이 땅의 모든 제국들의 권좌는 영원하지 않습니다. 바벨론도 페르시아도 망했으며, 헬라제국과 로마제국도 망했습니다. 독일의 나치 정권도 망했고, 일본의 제국주의도 망했습니다. 지금 이 땅에 존재한 모든 나라들도 결국은 우리 주님 재림 하실 날, 불의 심판으로 망하고 말 것입니다. 오직 하나님의 나라와 그 권세만이 영원하다는 사실을 다리오는 사자 굴의 현장에서 보았던 것입니다. 오직 하나님의 천국과 보좌만이 영원불변한 것입니다. "다니엘의 하나님" 그 하나님은

3. 구원하시는 하나님이십니다.

본문 27절 "그는 구원도 하시며 건져내기도 하시며 하늘에서든지 땅에서든지 이적과 기사를 행하시는 자로서 다니엘을 구원하여 사자의 입에서 벗어나게 하셨음이니라"라고 하였습니다. 이는 죽음의 사자 굴에서 다니엘을 그 천사를 보내어 구원하시고 그 입에서 벗어나게 하셨던 그 현장에서 분명하게 보고 체험하게 된 하나님에 대한 믿음의 고백입니다. 우리의 믿음은 결코 추상적인 것이 아닙니다. 실재적입니다. 그래서 "믿음은 바라는 것들의 실상이요 보지 못하는 것들의 증거니"(히11:1)라고 하였던 것입니다. 다리오는 다니엘을 사자 굴에서 구원해 내신 하나님을 직접 보고 체험하였습니다. 그래서 그는 다니엘의 하나님을 "그는 구원도 하시며 건져내기도 하시며…이적과 기사를 행하시는 자"라고 전국에 조서를 내려 온 백성으로 알게 하였던 것입니다. "다니엘의 하나님" 그 하나님은

4. 형통케 하시는 축복의 하나님이십니다.

다리오 왕의 조서와는 관계없이 본문 28절에 "이 다니엘이 다리오 왕의 시대와 바사 사람 고레스 왕의 시대에 형통하였더라."라고 기록해 주고 있습니다. 하나님의 은총을 크게 입은 자 다니엘의 축복된 삶이 바로 형통입니다. 요셉의 경우 "그가 형통한 자가 되어"(창39:2)라고 하였고, "여호와께서 요셉과 함께 하심이라 여호와께서 그의 범사에 형통케 하셨더라."(창39:23)라는 말씀이 그러합니다. 결국 그의 형통은 바로 왕으로부터 "너와 같이 명철하고 지혜 있는 자는 없도다. 너는 내 집을 치리하라"(창41:39-40)라는 격찬과 아울러 총리직을 받게 된 것입니다. 믿음과 순결과 기도의 사람, 다니엘의 하나님은 형통케 하시는 하나님이셨습니다.

사랑하는 성도 여러분!

다리오 왕이 페르시아 전국에 조서를 내렸던바 다니엘의 하나님 곧 생존하시며 영원불변하신 하나님, 구원의 하나님, 그리고 형통케 하시는 하나님을 우리 또한 믿습니다. 하박국 선지자는 "의인은 그 믿음으로 말미암아 살리라"(합2:4)라고 하였고, 그 믿음이 있었기에 절대빈곤의 극한 상황에서도 "나는 여호와를 인하여 즐거워하며 나의 구원의 하나님을 인하여 기뻐하리로다."(합3:18)라고 노래하였던 것입니다. 다리오 왕이 믿고 전국에 조서를 내렸던 다니엘의 하나님을 전적으로 신뢰하는 믿음이야말로 어떠한 상황이나 환경에서도 이를 극복하며 이겨 나가는 위대한 힘이 됩니다. 사자 굴에서 구원해 주신 다니엘의 하나님을 전적 신뢰하는 믿음으로 하나님께 영광을 돌리는 복된 삶이 되시기를 축원합니다. 아멘.

만물의 마지막이 가까왔으니

《베드로전서 4:7-11》

세례요한의 첫 외침이 "회개하라 천국이 가까왔느니라."(마3:2)이었고, 예수님의 첫 외침 또한 "회개하라 천국이 가까왔느니라."(마4:17)이었습니다. 사도 베드로는 본문에서 "만물의 마지막이 가까왔으니"라고 하였고, "그때 세상은 물의 넘침으로 멸망하였으되 이제 하늘과 땅은 그 동일한 말씀으로 불사르기 위하여 간수하신 바 되어 경건치 아니한 사람들의 심판과 멸망의 날까지 보존하여 두신 것이니라."(벧후3:6-7)라고 하였으며, 12절에서 "그 날에 하늘이 불에 타서 풀어지고 체질이 뜨거운 불에 녹아지려니와"라고 종말 심판을 예언하였던 것입니다. "만물의 마지막 날이 가까왔으니" 이는

1. 예수 그리스도 재림의 날을 예고하심입니다.

본문 7절에서 "만물의 마지막 날"이라고 함은 지구 종말의 날, 곧 예수 그리스도의 재림의 날을 뜻합니다. 이 날에 대해 사도 바울은 "주께서 호령과 천사장의 소리와 하나님의 나팔로 친히 하늘로 좇아 강림하시리니"(살전4:16)라고 하였습니다. "만물의 마지막 날"은 지구 종말의 날인 최후 심판의 날로 우리 주 예수 그리스도께서 천사장의 소리와 하나님의 나팔로 친히 하늘로 좇아 강림하실 재림의 날입니다. 이를 의심하는 자들을 위해 사도 베드로는 "사랑하는 자들아 주께는 하루가 천년 같고 천년이 하루 같은 이 한 가지를 잊지 말라. 주의 약속은 어떤 이의 더디다고 생각하는 것 같이 더딘 것이 아니라 오직 너희를 대하여 오래 참으사 아무도 멸망치 않

고 다 회개하기에 이르기를 원하시느니라."(벧후3:8-9)라고 일깨워 주었습니다. 반드시 도래할 임박한 만물의 마지막 날은 그리스도의 재림의 날입니다. "만물의 마지막이 가까왔으니" 이는

2. 힘써야 할 영적 삶을 주지시켜 주심입니다.

첫째, 기도의 삶입니다.

본문 7절에서 "만물의 마지막이 가까왔으니 그러므로 너희는 정신을 차리고 근신하여 기도하라"라고 하였습니다. 이는 죄악 된 세상 것에 대한 미련이나 애착을 버리고 오직 기도에 전념하라는 말씀입니다. 기도에 힘쓰지 아니하면 영적인 빈궁과 곤핍이 강도와 군사같이(잠24:33-34) 몰려와 파멸에 이르게 됨을 명심해야 합니다. 사도 바울은 "마귀의 궤계를 능히 대적하기 위하여 하나님의 전신갑주를 입으라."(엡6:11)라고 명하면서 18절에서 "모든 기도와 간구로 하되 무시로 성령 안에서 기도하고 이를 위하여 깨어 구하기를 항상 힘쓰며"라고 하였습니다.

둘째, 사랑하는 삶입니다.

본문 8절에서 "무엇보다 열심으로 서로 사랑할지니 사랑은 허다한 죄를 덮느니라."라고 하였습니다. 기독교의 형제상호간의 사랑은 서로 용서함에서 그 꽃을 피웁니다. 그렇기 때문에 본문에서 "사랑은 허다한 죄를 덮느니라."라고 하였던 것입니다. 여기에 "덮느니라."는 용서를 뜻합니다. "무엇보다" 즉 '모든 것들에 앞서' 용서입니다. 개혁자 칼빈은 "우리에게는 이와 같은 상호간에 죄 용서가 필요하다. 이는 허물을 갖고 있지 않은 사람은 하나도 없으므로 모든 사람들은 용서를 받아야 할 필요가 있고 또한 용서 받기를 원하지 않은 사람은 하나도 없기 때문이다"라고 하였습니다.

셋째, 봉사의 삶입니다.

본문 9-11절에서 선한 청지기의 삶을 말씀해 주고 있습니다. 하나님의 선한 청지기는 하나님께 받은 은사, 곧 '카리스마'와 공급하시는 힘, '이스퀴오스'로 원망 없이 봉사하여야 함을 본문 10절에서 "각각 은사를 받은 대로 하나님의 각양 은혜를 맡은 선한 청지기 같이 봉사하라"라고 하였습니다. 그 봉사의 바른 자세에 대해 11절에 "만일 누가 말하려면 하나님의 말씀을 하는 것 같이 하고 누가 봉사하려면 하나님의 공급하시는 힘으로 하는 것 같이 하라"라고 하였습니다. 그 이유는 "범사에 예수 그리스도로 말미암아 하나님의 영광을 받으시려 하려 함이니"에 있기 때문입니다.

사랑하는 성도 여러분!

"만물의 마지막이 가까왔으니"라고 하신바 그리스도의 재림의 날이 임박하였음은 분명한 사실입니다. 하나님 최후 심판의 날이 가까웠음으로 노아가 구원의 방주를 예비하였듯이 우리 성도들 역시 정신 차리고 근신하며 깨어 기도하며, 무엇보다도 형제 사랑에 최선을 다하며 아울러 하나님의 은혜를 맡은 선한 청지기로 헌신 봉사함에 힘써야 할 것입니다. 주의 재림을 믿고 기다리는 선한 청지기의 삶은 이 땅에서도 그 자신과 자손들에게 큰 복이 되지만 저 영원한 천국에서 받을 영광과 상급을 쌓아두는 일이기에 더더욱 복되고 귀한 것입니다. 주 예수 그리스도의 재림이 가까웠음을 믿고 기다리면서 오직 하나님의 영광을 위하여 온전히 헌신 봉사하는 복된 하나님의 선한 청지기로서의 삶이 되시기를 축원합니다. 아멘.

사람에게 정하신 것이요

《히브리서 9:27-28》

"사람은 어디서 와서 어디로 가는 것일까, 황금 별빛 번쩍이는 저편 너머에는 누가 사는 것일까"라고, 독일의 시인 하이네는 인생 그 내면의 종교적인 깊은 의미를 담아 시로 읊었습니다. 하나님은 사도 바울을 통해 "이는 만물이 주에게서 나오고 주로 말미암고 주에게로 돌아감이라"(롬11:36)라고 그 정확한 답을 주셨기에 이를 믿는 우리 또한 사도 바울과 같이 "영광이 그에게 세세에 있으리로다. 아멘"이라고 하나님께 영광을 돌릴 수 있는 것입니다. 이 시간 우리는 히브리서 기자가 "사람에게 정하신 것이요"라는 본문의 말씀에서 세 가지의 중요한 교훈을 얻고자 합니다. "사람에게 정하신 것이요" 이는

1. 필연적 인간의 죽음입니다.

본문 27절에 "한 번 죽는 것은 사람에게 정하신 것이요"라고 하였습니다. 하나님께서 사람에게 정하신 죽음이야말로 그 어느 누구도 항거할 수 없는 최종적 생의 종지부라는 말씀입니다. 그래서 하나님께서 정하신 인간의 죽음을 일컬어 '인생의 공도'라고 합니다. 사실 이 땅에서의 인생 삶이란 한계적으로 짧습니다. 그래서 모세는 "우리의 년수가 칠십이요 강건하면 팔십이라도 그 년수의 자랑은 수고와 슬픔뿐이요 신속히 가니 우리가 날아가나이다."(시90:10)라고 하였고, 그리스도의 종 야고보는 "너희 생명이 무엇이뇨 너희는 잠깐 보이다가 없어지는 안개니라"(약4:14)라고 했습니다. 신, 불신을 떠나서 이를 부정할 사람은 하나도 없을 것입니다. 이유

는 하나님께서 사람들의 연수를 정하셨기 때문입니다. "사람에게 정하신 것이요" 이는

2. 최종적 하나님의 심판입니다.

본문 27절에 계속해서 "그 후에는 심판이 있으리니"라고 하였습니다. 인생은 죽음으로써 끝나는 것이 아니라는 사실입니다. 하나님은 인간의 죽음 후에 그의 존엄하신 최종적 공의의 심판이 있다는 사실에 대해 말씀해 주셨습니다. 이 또한 피할 수 없는 필연적입니다. 사도 바울은 "사람이 무엇으로 심든지 그대로 거두리라. 자기의 육체를 위하여 심는 자는 육체로부터 썩어진 것을 거두고 성령을 위하여 심는 자는 성령으로부터 영생을 거두리라"(갈6:7-8)라고 하였습니다. 그 어떤 인간도 하나님께서 정해 놓으신 그의 최종적 공의의 심판은 피할 수 없습니다. 사도 요한은 "또 내가 크고 흰 보좌와 그 위에 앉으신 자를 보니 땅과 하늘이 그 앞에서 피하여 간 데 없더라. 또 내가 보니 죽은 자들이 무론대소하고 그 보좌 앞에 섰는데 책들이 펴 있고 또 다른 책이 펴졌으니 곧 생명책이라 죽은 자들이 자기 행위를 따라 책들에 기록된 대로 심판을 받으니"(계20:11-12)라고 하였습니다. 인간은 육체의 죽음으로 모든 것이 끝나는 것이 아니라 그 죽음은 다시 새로운 영원한 생으로 이어지는 출발이라는 사실임을 "선한 일을 행하는 자는 생명의 부활로, 악한 일을 행하는 자는 심판의 부활로 나오리라"(요5:29)라고 예수께서 말씀해 주셨습니다. "사람에게 정하신 것이요" 이는

3. 성도들에게 주실 하나님의 구원입니다.

본문 28절에 "이와 같이 그리스도도 많은 사람의 죄를 담당하시려고 단번에 드리신바 되셨고 구원에 이르게 하기 위하여 죄와 상관없이 자기를

바라는 자들에게 두 번째 나타나시리라"라고 하였습니다. 이는 오직 예수 그리스도의 대속적 죽음의 결실인 하나님의 구원과 그의 영광스러운 재림을 약속하신 말씀입니다. 여기에 "많은 사람"이란 예수께서 그의 중보기도에서 "내게 주신 사람들"(요17:6), 9절에 "내게 주신 자들", 12절에서 "내게 주신", 24절에서 "아버지여 내게 주신 자도"라며 "내게 주신"을 거듭 말씀하셨습니다. 바로 그들, "어린 양의 생명책에 기록된 자"(계21:27)들을 위해 "두 번째 나타나시리라"라고 하셨습니다.

사랑하는 성도 여러분!

하나님께서 우리 모든 성도들에게 정해 놓으신 것은 주 안에서의 복 된 죽음과 그 후의 내세인 저 천국에서 받을 상급입니다. 그래서 사도 요한은 성도의 복된 죽음에 대해 "자금 이후로 주 안에서 죽은 자들은 복이 있도다. 하시매 성령이 가라사대 그러하다 저희 수고를 그치고 쉬리니 이는 저희의 행한 일이 따름이라"(계14:13)라고 하였던 것입니다. 그리스도께서 두 번째 나타나실 그의 재림의 날인 '파루시아'야말로 구원받은 우리 성도들에게 있어 대망의 날이 아닐 수 없습니다. 그러므로 우리는 살아 있을 동안에 오직 하나님의 영광과 주님을 기쁘시게 하는 모든 선한 일들에 최선을 다하여야 할 것입니다. 이는 결코 우리의 모든 수고가 헛되지 않기 때문입니다(고전15:58). 오직 하나님의 영광과 기뻐하심을 위하여 값지게 헌신 봉사하는 복된 우리 모두의 삶이 되시기를 축원합니다. 아멘.

사람이 거듭나지 아니하면

《요한복음 3:1-15》

본문의 내용은 예수님을 찾아와 그를 통해 나타나는 표적을 보고 "랍비여 우리가 당신은 하나님께로서 오신 선생인 줄을 아나이다."라고 말한 당시의 최고 지성인이며 산헤드린 공회의 실세이며 부자였던 니고데모에게 그의 지성이 도저히 이해 할 수 없는 거듭남, 즉 중생교리를 일러주었습니다. 주님께서 말씀하신바 '거듭난다'라는 '겐네데 아노덴'에서 "거듭"이란 '아노덴'은 '완전히', '철저히'라는 뜻과 '다시'의 뜻, 그리고 '위로부터'라는 삼중적인 의미가 합쳐진 것입니다. 즉 하나님께로부터 다시 태어남을 뜻합니다. "사람이 거듭나지 아니하면" 이는 거듭남이

1. 최우선적 과제가 중생입니다.

본문 3절에 예수께서 니고데모에게 "사람이 거듭나지 아니하면 하나님 나라를 볼 수 없느니라."라고 하셨고, 5절에서 또한 "사람이 물과 성령으로 나지 아니하면 하나님 나라에 들어 갈 수 없느니라."라고 거듭 말씀하셨습니다. 이는 사람에게 있어 가장 근본적이며 최우선적인 과제가 거듭나야 함을 일깨워 주심입니다. 사람이 하나님으로부터 다시 새롭게 거듭나지 아니하면 철저하게 육에 속한 사람으로 존재할 뿐입니다. 본문 6절에서 "육으로 난 것은 육이요"라고 하셨고, "육은 무익하니라."(요6:63)라고 하였습니다. 그러하기에 솔로몬은 "헛되고 헛되며 헛되고 헛되니 모든 것이 헛되도다."(전1:2)라고 하였던 것입니다. "화무십일홍"이나 "권불십년"이라는 말이 다 육의 무익을 뜻합니다. 그래서 사람이라면 반드시 최우선적으로

거듭나야만 한다는 것입니다. "사람이 거듭나지 아니하면" 이는 거듭남이

2. 하나님의 최대 관심사입니다.

본문 3절에서 "사람이 거듭나지 아니하면 하나님 나라를 볼 수 없느니라."라는 말씀과 5절에서 "사람이 물과 성령으로 나지 아니하면 하나님 나라에 들어갈 수 없느니라."라는 말씀에서 "하나님 나라"는 하나님과의 관계회복으로 이는 사람에 대한 하나님의 최대 관심사임을 보여 줍니다. 사도 바울은 "너희의 허물과 죄로 죽었던 너희를"(엡2:1)라고 하였고, 3절에서는 "본질상 진노의 자녀이었더니"라고 하였으며, 16절에서는 "원수된 것을"라고 하였습니다. 이같은 인간에게 하나님께서는 그리스도의 십자가 사건을 통하여 그 관계를 회복케 하셨던 것입니다. 이에 사도 바울은 "허물과 죄로 죽었던 너희를 살리셨도다."(엡2:1)라고 하셨고, 5절에 "허물로 죽은 우리를 그리스도와 함께 살리셨고 너희가 은혜로 구원을 얻은 것이라"라고 하셨으며 16절에서는 "원수된 것을 십자가로 소멸하시고"라고 하였던 것입니다. 하나님으로부터 다시 태어나지 아니하면 하나님 나라인 그의 통치를 경험할 수 없습니다. 그러므로 거듭남은 전인적 변화, 곧 새 생명의 주입입니다. "사람이 거듭나지 아니하면" 이는 거듭남이

3. 오직 물과 성령에 의한 역사입니다.

본문 5절에서 "사람이 물과 성령으로 나지 아니하면 하나님 나라에 들어갈 수 없느니라."라고 말씀하셨습니다. 즉 물과 성령으로 말미암아 새롭게 다시 나지 아니하면 하나님 나라에 들어갈 수 없다는 말입니다. "물과 성령"은 거듭남과 불가분의 관계를 가지고 있습니다. 이에 사도 바울이 "물로 씻어 말씀으로 깨끗하게 하사 거룩하게 하시고"(엡5:26)라고 하였고,

사도 베드로는 "너희가 거듭난 것이 썩어질 씨로 된 것이 아니요 썩지 아니할 씨로 된 것이니 하나님의 살아있고 항상 있는 말씀으로 되었느니라."(벧전1:23)라고 증거함으로 물이 곧 하나님의 말씀임을 밝혀 주었습니다. 말씀으로 사람을 거듭나게 하시는 분은 오직 성령이심을 말씀해 주셨습니다. 사람으로 거듭나게 하시는 것, 즉 예수 그리스도의 생명으로 새롭게 사는 것은 전적 말씀을 통해 역사하시는 오직 성령의 사역이시기에 물과 성령으로 거듭남이라고 하셨던 것입니다.

사랑하는 성도 여러분!

사람에게 있어 거듭남의 중생만큼 중요한 과제는 없습니다. 바로 물과 성령으로 거듭남, 곧 중생이야말로 인생 삶에 있어 근본적이며 최우선적으로 해결 받아야 할 가장 중요한 과제이기 때문입니다. 사실 거듭남을 받지 못한 자는 인간으로서 시작조차도 아니한 저주스러운 불행한 인생입니다. 오직 중생 받아야 만이 하나님 나라인 영원한 천국에 들어가게 됩니다. 생명이요 부활이 되신 예수 그리스도를 믿어 구원을 받은 성도는 하나님께로부터 다시 새롭게 태어난 새 생명의 사람들입니다. 이렇게 전적 하나님의 그 큰 사랑과 불가항력적인 은혜로 거듭나 구원받은 우리 모든 성도들은 이 세상에 사는 날 동안 오직 우리를 거듭나게 하신 하나님만을 사랑하며 헌신 봉사하는 삶을 살아야 할 것입니다. 거듭난 자들로서 '오직 하나님께 영광을' (Soli Deo Gloria)위한 축복된 삶이 되시기를 축원합니다. 아멘.

숙곳과 브누엘 사람들

《사사기 8:4-9》

하나님은 이스라엘의 범죄로 인해 그들을 미디안 연합군의 손에 붙이어 7년 동안 고통을 당하게 하셨습니다. "이스라엘 자손이 미디안을 인하여 여호와께 부르짖는 고로"(삿6:7) 하나님은 다시 기드온을 사사로 세워 미디안 군을 궤멸시키고, 그 나머지 잔당들인 세바와 살문나를 쫓는 가운데 그들이 피곤과 굶주림에 몹시 지쳐 있었습니다. 이에 기드온이 숙곳과 브누엘 사람들에게 "떡덩이 주라"고 협조를 구하였지만, 그들은 "우리가 네 군대에게 떡을 주겠느냐"라고 기롱하며 냉대했습니다. 결국, 그들은 하나님의 치심으로 기드온 칼날에 패망함으로 우리들에게 영적인 교훈을 줍니다. "숙곳과 브누엘 사람들" 그들은

1. 영적 안목이 어두운 자들이었습니다.

본문 6절에 "숙곳 방백들이 가로되 세바와 살문나의 손이 지금 어찌 네 손에 있관대 우리가 네 군대에게 떡을 주겠느냐"라고 하였고, 8절에 "브누엘 사람들의 대답도 숙곳 사람들의 대답과 같은지라"라고 하였습니다. 한 마디로 하나님께서 미디안 연합군을 기드온의 손에 붙였다는 사실에 대해 전혀 캄캄했다는 말입니다. 이는 그들의 영적인 안목이 어두웠기 때문입니다. 그들의 눈에는 기드온 군대보다 오히려 미디안 두 왕인 세바와 살문나의 군대가 더 막강해 보였던 것임에 틀림없습니다. 언제나 현실에 집착하고 미래에 어두운 사람들의 상태가 그러했음을 망령된 자 에서와 어리석은 자 나발, 그리고 예수님을 판 유다에게서 볼 수 있습니다. 주님께 무섭게 질

책 받은 사데 교회와 라오디게아 교회 또한 그러합니다. "숙곳과 브누엘 사람들" 그들은

2. 선대(善待)진가에 무지한 자들이었습니다.

기드온은 숙곳과 브누엘 사람들에게 "나의 종자가 피곤하여 하니 청컨대 그들에게 떡덩이를 주라"라고 하였습니다. 기드온 300명 용사는 성전(聖戰)에서의 피곤과 굶주림에 지쳐 있었습니다. 당연히 이들에게 떡을 제공하는 것이 그들의 선대였습니다. 그러나 그들은 선대의 진가에 무지하였고, 그 결과 주어지는 하나님의 축복에 대해서도 무지했기 때문에 기드온의 간청을 거절하였던 것입니다. 양털 깎는 날, 협조를 구한 다윗에게 "내가 어찌 내 떡과 물과 내 양털 깎는 자를 위하여 잡은 고기를 가져 어디로서인지 알지도 못하는 자들에게 주겠느냐"(삼상25:11)하며 냉대했던 그 결과 몸이 굳어 죽었던 나발의 경우가 이와 같습니다. 사도 바울은 디모데에게 "네가 이 세대에 부한 자들을 명하여… 선한 일을 행하고 선한 사업에 부하고 나눠 주기를 좋아하며 동정하는 자가 되게 하라 이것이 장래에 자기를 위하여 좋은 터를 쌓아 참된 생명을 취하는 것이니라."(딤전6:17-19)라고, 선대의 진가를 일러 주었습니다. 이들 숙곳과 브누엘 사람들은 기드온의 용사들을 선대함이 얼마나 값진 것인가에 무지했기 때문에 결국 패망을 당하고 만 것입니다. "숙곳과 브누엘 사람들" 이들은

3. 호기회를 선용치 못한 자들이었습니다.

본문 5절에서 "나의 종자가 피곤하여 하니 청컨대 그들에게 떡덩이를 주라"라고 하였습니다. 바로 이들이 주어진 호기회를 선용하지 못하였기에 불행하게 된 것입니다. 하나님은 아브라함에게 엄청난 축복을 주시기

위해 시험의 기회를 주셨습니다. 이에 그가 믿고 순종하였기에 "내가 네게 큰 복을 주고 네 씨로 크게 성하여 하늘의 별과 같고 바닷가에 모래와 같게 하리니 네 씨가 그 대적의 문을 얻으리라"(창22:17)라고 축복해 주셨던 것입니다. 그래서 주어진 호기회를 선용한다는 것은 대단히 중요합니다. 특히 구원에 관한 한 그러합니다. 사도바울은 "내가 은혜 베풀 때에 너를 듣고 구원의 날에 너를 도왔다 하셨으니 보라 지금은 은혜 받을 만한 때요 보라 지금은 구원의 날이로다."(고후6:2)라고 하였습니다.

사랑하는 성도 여러분!

사도 바울은 광야 40년 동안의 여정 속에 나타난 재앙들을 예를 들면서 "그런 일은 우리의 거울이 되어 우리로 하여금 저희의 악을 즐겨한 것같이 즐겨 하는 자가 되지 않게 하려 함이라"(고전10:6)라고 하였고, 11절에서는 "저희에게 당한 이런 일이 거울이 되고 또한 말세를 만난 우리의 경계로 기록하였느니라."라고 하였습니다. 영적 안목의 어두움으로 선대의 진가에 무지하여 주어진 호기회를 선용치 못함으로 패망한 숙곳과 브누엘 사람들의 사건을 경계의 거울로 삼아야 합니다. 한편 하나님께서 기뻐하시는 선대의 축복이 얼마나 크고 귀한 것인가를 생각하며 이를 실행하여야 합니다. 하나님의 은혜 안에서 끊임없이 우리에게 주어지는 축복의 호기회를 하나님의 영광과 교회의 부흥, 가정과 자손의 행복과 기업의 번창을 위해 선용함으로 오직 우리 하나님께 감사와 찬양과 큰 영광이 되시기를 축원합니다. 아멘.

신의 성품에 참예하는 자가 되게 하려

《베드로후서 1:3-11》

예수 그리스도의 종인 사도 베드로는 당시 모든 환난으로 각처에 흩어진 성도들에게 온갖 우상숭배와 정욕으로 더러워진 세상에서 썩어질 것들을 피하고 오직 신의 성품에 참여하는 자가 될 것을 당부하고 있습니다. 본문에 "신의 성품"이란 하나님의 독자적인 성품인 그의 신성 자체를 말하는 것이 아니고, 하나님의 도덕적 성품을 말합니다. 이 같은 성품에서 사도 바울이 말씀한 "빛의 갑옷"이나 "주 예수 그리스도로 옷 입음"(롬13:12~13) 또는 "새 사람을 입음"(엡4:24)과 같은 예수 그리스도를 닮아가는 성화의 삶이 이루어지는 것입니다. 성도들은 모든 면에서 거룩하고 순결해야만 합니다. 이는 신의 성품에 참예하는 자의 거룩한 삶이기 때문입니다. "신의 성품에 참예하는 자가 되게 하려" 이는

1. 은혜주심의 목적입니다.

본문 3절에 "그의 신기한 능력으로 생명과 경건에 속한 모든 것을 우리에게 주셨으니 이는 자기의 영광과 덕으로써 우리를 부르신 자를 앎으로 말미암음이라"라고 하였습니다. 하나님은 그의 신기한 능력으로 생명과 경건에 속한 것을 은혜로 주셨습니다. 또한 4절에 "이로써 그 보배롭고 지극히 큰 약속을 우리에게 주셨으니"라고 하셨습니다. "보배로운 믿음"도 "보배롭고 지극히 큰 약속"도 하나님께서 성도들에게 주신 은혜입니다. 바로 이 세상에서 썩어질 것을 피하고 신의 성품에 참예하는 자가 되게 하시려는 목적에서 은혜를 주신 것임을 밝혀 주고 있습니다. 하나님의 도덕적

인 성품은 거룩하고 순결합니다. 그러므로 자기의 영광과 덕으로써 부르심을 받은 자들은 당연히 정욕으로 인한 세상의 모든 썩어질 것을 피하고 거룩하신 신의 성품을 닮아야 합니다. 이 땅에 모든 성도들이 신의 성품에 참예하는 자로 산다고만 한다면 그가 속해 있는 가정과 교회 그리고 사회는 참으로 아름다울 것입니다. "신의 성품에 참예하는 자게 되게 하려" 이는

2. 성도 삶의 자세입니다.

본문 5-7절에 "너희가 더욱 힘써 너희 믿음에 덕을, 덕에 지식을, 지식에 절제를, 절제에 인내를, 인내의 경건을, 경건에 형제우애를, 형제우애에 사랑을 공급하라"라고 했습니다. 이는 신의 성품에 참예하는 자, 곧 주의 은혜를 받은 자가 끊임없이 힘써 노력해야 할 삶의 바른 자세입니다. 믿음에서 용서의 덕, 그 덕에서 하나님에 대한 바른 인식의 지식, 그 지식에서 자제력과 겸손의 절제, 그 절제에서 인내, 그 인내에서 좋은 예배로서의 경건, 그 경건에서 형제우애인 친교, 그 형제우애에서 사랑을 공급하는 희생적인 삶, 이 모든 삶은 신의 성품에 참예하는 성도가 힘써 노력해야 할 삶의 자세에서 꽃피우는 성화입니다. 성도의 삶은 신의 성품으로 거룩하고 순결해야만 합니다. 이유는 이 같은 삶을 위하여 하나님이 우리를 그의 영광과 덕으로써 부르셨고, 또한 그의 신기한 능력의 풍성한 은혜를 주셨기 때문입니다. "신의 성품에 참예하는 자가 되게 하려" 이는

3. 열매있는 축복된 삶입니다.

본문 8-11절에서 신의 성품에 참예하는 자가 받아 누리는 축복을 말씀해 주고 있습니다. 본문 8절에 "이런 것이 너희에게 있어 흡족한즉"이라고 하시면서 다음 네 가지의 축복을 말씀해 주고 있습니다. 그 축복은 "열매 없는

자" 곧 '아칼포스'가 아닌 열매있는 자가 됨에 있습니다. 이는 첫째, 그리스도를 체험적으로 아는 영적 결실입니다. 둘째, 소경이 아닌바 내세의 영광을 바라보는 소망이며, 셋째, 부르심과 택함 받음에 대한 확고한 믿음에서 어떤 경우에든지 실족치 아니함입니다. 그리고 넷째, 예수 그리스도의 영원한 나라인 천국에 들어가는 특권입니다. 이는 신의 성품에 참예하는 자에게만 주어지는 놀라운 축복입니다.

사랑하는 성도 여러분!

우리를 하나님 자신의 영광과 덕으로써 부르셨고, 그의 신기한 능력으로 보배로운 믿음과 그 보배롭고 지극히 큰 약속을 주신 축복의 하나님은 우리 모든 교회와 성도들이 이 세상의 썩어질 모든 것을 피하고 하나님의 속성인 그의 거룩하시며 도덕적인 성품에 참여하는 자가 되기를 원하십니다. 하나님의 신기한 능력 안에서 함께 공유할 수 있는 하나님의 도덕적인 성품은 거룩하고 순결합니다. 사도 베드로는 "오직 너희를 부르신 거룩한 자처럼 너희도 모든 행실에 거룩한 자가 되라"(벧전1:15)라고 하였습니다. 부단히 오직 하나님의 영광과 교회부흥, 그리고 하나님 자신의 영광과 덕으로 부르심을 받은 성도 자신들의 참된 행복을 위하여 애쓰고 노력해야 할 성화의 삶이 신의 성품에 참예하는 삶입니다. 이렇게 신의 성품에 참예하는 자로서의 거룩하고 복된 삶을 통해 우리를 부르시고 또한 그의 신기한 능력으로 지극히 큰 약속과 은혜를 주신바 우리 하나님께 큰 영광이 되시기를 축원합니다. 아멘.

노아가 여호와를 위하여

《창세기 8:20-22, 9:1》

인류의 시조 아담의 9대 손인 노아의 사적이 창세기 6장에서 9장까지 기록되어 있습니다. 그 당시, 모든 사람들의 죄악은 세상에 관영하였고, 이에 하나님은 사람 지으셨음을 한탄하셨으며, 홍수로 지면의 모든 생명들을 쓸어버리시기로 작정하셨던 것입니다. 그러나 하나님은 은혜를 입은 자, 노아에게 120년 동안에 방주를 예비토록 명하셨고, 그의 가족을 홍수로부터 구원하셨던 것입니다. 노아는 홍수 후, 본문 20절에서 "여호와를 위하여 단을 쌓고 모든 정결한 짐승 중에서와 모든 정결한 새 중에서 취하여 번제로 단에 드렸더라."라고 하였습니다. "노아가 여호와를 위하여" 이는 노아의

1. 최우선적 삶의 목적이었습니다.

아담 범죄 후 노아에 이르기까지 모든 인간들은 크게 두 분류로 나누어져 있었음을 볼 수 있습니다. "하나님의 아들들"과 "사람의 딸들"(창6:2)입니다. 여기에 "하나님의 아들들"인 셋의 경건한 자손들이 "사람들의 딸들"인 살인자 가인의 자손에 속하는 딸들에 미모에 취하여 그들을 아내로 삼았음으로 그들이 육체가 되었다고 했습니다(창6:3). 이에 하나님은 사람 지으셨음을 탄식하심으로 홍수심판을 결단하셨던 것입니다. 그러나 노아는 여호와께 은혜를 입은 자였기에 그 삶의 목적이 "여호와를 위하여"이었습니다. 그가 방주를 예비한 것과 홍수 후, 하나님께 단을 쌓아 번제를 드린 것에서 보여 줍니다. "여호와를 위하여"가 우리의 삶에 있어 최우선적 목적이 되어야 함을 교훈해 줍니다. "노아가 여호와를 위하여" 이는 노아의

2. 예배 중심적인 삶이었습니다.

본문 20절에 "단을 쌓고"라고 하였습니다. 여기에 단을 쌓았다는 것은 하나님께 드리는 예배를 뜻합니다. 하나님은 인간을 예배적인 존재로 만드셨지만, 당대의 하나님의 아들들은 타락하여 예배의 삶을 저버렸던 것입니다. 그러나 노아는 늘 그의 삶이 그러했듯이 홍수 후에도 여호와를 위하여 단을 쌓고 짐승과 새 중에서 정결한 것으로 제물로 올려 번제로 드렸던 것입니다. '번제'란 온전한 헌신을 뜻합니다. 예수께서는 "아버지께 참으로 예배하는 자들은 신령과 진정으로 예배할 때가 오나니 곧 이때라 아버지께서는 이렇게 자기에게 예배하는 자들을 찾으시느니라."(요4:23)라고 하셨습니다. 본문 21절에서 "여호와께서 그 향기를 흠향하시고"라고 하셨는데, 이는 노아의 제사 곧 그의 예배를 받으셨다는 말입니다. "노아가 여호와를 위하여" 이는 노아에게 주신

3. 새 시대의 축복이었습니다.

본문 21-22절에 "여호와께서 그 향기를 흠향하시고 그 중심에 이르시기를 내가 다시는 사람으로 인하여 땅을 저주하지 아니 하리니…내가 전에 행한 것같이 모든 생물을 멸하지 아니하리니 땅이 있을 동안에는 심음과 거둠과 추위와 더위와 여름과 겨울과 낮과 밤이 쉬지 아니하리라"라고 하였습니다. 이는 새 시대를 열어 주시는 하나님의 축복을 두고 하신 말씀입니다. 여기에 "땅이 있을 동안"이란 홍수심판 이후 예수 그리스도께서 재림하실 때까지의 기간을 두고 하신 말씀입니다. 그때까지 홍수로 인류를 멸할 심판은 없을 것이라는 약속입니다. 예수께서는 "노아의 때와 같이… 먹고 마시고 장가들고 시집가고 있으면서 홍수가 나서 저희를 다 멸하기까지 깨닫지 못하였으니 인자의 임함도 이와 같으리라"(마24:37-39)라고, 재

림을 예고하셨고, 사도 베드로는 바로 그 날에 대해 "그 때 세상은 물의 넘침으로 멸망하였으되 이제 하늘과 땅은 그 동일한 말씀으로 불사르기 위하여 간수하신바 되어 경건치 아니한 사람들의 심판과 멸망의 날까지 보존하여 두신 것이라"(벧후3:6-7)라고 불의 심판을 예고하였습니다. 노아는 여호와를 위하여 단을 쌓아 번제를 드림으로 새 시대의 축복을 받았고 또한 "하나님이 노아와 그 아들들에게 복을 주시며 그들에게 이르시되 생육하고 번성하여 땅에 충만하라."(창9:1)라고 축복해 주셨습니다.

사랑하는 성도 여러분!

오늘 우리는 노아의 사적을 통하여 주신 그의 축복된 삶을 보았습니다. 홍수심판 후, 새로운 시대를 여시며 노아에게 주셨던 그 하나님의 축복이 성령 강림 후, 출범한 신약교회의 축복과 그리스도의 재림의 날, 새 하늘과 새 땅인 영원한 천국 기업의 축복으로 우리 모두에게 주실 것을 소망하며 또한 확신합니다. 최우선적 삶의 목적으로 "여호와를 위하여" 단을 쌓아 제사 드렸던 노아의 예배적인 삶이 우리의 삶이 되었으면 합니다. 반드시 그리스도의 재림의 그 날, 천국영화의 축복이 우리 모두에게 주어질 것입니다. 노아가 하나님의 은혜를 입었듯이 그리스도 십자가의 은총을 입은 우리는 오직 여호와를 위한 제물로서의 축복된 삶이 되어, 오직 축복해 주시는 우리 하나님께 큰 영광이 되시기를 축원합니다. 아멘.

오늘 구원이 이 집에 이르렀으니

《누가복음 19:1-10》

예수님의 공생애 말기, 그의 결정적인 예루살렘 상경 길에 여리고로 지나가시다가 길가에 앉아 구걸하는 한 소경의 눈을 고쳐주시고, 그 곳에 사는 세리장인 삭개오의 집에 머무시며 그 가정에 놀라운 축복을 주신 사건이 본문의 내용입니다. 삭개오를 "세리장이요 또한 부자라"라고 소개하고 있습니다. 오늘 우리 교회와 성도들의 가정이 삭개오의 가정처럼 불행이 변하여 하나님의 풍성한 축복과 행복이 넘치기를 소망하며 "오늘 구원이 이 집에 이르렀으니"라고 하신 말씀을 통해 함께 은혜를 받기 원합니다. "오늘 구원이 이 집에 이르렀으니" 삭개오의 집, 이는

1. 불행한 가정이었습니다.

본문 2절에 "삭개오라 이름 하는 자가 있으니 세리장이요 또한 부자라"라고 하였고, 7절에는 사람들이 "죄인의 집"이라고 하였습니다. 그는 당시 여리고 지역 세관의 최고 책임자로 수많은 세금을 징수하였으니 그 직위도 그러하겠지만 이에 따른 재물 또한 대단하였기에 "부자"라고 하였던 것입니다. 높은 직위에 부자, 사실 부러울 것이 없는 가정으로 보이겠지만 그의 집은 아주 불행한 가정이었습니다. 이유는 그가 유대인이었지만 로마에 빌붙어 부를 누려 매국노와 창기와 다름없는 죄인 취급을 받고 살았기 때문입니다. 사도 바울은 "허물과 죄로 죽었던 너희"(엡2:1)라고 하였으며, 3절에서 "본질상 진노의 자녀"(엡2:3)라고 하였습니다. 프랑스의 수학자 파스칼은 그의 〈팡세〉에서 "예수를 떠난다면 인간은 악덕과 불행 속에 빠질 수

밖에 없다. 그를 떠나면 악덕, 불행, 오류, 암흑, 죽음, 절망이 있을 따름이다."라고, 예수 없는 인생의 불행을 말했습니다. "오늘 구원이 이 집에 이르렀느니라." 삭개오의 집, 이는

2. 행복한 가정이 되었습니다.

바로 그 행복은 예수 그리스도로 말미암아 시작이 됩니다. 본문 3절에 "저가 예수께서 어떠한 사람인가 하여 보고자 하되"라고 하였고, 사람들이 많고 키가 작아 뽕나무 위로 올라갔다고 하였습니다. 바로 그에게 예수님은 본문 5절에서 "삭개오야, 속히 내려오라 내가 오늘 네 집에 유하여야 하겠다."라고, 그 어느 누구도 사람 취급하지 않았던 그에게 예수님은 크나큰 감동적인 충격으로 그와 그의 가정에 다가 오신 것입니다. 이에 그는 6절에 "급히 내려와 즐거워하며 영접하거늘"라고 하였습니다. 예수님께서 불행한 삭개오의 가정에 구원은총을 안겨준 크고도 놀라운 행복입니다. 이 일로 그와 그 가정에는 놀라운 변화의 역사가 그 꽃을 피웠던 것입니다. 본문 8절에 "주여, 보옵소서. 내 소유의 절반을 가난한 자들에게 주겠사오며 만일 뉘 것을 토색한 것이 있으면 사 배나 갚겠나이다."라는 변화입니다. 사람의 진정한 행복과 축복된 삶이 어디에 있는가를 분명하게 보여 주는 대목입니다. 오직 예수 그리스도 안에서 만의 행복입니다. "오늘 구원이 이 집에 이르렀으니" 삭개오의 가정, 이는

3. 천국기업을 소유한 가정이 되었습니다.

예수님은 본문 9절에서 "오늘 구원이 이 집에 이르렀으니 이 사람도 아브라함의 자손임이로다"라고 하셨습니다. 여기에 "아브라함의 자손"이란 곧 구원은총과 함께 주어진 천국기업의 가정이 되었음을 선언하심입니다.

아브라함, 그는 믿음의 조상입니다. 그는 오직 믿음으로 "더 나은 본향을 사모하니 곧 하늘에 있는 것이라"(히11:16)라고 하였음과 같이 천국기업을 사모한 자였습니다. 바로 "아브라함의 자손"이라고 함은 삭개오의 가정이 믿음의 가정, 곧 천국기업을 소유한 가정이었다는 말입니다. 사도 베드로는 "찬송하리로다. 우리 주 예수 그리스도의 아버지 하나님이 그 많으신 긍휼대로 예수 그리스도의 죽은 자 가운데서 부활하심으로 말미암아 우리를 거듭나게 하사 산 소망이 있게 하시며 썩지 않고 더럽지 않고 쇠하지 아니하는 기업을 잇게 하시나니 곧 너희를 위하여 하늘에 간직하신 것이라"(벧전1:3-4)라고 하였습니다. 이 산 소망의 천국기업을 받은 삭개오의 가정이 되었다는 것입니다.

사랑하는 성도 여러분!

하나님께서는 모든 성도들과 그 가정들이 행복하기를 원하십니다. 예수 그리스도가 없는 인생에 행복은 결코 있을 수 없습니다. 오직 그 분을 통해서만이 구원은총과 영원한 천국기업이 주어지기 때문입니다. 이 세상의 권력이나 재물이 결코 인생에게 행복을 주는 것은 아닙니다. 풀에 꽃과 같은 것입니다. 아니 오히려 그것 때문에 상처입고 인생과 가정을 망치는 경우를 많이 봅니다. 예수님을 만나고 난 후, 삭개오는 클레멘트의 교훈집에 의하면 사도 베드로의 동역자가 되어 가이사랴교회의 감독으로 온전히 헌신하였다고 합니다. 그와 그 가정이 받은 영광이요, 축복입니다. 오늘 우리도 삭개오와 그의 가정처럼 "오늘 구원이 이 집에 이르렀나니 이 사람도 아브라함의 자손이니라"라는 구원은총과 천국기업으로 가득한 행복한 가정들이 되시기를 축원합니다. 아멘.

천국이 이런 자의 것

《마태복음 19:13-15》

오늘 본문에서 사람들이 어린 아이들을 데리고 예수님의 축복기도를 받기 위해 왔다고 하였습니다. 이에 제자들은 그들을 꾸짖었습니다. 그러한 제자들에게 예수님은 "어린 아이들을 용납하고 내게 오는 것을 금하지 말라"라고 하시며 "천국이 이런 자의 것이니라."라고 하셨습니다. 그만치 어린 아이들의 존재가 귀하다는 것입니다. 오늘 우리는 주님께서 말씀하셨던 바 "천국이 이런 자의 것이니라."라는 말씀을 통해 함께 은혜를 받기를 원합니다. "천국이 이런 자의 것" 이는 어린이에 대한 주님의

1. 지대한 관심입니다.

본문 13절에 "사람들이 예수의 안수하고 기도하심을 바라고 어린 아이들을 데리고 오매 제자들이 꾸짖거늘"이라고 하였습니다. 여기에 "어린 아이들"이란 7세 이하의 '작은 아이들'로 부모의 손에 이끌려 왔거나 그들의 품에 안기어 온 아이들을 말합니다. 당시, 부모들은 관례적인 방법으로 아이들을 랍비나 장로들에게 데리고 가서 안수기도를 받았습니다. 그래서 사람들은 메시야로 오신 예수님의 축복을 바라며 아이들을 데리고 왔던 것입니다. 이들을 제자들은 꾸짖었고, 이에 예수님은 "어린 아이들을 용납하고 내게 오는 것을 금하지 말라"라고 하셨던 것입니다. 이는 어린 아이들에 대한 주님의 지대한 관심을 보여 주는 말씀입니다. 그 당시나 오늘 날에도 어린 아이들은 부모들 외에는 관심 밖의 사각지대로 그들을 경히 여기거나 심하면 학대까지 합니다. 그러나 우리 주님은 그렇지 않았습니다. 깊은 관

심의 대상이 바로 어린 아이들이었습니다. "천국이 이런 자의 것" 이는 어린이에 대한 주님의

2. 지극한 사랑입니다.

예수님은 어린 아이들을 지극히 사랑하셨습니다. 그래서 그들의 옴을 환영하셨고, 15절에서 저들 위에 안수하셨던 것입니다. "저희 위에"라는 말은 그들의 머리를 가리키며, 그 머리에 주님은 그 손을 얹어 축복의 기도를 하셨습니다. 이는 어린 아이들에 대한 예수님의 지극한 사랑을 그대로 나타낸 모습입니다. 바로 이 본문의 구절에서 어린 아이에 대한 축복과 유아세례의 기원이 되었던 것입니다. 유아세례의 전통이 언제부터 시작되었느냐에 대한 그 시기는 알 수 없지만, 고대 교회 저술가였던 오리겐은 "교회는 사도들로부터 전통을 물려받아 유아에게 세례를 준다."라고 주장하였습니다. 이는 유아세례나 어린 아이 축복은 어린 아이에 대한 예수님의 지극하신 사랑에 그 뿌리를 두고 있었다는 사실입니다. "천국이 이런 자의 것" 이는 어린 아이들에 대한 주님의

3. 구속적 기대입니다.

본문 14절에서 "어린 아이들을 용납하고 내게 오는 것을 금하지 말라 천국이 이런 자의 것이니라"라고 하셨습니다. 어린 아이들의 가치관과 그 기대치를 천국에 두고 있음에서 이를 보여 줍니다. "천국이 이런 자의 것이니라."라는 말씀의 진의는 천국에 들어가기를 원하는 자는 그 마음이나 믿음에 있어서 어린 아이같이 순결하고 순수하여 하나님의 말씀에 순종할 수 있어야 한다는 것입니다. 모든 개혁자들은 유아세례의 정당성을 주장하며 "아이들의 신앙은 성인들보다 훨씬 직관적이요 순수하다. 따라서 그들을

유아시기부터 교회의 일원으로 인정하는 것은 그들이 스스로 신앙고백 할 때까지 거룩히 훈련시키고 죄를 씻어 하나님의 거룩한 구원약속에 동참케 하기 위해 마땅한 것이다"라고 하였습니다. 이는 하나님 은혜의 선재성과 유아신앙의 특이성 등에 근거한 것입니다. 예수님께서 어린 아이들에게 안수하여 축복하셨던 것은 바로 그들의 구원과 직결된 천국과 관련된 것임을 보여 줍니다. 우리는 교회 안에 어린 아이들을 볼 때 그들을 천국시민으로 보아야 합니다. 그러므로 어린 아이들은 깊은 관심과 사랑과 기대의 대상임에 분명합니다. 가정의 기대요, 교회의 기대요, 나아가 국가의 기대입니다. 주님의 축복을 받은 어린 아이들이야말로 하나님의 나라인 천국에서 보석처럼 빛나는 존재들임에 틀림없습니다.

사랑하는 성도 여러분!

가정의 달인 오늘 첫 주일, 어린이 주일에 우리는 예수님처럼 어린 아이들에게 깊은 관심을 가지고 그들을 사랑하며 그들의 빛나는 장래를 기대함으로 축복을 해야 합니다. 역사적으로 세상을 빛낸 위대한 인물들 대부분이 어려서부터 하나님의 사랑을 받고 신앙의 가정과 교회 안에서 자란 사람들이었다는 사실은 기독교의 큰 자랑이 아닐 수 없습니다. 어린 아이들은 가정의 꿈이요 교회와 나라의 꿈인 꿈나무들입니다. 어려서부터 바르고 건강하게 그리고 맑고 밝게 키워야 합니다. 이것이 교회와 우리 모두에게 주어진 책임입니다. "천국이 이런 자의 것이니라."라고 하신 주님의 말씀을 마음 깊이 새기고 그들을 아끼고 사랑하며 축복해 주는 우리 모두의 아름다운 삶이 되시기를 축원합니다. 아멘.

푯대를 향하여 좇아가노라

《빌립보서 3:10-16》

주후 61년 경 로마의 감옥에 투옥 중이던 사도 바울은 제 2차 전도여행 때 설립했던 빌립보교회 성도들에게 편지합니다. 그는 자신의 내면적 신앙의 간증과 아울러 자신의 영적인 삶의 분명한 방향에 대해 증거함으로 그렇게도 사랑했던 빌립보교회 성도들의 신앙을 독려해 주고 있음을 본문에서 읽을 수 있습니다. 사도 바울은 푯대를 향하여 좇아간다고 하였습니다. 여기에 "푯대"란 '스코포스'라는 말로서 '표적'을 뜻합니다. 신년새해 첫 주일을 맞은 우리들도 예수 그리스도의 신실한 종이었던 사도 바울과 같이 '카타 스코폰' 즉 "푯대를 향하여" 달려가는 축복된 금년 한 해가 되시기를 기원합니다. "푯대를 향하여 좇아가노라" 이는

1. 추구하는 삶의 표적입니다.

본문 5-6절에서 사도 바울은 신뢰할 만한 즉 육체적으로 자랑할 만한 자신의 신분에 대해서 "내가 팔일만에 할례를 받고 이스라엘의 족속이요 베냐민의 지파요 히브리인 중의 히브리인이요 율법으로는 바리새인이요…율법의 의로는 흠이 없는 자로라"라고 말하고 있습니다. 그런데 7절에서 "그러나 무엇이든지 내게 유익하던 것을 내가 그리스도를 위하여 다 해로 여길뿐더러"라고 함으로 자신이 추구하는 삶의 푯대 즉 표적이 오직 예수 그리스도이심을 밝히고 있습니다. 그는 예수 그리스도를 믿은 후 8절에서 "모든 것을 해로 여김은"라고 하였고, 또한 "모든 것을 잃어버리고 배설물로 여김은"이라고 하였습니다. 오직 예수 그리스도만이 자신의 삶에 있어

절대최고의 가치라는 고백입니다. 그러하였기에 그의 삶은 예수 그리스도의 고난과 부활에 참예하는 십자가 중심과 부활의 권능 중심의 삶이었습니다. 본문 10-11절에서 "내가 그리스도와 그 부활의 권능과 그 고난에 참예함을 알려하여 그의 죽으심을 본받아 어찌하든지 죽은 자 가운데서 부활에 이르려 하노니"라고 고백하였던 것입니다. 고난의 예수, 부활의 예수, 그리고 재림하실 그리스도께서 바로 바울이 추구한 삶의 표적이었고 우리 모두의 표적입니다. "푯대를 향하여 좇아가노라" 이는

2. 예수 중심적 삶의 자세입니다.

사도 바울은 자신이 추구하는 영적 삶에 있어 그 푯대가 오직 예수 그리스도이심을 밝히면서 예수 중심적인 삶의 자세에 대해 고백해 주고 있습니다. 그 삶의 자세는

1) 미래에 대해 포기하지 않음입니다.

그는 본문 12절에 "잡으려고 좇아가노라", 14절의 "상을 위하여 좇아가노라"고 했습니다. 여기에 "잡으려고 좇아가노라"라는 말은 세계적인 신기록을 세움에서 주어지는 금메달을 얻기 위해 필사적으로 달려가는 경주자의 모습과 같이 포기하지 않는 강한 신앙적인 의지의 자세를 말합니다.

2) 과거에 대해 매이지 않음입니다.

본문 13절에서 "오직 한 일 즉 뒤에 있는 것은 잊어버리고"라고 했습니다. 여기에 "뒤에 있는 것"이란 예수 믿기 전의 모든 세속적인 삶의 모든 것을 말합니다. 즉 그 삶이 어떠했던지 죄로 어두웠던 과거를 말합니다. 이런 것들을 다 잊어버려야 합니다. 이유는 그 모든 어두웠던 죄악을 그리스도께서 그의 십자가로 다 정리하셨기 때문입니다. 우리의 모든 죄의 빚 모두

를 탕감해 주셨기 때문에 빚에 매여 살 필요가 전혀 없는 것입니다. 이는 그리스도께서 주신 자유입니다.

3) 현재에 대해 최선을 다함입니다.

본문 16절에 "오직 우리가 어디까지 이르렀든지 그대로 행할 것이라"라고 하였습니다. 이는 예수 그리스도를 위한 현재의 삶에 최선을 다하라는 말씀입니다. 현재의 영적인 삶에 충실하면 미래의 영광된 열매를 거둘 수 있기 때문입니다. 착하고 충성된 종이었던 다섯 달란트 받은 종과 두 달란트 받은 종의 삶이 그러했습니다. 그들은 "바로 가서 그것으로 장사하여"(마25:16)라고 하였고, 그 결과 갑절로 "남기고" 였으며 이에 주인으로부터 칭찬과 상급이 주어졌던 것입니다.

사랑하는 성도 여러분!

사도 바울의 성공적인 삶 같이 우리 또한 오직 예수 그리스도를 향한 미래지향적인 삶에 최선을 다했으면 합니다. 반드시 우리들에게 주실 이 땅에서의 축복도 그러하지만 저 천국에서의 상급이 있음을 바라보면서 경주자와 같이 힘 있게 달려 나가시기를 바랍니다. 결코 포기하지 말고 뒤돌아보지도 말고 금년 새해에 주께서 주신 비전과 그 사명에 충성을 다하는 자신과 가정, 기업이 되시기를 축원합니다. 아멘.

하늘이여 들으라 땅이여 귀를 기울이라

《이사야 1:1-9》

주전 8세기경, 유다의 제9대 왕이었던 웃시야가 죽던 해에 아모스의 아들 이사야가 하나님께 선지자로 소명됩니다. 그는 주전 740년부터 680년인 60년 동안 하나님의 선지자로서의 사명을 다하다가 끝내 순교로 그 생을 마감합니다. 특히 웃시야와 요담의 치세 때, 유다의 영적인 침체와 도덕적 타락은 극을 달리고 있었습니다. 하나님은 이사야를 통하여 유다의 이 같은 죄와 거기에 따른 심판을 경고하며 회개를 촉구합니다. "하늘이여 들으라 땅이여 귀를 기울이라"라고 이사야는 탄식하며 외칩니다. "하늘이여 들으라 땅이여 귀를 기울이라" 이는

1. 하나님의 탄식입니다.

본문 2절에서 하나님은 "하늘이여 들으라 땅이여 귀를 기울이라"라고 탄식하시며 하늘과 땅인 대자연의 법정으로 위기의 유다를 호출하였습니다. 어느 시대나 그 타락한 시대를 향하여 "하늘이여…땅이여"라고 질타했던 주의 종들의 외침이 있었기에 암흑의 그 시대가 개혁되었던 것입니다. 이사야를 비롯하여 모든 선지자들이 그러했고, 타락했던 중세교회 모든 종교개혁자들이 그러했습니다. "하늘이여…땅이여"라고 그 시대를 향하여 탄식했던 이사야의 탄식은 곧 하나님의 탄식이셨고, 오늘날 교회들의 탄식임에 분명한 것입니다.

첫째, 배은망덕한 죄에 대한 탄식입니다.

본문 2절에 "내가 자식을 양육하였거늘 그들이 나를 거역하였도다"라고

하였고, 또한 4절에는 "그들이 여호와를 버리며 이스라엘의 거룩한 자를 만홀히 여겨 멀리하고 물러갔도다."라고 탄식하였습니다. "하늘이여…땅이여"라고 탄식할 수밖에 없는 죄입니다. 배은망덕은 무서운 죄입니다.

둘째, 무지에 대한 탄식입니다.

본문 3절에서 "소는 그 임자를 알고 나귀는 주인의 구유를 알건마는 이스라엘은 알지 못하고 나의 백성은 깨닫지 못하는도다."라고 탄식하였습니다. 호세아 선지자는 "깨닫지 못하는 백성은 패망하리라"(호4:14)라고 무섭게 경고하였습니다. "하늘이여 들으라 땅이여 귀를 기울이라" 이는

2. 회개를 촉구하는 하나님의 사랑입니다.

본문 5-6절에서 하나님은 "너희가 어찌하여 매를 더 맞으려고 더욱 더욱 패역하느냐 온 머리는 병 들었고 온 마음은 피곤하였으며 발바닥에서 머리까지 성한 곳이 없이 상한 것과 터진 것과 새로 맞은 흔적 뿐이어늘 그것을 짜며 싸매며 기름으로 유하게 함을 받지 못하였도다"라고, 회개하지 않는 유다에 대해 질책하셨습니다. 이러한 유다를 향해 하나님은 18절에서 "오라 우리가 서로 변론하자 너희 죄가 주홍 같을지라도 눈과 같이 희어질 것이요 진홍 같이 붉을지라도 양털 같이 되리라"라고, 그들의 회개할 것을 촉구하였습니다. 이것이 바로 교회운동입니다. 모든 시대 모든 나라에서 일어났던 대각성운동이 그러합니다. "하늘이여 들으라 땅이여 귀를 기울이라" 이는

3. 하나님의 심판을 경고하심입니다.

본문 7-9절에서 하나님은 회개치 아니하는 유다는 '땅의 황무함', '성읍

들의 불탐', '이방인들에 의한 파괴' 등, 옛 소돔과 고모라와 같이 반드시 무서운 심판을 받을 것에 대해 경고하였습니다. 이는 역사적으로 주전 606년, 선지자 예레미야가 보고 예언했던바 바벨론의 침공으로 훼파된 예루살렘의 멸망이 말해 줍니다. 죄에 대한 하나님의 공의의 심판은 개인이나 가정, 그리고 나라까지도 피할 수 없다는 사실을 성경에서 그리고 세계사에서 분명하게 보여 주고 있습니다. 다니엘과 같이 역사의 벽보를 보고, 읽으며, 이를 해석할 수 있는 지혜가 우리들에게 필요함을 절감합니다. 사도 베드로는 "주의 날이 도적 같이 오리니 그 날에는 하늘이 큰 소리로 떠나가고 체질이 뜨거운 불에 풀어지고 땅과 그 중에 있는 모든 일이 드러나리로다."(벧후3:10)라고 예언하였습니다.

사랑하는 성도 여러분!

"하늘이여 들으라 땅이여 귀를 기울이라"라는 하나님의 이 탄식의 소리를 우리 한국교회와 모든 성도들은 영의 귀로 들어야 합니다. 바로 이 말씀 앞에 모든 교회와 신자들은 다니엘과 같이 자신과 민족의 죄를 회개해야 합니다. 잘못된 기복주의와 신비주의로 급성장한 교회의 교만을 회개하고, 오직 예수 십자가와 부활 신앙으로 돌아가야 합니다. 1907년, 평양에 불었던 성령의 불길을 한국교회는 반드시 다시 회복하여야 합니다. 이유는 마지막 시대, 한국교회에게 세계선교의 비전이 주어졌기 때문입니다. 하나님께서 한국교회와 이 민족을 향하신 그 뜻과 사랑이 크시기 때문에 반드시 분단 반세기의 철책선이 풀릴 것입니다. 남과 북이 전쟁 없는 평화통일로 하나 되게 하심으로 우리 모두의 감사와 찬양과 영광을 받으실 줄을 확신하며 기원합니다. 아멘.

너희 중에 표징이 되리라

《여호수아 4:1-8》

출애굽과 광야 40년 여정의 지도자 모세의 시대가 끝나고, 그의 후계자인 여호수아에 의한 가나안 정복의 새 시대가 시작되면서 첫 번째 난관이 요단강을 건너야 하는 일이었습니다. 하나님은 요단강 도하작전에 있어 여호수아에게 제사장들로 하여금 그들의 어깨에 하나님의 언약궤를 메고 백성들 앞에 서도록 하였고, 요단강 물로 들어가 건너도록 명하셨습니다. 그리고 매 지파에서 한 명씩 열 두 사람을 택하여 강 중앙과 길갈에 열두 돌의 기념비를 쌓도록 하였습니다. 바로 이것을 본문 6절에서 "너희 중에 표징이 되리라"라고 하셨습니다. "너희 중에 표징이 되리라" 이는 하나님의

1. 구속사적 은총의 표징입니다.

본문 1-4절에서 이스라엘 온 백성이 요단을 건넌 후, 하나님은 여호수아에게 "백성의 매 지파에 한 사람씩 열 두 사람을 택하고"라고 명하셨고, 이에 5절에서 "요단 가운데 너희 하나님 여호와의 궤 앞으로 들어가서 이스라엘 자손들의 지파 수대로 각기 돌 한 개씩 취하여 어깨에 메라"라고 하였던 것입니다. 바로 이것이 6절에서 "너희 중에 표징이 되리라"라고 하였습니다. 여기에 "표징"이란 히브리어 단어 '오트'는 '기념' 또는 '증거'를 뜻합니다. 바로 이 표징을 위하여 각 지파에서 한 사람씩 열 두 사람이 선택되었고, 그들의 어깨에 돌을 메도록 명하셨던 것입니다. 이는 바로 하나님의 구속사적 은총의 표징이 되는 역사적인 돌을 쌓기 위하여 이 열 두 사람이 하나님께 선택되어, 돌들을 어깨에 메었고 또 쌓았던 것입니다. 그들에

게 있어 큰 영광이요, 축복이 아닐 수 없습니다. "너희 중에 표징이 되리라" 이는 이스라엘에 대한

2. 임마누엘 은총의 표징입니다.

본문 7절에 "요단 물이 여호와의 언약궤 앞에서 끊어졌었나니 곧 언약궤가 요단을 건널 때에 요단 물이 끊어졌으므로"라고 하신 말씀에서 여호와의 언약궤는 분명 임마누엘의 확증입니다. 바로 요단강의 기적적인 도하 작전의 위대한 역사가 전능하신 하나님께서 여호수아와 이스라엘 백성들과 함께 하셨다는 임마누엘 은총의 표징이었다는 사실입니다. 임마누엘 되신 우리 주 예수 그리스도는 승천하시기 전, 그의 모든 제자들에게 "볼지어다. 내가 세상 끝 날까지 너희와 함께 있으리라"(마28:20)라고 약속하셨습니다. "너희 중에 표징이 되리라" 이는 하나님의

3. 영영한 기념비적 영광의 표징입니다.

본문 7절에서 "요단 물이 여호와의 언약궤 앞에서 끊어졌었나니 곧 언약궤가 요단을 건널 때에 요단 물이 끊어졌으므로 이 돌들이 이스라엘 자손에게 영영한 기념이 되리라"라고 하였습니다. 본문 7절에 "언약궤가 건널 때에"라고 하심은 하나님께서 앞서 건너신 역사라는 말입니다. 이는 곧 교회운동과 세계 선교운동이 전적으로 하나님 은혜에 의한 기념비적 표징의 역사임을 보여 줍니다. 그러므로 그의 은혜로 선택 받아 사명의 돌을 어깨에 메고 쌓는 헌신은 기념비적인 표징이 되는 축복입니다. 예수 그리스도께서 그의 장사를 위하여 머리에 주유한 여인에 대해 제자들에게 "온 천하에 어디서든지 이 복음이 전파되는 곳에는 이 여자의 행한 일도 말하여 저를 기념하리라"(마26:13)라고 하셨음이 이를 말해 줍니다. 교회는 이렇

게 각자에게 주어진 돌을 어깨에 메고 그 돌을 쌓기 위해 헌신된 그들의 희생을 통하여 부흥하며 성장하는 것입니다. 반드시 후대의 자손들은 이 영광스러운 표징의 돌들을 보며 물을 것이라고 했습니다. 이에 하나님은 요단강 도하의 역사를 표징의 기념비를 통해 일러 주실 것이고 아울러 그 일에 선택되어 헌신되어진 열두 사람의 명예 또한 영광스럽게 해 주실 것입니다. 오늘날 그리스도의 일에 헌신된 성도들의 희생적인 삶, 또한 영광의 표징으로 기념케 하신다는 사실입니다.

사랑하는 성도 여러분!

우리 주 예수 그리스도께서 영광의 심판주로 이 땅에 재림하실 그 날까지 우리 하나님은 영혼구원의 교회운동을 쉼 없이 펼쳐 나가십니다. 그가 이 운동을 펼치시는 곳마다 교회가 세워지며 세워진 교회마다 하나님께 선택되어 기념비적 돌을 그 어깨에 멜 헌신된 자가 이어질 것입니다. 하나님께서는 지금도 그의 구속사적 표징의 기념비를 그리스도의 몸 된 교회 안에서 쌓기를 원하시며 이에 합당한 자를, 사무엘이 주의 마음에 합한 자 다윗을 베들레헴에서 찾음같이, 요단강 도하작전의 현장인 우리 모두의 삶의 현장에서 찾고 계십니다. 능하신 하나님의 선택하심과 소명, 그리고 사명 감당의 값진 헌신이 우리들의 삶 속에서 하나님의 영광스러운 표징의 기념비가 되었으면 합니다. "너희 중에 표징이 되리라"라는 이 엄청난 영광과 승리의 축복이 오늘 우리 것이 되어 이렇게 헌신토록 하신 우리 하나님께 큰 영광이 되시기를 축원합니다. 아멘.

너희는 이제라도

《요엘 2:12-27》

주전 800년 경, 우상숭배 사상이 만연한 당시 이스라엘 땅에 극심한 메뚜기 재앙이 강타했습니다. 그 재앙을 본 부두엘의 아들 유다의 선지자 요엘은 "오호라 그 날이여 여호와의 날이 가까왔나니 곧 멸망같이 전능자에게로서 이르리로다."라고, 임박한 '여호와의 날'을 예고하며 이스라엘을 경책하였습니다. 결국 언약의 하나님이 극심한 재앙 속에서 이스라엘을 치유하시고, 놀라운 축복으로 회복시키시는 영광스러운 구속사의 끝자락을 보며 희망의 메시지를 전해 주고 있음을 봅니다. 바로 요엘서의 주제인 '여호와의 날'은 종말론적으로 예수 그리스도의 재림의 날에 나타날 불신 세상에 대한 '최후 심판의 날'과 동시에 그리스도의 신부된 교회에 대한 '영광의 날'임을 분명하게 보여 주고 있습니다. 오늘 우리 자신과 교회를 향한 하나님의 불타는 사랑의 메시지는 바로 "너희는 이제라도"입니다. "너희는 이제라도" 이는 하나님의

1. 회개를 촉구하시는 말씀입니다.

본문 12절에 "여호와의 말씀에 너희는 이제라도 금식하며 울며 애통하고 마음을 다하여 내게로 돌아오라 하셨나니"라고 하셨고, 13절에는 "너희 하나님께로 돌아올지어다."라고 하였습니다. 너희는 이제라도 철저하게 회개하라는 말씀입니다. 하나님께로 돌아옴에 있어 먼저 15절에 "시온에서 나팔을 불어 거룩한 금식일을 정하고 성회를 선고하고"라고 하였습니다. 이는 교회가 하나님 앞에서 정한 성회입니다. 그리고 16절에 "백성을

모아…장로를 모으며 소아와 젖 먹는 자를 모으며 신랑을 그 방에서 나오게 하며 신부도 그 골방에서 나오게 하라"라고 하였습니다. 이는 하나님의 소집령입니다. 바로 그 소집의 목적이 13절에 "너희는 옷을 찢지 말고 마음을 찢고 너희 하나님 여호와께로 돌아올지어다"라고, 마음을 찢는 철저한 회개함에 있습니다. 이는 곧 당시 이스라엘도 그러했지만 지금의 한국 교회와 우리 모두의 죄와 허물을 사하시려는 하나님 그 크신 사랑의 음성입니다. "너희는 이제라도" 이는 하나님의

2. 축복에 대한 약속의 말씀입니다.

18절 "그 때에 여호와께서 자기 땅을 위하여 중심이 뜨거우시며 그 백성을 긍휼히 여기실 것이라"라고 하셨습니다. 그리고 19절에 "여호와께서 그들에게 응답하여"라고 하시며 세 가지의 축복을 약속하셨습니다.

첫째, 물질의 축복입니다.

19절 "너희에게 곡식과 새 포도주와 기름을 주리니 너희가 이로 인하여 흡족하리라"라고 하였습니다. 24절에는 "마당에는 밀이 기득하고 독에는 새 포도주와 기름이 넘치리라"라고 하였고, 25-26절에서는 "내가 전에 너희에게 보낸 큰 군대 곧 메뚜기와 늣과 황충과 팟종이의 먹은 햇수대로 너희에게 갚아 주리니 너희가 먹되 풍족히 먹고…"라고 약속하셨습니다.

둘째, 승리의 축복입니다.

20절 "내가 북편 군대를 너희에게서 멀리 떠나게 하여 메마르고 적막한 땅으로 내어 쫓아내리니…이는 큰일을 행하셨음이니라"라고 하였습니다. 그러므로 21절에 "땅이여 두려워 말고 기뻐하며 즐거워할 지어다."라고 하였고, 23절에는 "시온의 자녀들아 너희는 너희 하나님 여호와로 인하여 기

뻐하며 즐거워할지어다."라고 하였습니다.

셋째, 교회의 축복입니다.

본문 23절 "너희를 위하여 비를 내리시되 이른 비를 너희에게 적당하게 주시리니 이른 비와 늦은 비가 전과 같을 것이라"라고 하였습니다. 여기에 "비"는 28-29절에 "그 후에 내가 내 신을 만민에게 부어 주리니 너희 자녀들이 장래 일을 말할 것이며 너희 늙은이는 꿈을 꾸며 너희 젊은이는 이상을 볼 것이며 그 때에 내가 또 내 신으로 남종과 여종에게 부어 줄 것이며"라고 하신바 성령강림으로 시작되는 신약교회의 축복을 약속하심입니다. 이 놀라운 역사가 오순절 날 성령강림으로 신약교회의 모체인 예루살렘교회가 태어난 것입니다. 아버지의 약속인 성령의 불길은 예루살렘교회로부터 온 유다와 사마리아와 땅 끝까지 세계선교의 불길로 타 올랐고, 그리스도의 재림의 날까지 그 성령의 불길은 교회를 통하여 타오르고 있는 것입니다.

사랑하는 성도 여러분!

예수 그리스도께서 다시 오실 재림의 날이 가까운 마지막 시대인 이 추수기에 우리 모두는 주의 말씀과 성령으로 충만함을 받아야 합니다. 철저하게 모든 죄와 허물을 통회하고 위로부터 임하시는 성령의 능력을 힘입어야 합니다. 성령의 능력을 힘입지 않고는 예수 그리스도의 증인이 될 수 없기 때문입니다. 그러므로 "너희는 이제라도" 하신 하나님의 말씀에 순응하여 죄와 허물을 통회하며 성령의 충만을 받아야 합니다. 오늘 우리 모두의 가슴이 주님의 말씀과 성령의 강권적인 역사로 타오르는 축복의 불꽃이 되시기를 축원합니다. 아멘.

각기 종류대로

《창세기 1:11-13》

하나님의 천지창조에 관해 사람들은 합리주의적 사고의 방식으로 이해하려고 노력하는데서 어리석은 오류들을 범하고 있습니다. 어찌 엘로힘 하나님, 그의 창조의 신비가 과학의 틀인 관찰과 실험을 통하여 이를 검증 또는 이해가 될 수 있겠습니까? 특히 생명창조에 관한한 더욱 그러합니다. 모든 생명체는 생물학적 변천 과정을 거쳐 저급한 종에서 고등한 종으로 발전되었다고 주장하며 종과 종 사이의 상태변이를 주장하는 다윈의 어리석은 진화론이 그 대표적입니다. 이를 믿고 따르는 사람들은 하나님에 대해 전혀 무지하기 때문에 그럴 수 밖이 없습니다. 이 시간, 본문의 말씀인 "각기 그 종류대로"라고 하신 말씀을 통해 함께 은혜받기를 원합니다. "각기 종류대로" 이는

1. 생명창조의 신성입니다.

본문 11절에 "땅은 풀과 씨 맺는 채소와 각기 종류대로 씨 가진 열매 맺는 과목을 내라 하시매 그대로 되어"라고 하였습니다. 여기에 "각기 종류대로"라는 원어 '레미노'는 '종류' 또는 '종'을 뜻하는 '민'에서 파생된 말로 '제각기 독특하게 구별된 종'을 뜻합니다. 그렇기 때문에 하나님의 자녀들은 다윈의 진화론에 대한 그 허구성을 냉정하게 비판할 뿐 아니라 이를 결코 받아들이지 않습니다. 우주만물의 창조가 다 그러하지만 특히 생명창조는 하나님의 신성과 능력을 그대로 담고 있는 신비에 속한 것입니다. 우리 성도들은 이 사실을 그대로 믿습니다. 이는 너무나도 분명한 생명

이 지니고 있는바 하나님의 신비 그 자체이기 때문입니다. "각기 그 종류대로" 이는

2. 각 생명체의 고유한 단일성입니다.

본문 11과 12절에서 풀과 채소와 과목 창조에 있어 "각기 종류대로", 21절에서 큰 물고기와 물에서 번성하여 움직이는 모든 생물과 날개 있는 모든 새를 "그 종류대로" 그리고 24절과 25절에서 땅의 생물과 육축과 기는 것 땅의 짐승들을 "그 종류대로" 라고 하였습니다. "각기 종류대로"라는 '레미노'는 각기 생명체가 독특하게 구별된 '종' (species)이 지닌바 고유의 단일성을 말합니다. 생명체에 관한 진화론자의 주장에 의하면 상이한 종류의 동식물을 나타내는 유사성은 진화론적 혈연관계를 나타낸다는 것입니다. 이는 분류학, 비교 해부학, 태생학, 생화학, 생리학적 증거 등에 의한 주장들입니다. 또한 어떤 특수한 종 안에서 일어나는 변화로 지리학적 분포 및 퇴화기관과 실험사육, 돌연변이의 증거 등에 의한 주장이며, 화석화된 유기체의 잔해는 진화의 실체를 보여 주고 있다는 주장들입니다. 이 주장들은 과학의존적인 학설들로 하나님 말씀의 절대권위성에 도전하는 인간의 교만이요 또한 만행입니다. "각기 종류대로" 이는

3. 모든 생명체의 축복성입니다.

20절에 "하나님이 가라사대 물들은 생물로 번성케 하라"라고 하였고, 22절에 "하나님이 그들에게 복을 주어 가라사대 생육하고 번성하여 여러 바다 물에 충만하라 새들도 땅에 번성하라" 라고 하였습니다. 인간창조의 경우 28절에 "하나님이 그들에게 복을 주시며 그들에게 이르시되 생육하고 번성하여 땅에 충만하라." 라고 하였습니다. 이는 모든 생명체들에게 주신

하나님의 축복입니다. 여기에 "생육하고"라는 "생육"은 '열매를 맺다'를 뜻하며 "번성하여"라는 "번성"은 번식력에 의한 종족의 보존과 번식으로 인한 많음을 뜻하며 "충만하라"는 하나님의 넘치도록 채워주심으로 인한 가득함을 뜻합니다. 한마디로 모든 생명체들에게 주신 하나님의 풍성한 축복을 말해 줍니다. 신비로 가득한 각기의 생명체는 축복받은 존재들입니다. 특히 하나님의 형상대로 지음 받은 사람의 경우 그 축복은 탁월합니다. 그러하기에 사람은 만물의 영장이요, 천하보다 귀한 존재입니다. 바로 사람의 존엄성이 여기에 있습니다.

사랑하는 성도 여러분!

하나님의 생명창조는 하나님의 신성과 능력이 빚어낸 최대 걸작입니다. 전능하신 엘로힘 하나님만의 영역입니다. 인간의 한계적인 이성으로 감히 침범할 수 없는 영역임에도 불구하고 불신 인간의 교만은 이를 과학의 틀에서 오만을 자행합니다. 사무엘의 어머니 한나는 "여호와를 대적하는 자는 산산이 깨어질 것이라 하늘 우뢰로 그들을 치시리로다"(삼상2:10)라고 하였습니다. 우리 모든 성도들은 하나님의 "각기 종류대로"의 생명창조의 그 신성과 능력을 믿기 때문에 성경에서 위배된 진화론을 정죄하며 생명체가 지닌바 "각기 종류대로"의 고유한 단일성을 분명하게 주장하는 것입니다. 이는 하나님의 말씀인 성경에서 분명하게 밝혀 주셨기 때문입니다. 우리 모두, 엘로힘 하나님께서 "각기 종류대로" 창조하신 생명체의 신성과 단일성과 그 축복성을 확신하는 복된 영적인 삶으로 오직 하나님께 영광을 돌리시기를 축원합니다. 아멘.

그 동일한 말씀

《베드로후서 3:1-13》

본문의 말씀은 사도 베드로의 두 번째 서신으로 특히 당시 주의 재림에 대해 하나님의 말씀을 경멸하며 성도들의 순수한 신앙을 혼탁케 하고 기롱하는 자 즉, 악한 정욕을 좇아 하나님을 거역하는 거짓 교사들의 거짓 교훈을 경계하면서 하나님 말씀인 성경의 신적절대권위성과 영원성 그리고 말씀의 명료성과 그 충족성을 나타내 주고 있습니다. 특히 본문의 말씀은 그리스도의 재림 예고의 말씀으로 성도들로 하여금 진실한 마음을 일깨워 축복된 삶을 고취시킴에 그 목적을 두고 있습니다. "그 동일한 말씀" 이는 하나님의

1. 불변하신 말씀입니다.

본문 1절에 "사랑하는 자들아 내가 이제 이 둘째 편지를 너희에게 쓰노니 이 둘로 너희 진실한 마음을 일깨워 생각하게 하여"라고 하시면서 2절에서 "곧 거룩한 선지자의 예언한 말씀과 주 되신 구주께서 너희의 사도들로 말미암아 명하신 것을 기억하게 하려 하노라"고 하였습니다. 이는 곧 선지 사도들에게 주신 하나님 예언의 말씀이 어느 시대나 영원 불변하다는 것을 일깨워 주심입니다. 그런데 4-5절에서 "주의 강림하신다는 약속이 어디 있느뇨 조상들이 잔 후로부터 만물이 처음 창조할 때와 같이 그냥 있다 하니 이는 하늘이 옛적부터 있는 것과 땅이 물에서 나와 물로 성립한 것도 하나님의 말씀으로 된 것을 저희가 부러 잊으려 함이로다"라고 설파하는 거짓 교사들의 그 실체를 밝혀 주었습니다. 바로 "그 동일한 말씀"이란 하

나님 말씀의 불변성을 확증하심입니다. "그 동일한 말씀" 이는 하나님의

2. 심판예고의 말씀입니다.

본문 6-7절에서 "이로 말미암아 그때 세상은 물의 넘침으로 멸망하였으되 이제 하늘과 땅은 그 동일한 말씀으로 불사르기 위하여 간수하신바 되어 경건치 아니한 사람들의 심판과 멸망의 날까지 보존하여 두신 것이니라"라고 하였습니다. 이는 옛 노아시대에 있었던 물심판과 마지막 종말시대에 있을 불의 심판을 예고하신 말씀입니다. 이미 하나님은 과거 노아에게 이르신 그 물 심판의 말씀이 동일하게 마지막 시대 경건치 아니한 자들에게 임할 불 심판을 위해 시한부적으로 하늘과 땅을 보존해 두셨다고 본문 7절에서 분명하게 밝혀 주었습니다. 이제 그리스도께서 재림하실 그 날에 노아홍수 때와 같이 하나님의 동일한 심판예고의 말씀대로 마지막 불 심판이 도래하고야 말 것입니다. "그 동일한 말씀" 이는 하나님의

3. 축복약속과 권고의 말씀입니다.

본문 13절에 "우리는 그의 약속대로 의의 거하는바 새 하늘과 새 땅을 바라보도다"라고 하였습니다. 이에 사도 베드로는 본문 11-12절에서 "이 모든 것이 이렇게 풀어지리니 너희가 어떠한 사람이 되어야 마땅하뇨 거룩한 행실과 경건함으로 하나님의 날이 임하기를 바라보고 간절히 사모하라"라고 권고하였습니다. 사도 요한은 마지막 음녀 바벨론이 불의 심판으로 멸망당하는 환상을 보면서 하나님께서 들려주신바 "내 백성아, 거기서 나와 그의 죄에 참예하지 말고 그의 받을 재앙들을 받지 말라"(계18:4)라는 사랑의 음성을 듣고 전합니다. 우리 모든 성도들은 하나님의 약속인 주님의 재림과 함께 펼쳐질 천국을 사모하며 노아와 같이 방주를 예비하여야

합니다. 바로 그 같은 삶이 거룩한 행실과 경건함입니다. 여기에 "거룩한 행실"이란 악에서 분리되어 하나님께 헌신된 성결한 삶을 말하며, "경건함"이란 하나님의 성품을 닮아가며 오직 그만을 섬기는 예배적인 삶을 뜻합니다. 이에 사도 바울은 "형제들아 내가 하나님의 모든 자비하심으로 너희를 권하노니 너희 몸을 하나님이 기뻐하시는 거룩한 산 제사로 드리라 이는 너희의 드릴 영적 예배니라"(롬12:1)라고 권하였던 것입니다.

사랑하는 성도 여러분!
    어느 시대, 언제나 변함없이 역사하시는 하나님의 동일한 말씀인 신적 절대권위의 말씀, 영원불변하신 말씀, 악한 시대 악인들을 향한 심판예고의 말씀, 그리고 경건한 성도들을 향하신 축복된 약속과 권고의 말씀을 마음 판 깊이 새겨야 할 것입니다. 오직 하나님 중심, 성경 중심, 교회 중심의 거룩하고 경건한 삶으로 주님 재림의 그 날을 간절히 사모하며 기다려야 할 것입니다. 결코, 시한부적인 세상 것에 집착하지 말고, 오직 그의 나라와 그의 의를 구하며 헌신하는 복된 삶을 살아야 할 것입니다. 바로 이 같은 삶이 120년 동안 말씀을 붙잡고 노아가 방주를 예비하였던 삶과 같습니다. 이제 불원장래 동일한 말씀으로 그리스도께서 재림하심으로 심판하실 그 날 우리 모두는 새 하늘과 새 땅인 천국으로 입성할 것입니다. 바로 그 날을 사모하며 거룩함과 경건한 삶으로 오직 우리 하나님께 영광을 돌리는 복 된 삶이 되시기를 축원합니다. 아멘.

나 외에는 다른 신들을 네게 있게 말지니라

《출애굽기 20:2-3》

여호와 하나님은 아브라함의 자손인 이스라엘 백성을 430년 동안, 애굽 왕 바로의 폭정에서 출애굽 시켜 약속의 땅 가나안을 향한 광야 여정 중, 시내산에 이르게 하여 그들에게 십계명을 수여하셨습니다. 그 십계명 중 그 첫 번째 계명이 "너는 나 외에는 다른 신들을 네게 있게 말지니라." 입니다. 이는 과거, 애굽에서의 수다한 잡신들과 특히 앞으로 그들이 들어갈 가나안 땅 족속들이 섬기고 있는 신들을 두고 명하신바 오직 유일하신 하나님 중심의 섬김을 명하신 계명입니다. 이 시간, 첫째 계명인 본문의 말씀을 통해 우리들 자신의 영적인 자세를 점검하며, 은혜 받기를 원합니다. "나 외에는 다른 신들을 네게 있게 말지니라." 이는

1. 하나님 절대권위의 명령입니다.

본문 2절에 "나는 너를 애굽 땅, 종 되었던 집에서 인도하여 낸 너의 하나님 여호와로라."라고 하였습니다. 이는 선민 이스라엘 백성을 애굽 땅, 종 되었던 집에서 인도하여 내신 절대주권의 하나님이심을 '엘로힘' 과 '여호와' 라는 성호에서 밝혀 주셨습니다. 바로 그 하나님께서 시내산에서 모세를 통하여 명하셨기에 그 명령이 절대권위의 명령인 것입니다. 오직 엘로힘 하나님만이 절대권위의 통치자이십니다. 바로 그가 선민 이스라엘 백성을 애굽 땅, 종 되었던 집에서 이끌어 내어 구원해 주셨습니다. 오직 그분만이 살아 역사하시는 절대권위의 하나님이시기에 시내산인 광야교회에서 뿐만 아니라, 지금도 갈보리산인 신약교회를 통해 명령하시고 계신 것입니

다. 이 명령에 거역하는 행위는 결국 하나님을 대적하는 행위가 됩니다. 그러므로 "너는 나 외에는 다른 신들을 네게 있게 말지니라."라고 하신 하나님 절대권위의 말씀에 순종해야 합니다. "나 외에는 다른 신들을 네게 있게 말지니라." 이는

2. 하나님 절대금기의 명령입니다.

본문에서 "말지니라."는 히브리어 '로'가 문장 서두에 등장하여 절대부정의 강한 의미를 지니고 있습니다. 또한 여기에 "나 외에는"이라는 '알 파니야'에서, '알'은 '가까이' 또는 '곁에'라는 전치사로 '파니야', 곧 '얼굴'과 결합하여 '나의 면전에서' 또는 '나를 제외시키고서'라는 의미를 지니고 있습니다. 결코 하나님의 면전에서 그를 제외시키고 다른 신들을 있게 하지 말라는 절대금기의 명령입니다. 그 이유는 5절에서 "나 여호와 너의 하나님은 질투하는 하나님인즉"이라고 하셨기 때문입니다. "질투하다"라는 '칸나'는 '시기로 불태우다'라는 뜻으로 치밀어 올라 억제할 수 없는 분노 상태를 나타내는 단어입니다. 그만치 하나님은 선민 이스라엘을 사랑하시고 계심을 보여 줍니다. 그러므로 다른 신들을 섬기거나 더 사랑하는 일은 결국 하나님의 질투를 격발시키는 무서운 죄가 됩니다. "나 외에는 다른 신들을 네게 있게 말지니라." 이는

3. 오직 선민행복을 위한 명령입니다.

본문에 "너는"이라고 하였고, "네게"라고 하심이 바로 하나님께서 선택하여 구원해 주신 하나님의 백성을 말합니다. 하나님은 이사야를 통해 "야곱아 너를 창조하신 여호와께서 이제 말씀하시느니라. 이스라엘아 너를 조성하신 자가 이제 말씀하시느니라. 너는 두려워 말라 내가 너를 구속하였

고, 너를 지명하여 불렀나니 너는 내 것이라"(사43:1)라고 하셨습니다. 하나님은 "내가 오늘날 네 행복을 위하여 네게 명하는 여호와의 명령과 규례를 지키는 것이 아니냐"(신10:13-15)라고 하셨고, "이스라엘이여, 너는 행복자로다"(신33:29)라고 하였습니다. 바로 하나님의 소유인 그들의 행복을 위해 주신 계명입니다. 하나님은 "이스라엘아 들으라…너는 마음을 다하고 성품을 다하고 힘을 다하여 네 하나님 여호와를 사랑하라"(신6:4-5)라고 명하셨던 것이고, 예수께서도 "네 마음을 다하고 목숨을 다하고 뜻을 다하여 주 너의 하나님을 사랑하라 하셨으니 이것이 크고 첫째 되는 계명이요"(마22:37-38)라고 하셨습니다.

사랑하는 성도 여러분!

하나님의 십계명 중, 그 첫 번째 계명인 "너는 나 외에는 다른 신들을 네게 있게 말지니라."라는 명령은 가장 기본적인 하나님 절대권위적인 절대금기의 명령, 그리고 우리의 참된 행복을 위해 주신 금령입니다. 하나님 이외에 그 어떤 것도 우리 삶의 중심에 주인으로 자리 잡지 말아야 합니다. 사도 바울은 "말세에 고통 하는 때가 이르니 사람들은 자기를 사랑하며 돈을 사랑하며…쾌락을 사랑하기를 하나님 사랑하는 것보다 더하며"(딤후3:1-4)라고 경고하였습니다. "너는 나 외에는 다른 신들을 네게 있게 말지니라."라고 하신 그 존엄하신 명령을 준수하는 삶이 바로 하나님 중심, 말씀 중심, 그리고 교회 중심의 복된 삶입니다. "너는 나 외에는 다른 신들을 네게 있지 말지니라."라고 명하신 말씀에 순종함으로 성삼위 우리 하나님께 영광이 되시기를 축원합니다. 아멘.

나는 너의 하나님 여호와로라

《출애굽기 20:1-2》

천지만물을 창조하신 하나님은 그의 형상대로 지음 받은 아담과 계약(Contract)을 맺으셨지만, 아담이 이를 파괴함으로 죽음에 이르게 되었습니다. 그러나 하나님은 바로 그의 구속사에서 아브라함을 불러 계약을 맺으시고, 급기야 그의 구체적인 계약을 모세를 통해 주셨음이 바로 시내산 계약입니다. 출애굽 후, 시내산 앞에 장막을 친지 제 삼일에 하나님은 우레와 번개와 빽빽한 구름과 큰 나팔소리로 강림하시어 그의 백성들에게 "나는 너를 애굽 땅 종 되었던 집에서 인도하여 낸 너의 하나님 여호와로라."라고 하셨습니다. 이 시간, 하나님께서 "나는 너의 하나님 여호와로라."라고 하신 말씀을 통해 함께 은혜 받기를 원합니다. "나는 너의 하나님 여호와로라." 그 하나님은

1. 전능하신 하나님이십니다.

본문 1절에 "하나님이 이 모든 말씀으로 일러 가라사대"라고 하였습니다. 여기에 "하나님"의 성호를 '엘로힘' 이라고 밝히고 있습니다. '엘로힘' 은 태초에 천지를 창조하실 때 밝히신 성호로 '권세 있고 힘 있는 뛰어난 분'을 뜻합니다. 바로 그 하나님께서 시내산에서 그 권능의 상징인 우레와 번개와 빽빽한 구름과 큰 나팔소리로 임하셨던 것입니다. 두려움에 감히 접근할 수 없는 그 분, 그가 육체를 입고 우리에게 오셔서 우리 죄를 사하기 위하여 십자가에 죽으시고 부활 승천하셨는데, 그 분이 바로 예수 그리스도이십니다. 그를 통해 나타난 모든 이적과 기사가 바로 그의 '엘로힘' 되

심을 보여 주신 사건들입니다. 그의 전능하심은 성도들의 전 삶의 영역에서 믿음의 법칙에 따라 나타나고 있음이 사실입니다. "나는 너의 하나님 여호와로라." 그 하나님은

2. 언약의 하나님이십니다.

본문 2절에서 "나는 너를 애굽 땅 종 되었던 집에서 인도하여 낸 너의 하나님 여호와로라."라고 하셨습니다. 여기에 "너의 하나님"인 '에로헤카'는 앞서 밝힌 "하나님" 곧 '엘로힘'에 이어 "여호와"라는 성호로 모세와 언약을 맺으실 때, "나는 스스로 있는 자"(출3:14)라고 하신 호칭입니다. 그러므로 여호와는 '항상 계신 분', 또는 '다른 존재에 의지하지 않고 이전부터 스스로 계신 분' 입니다. 한마디로 이스라엘과의 언약관계에 있어 불변하신 하나님이심을 뜻합니다. 하나님과 이스라엘과의 끊을 수 없는 불변적 언약의 유대감은 그리스도의 십자가에서 확증해 주셨습니다. 예수 그리스도는 "내가 저희에게 영생을 주노니 영원히 멸망치 아니할 터이요 또 저희를 내 손에서 빼앗을 자가 없느니라 저희를 주신 내 아버지는 만유보다 크시매 아무도 아버지 손에서 빼앗을 수 없느니라"(요10:28-29)라고 하셨고, 또한 "내가 세상 끝날까지 너희와 항상 함께 있으리라"(마28:20)라고 약속하셨습니다. "나는 너의 하나님 여호와로라." 그 하나님은

3. 구원의 하나님이십니다.

본문 2절에서 "나는 너를 애굽 땅 종 되었던 집에서 인도하여 낸 너의 하나님 여호와로라"라고 하심에서 "애굽 땅 종 되었던 집에서 인도하여 낸"이라고 말씀하심이 바로 구원의 하나님이심을 선언하심입니다. 여기에 "애굽 땅"은 사탄을 상징하는 폭군 바로의 폭정과 황제숭배와 다신론주의

의 우상숭배로 가득 찬, 이른바 '음녀 바벨론'(계18장)인 이 세상을 뜻하며, "종 되었던 집"이란 자유를 억압당하고 폭정에 시달리는 "집", '베트'는 "감옥"을 뜻합니다. 이 같은 감옥에서 하나님은 언약의 민족인 이스라엘을 구원해 내셨던 것입니다. 그러므로 세계의 역사는 하나님의 구속사요, 그 구속사의 중심은 예수 그리스도의 십자가인 것입니다. 애굽 땅 종 되었던 집에서 이스라엘을 구원하여 내셨듯이 오직 예수 그리스도의 십자가로 말미암아 우리 모든 성도들을 구원하신 것입니다.

사랑하는 성도 여러분!

천지만물을 창조하신 하나님은 전능하신 엘로힘 하나님이시며, 언약에 불변하신 여호와 하나님, 그리고 아브라함의 자손인 모든 성도들을 구원하신 하나님이십니다. 바로 그 하나님께서 시내산에서 열 가지 계명을 주시면서 그 자존의 정체성을 그의 성호에서 밝혀 주셨습니다. 그러므로 하라, 하지 말라고 명하신 그의 계명은 선민의 높은 윤리성이 요청되는 행동강령의 법칙입니다. 바로 그 율법의 윤리성이 동일한 동기와 목적으로 오직 하나님의 영광을 위한바 그리스도의 산상수훈(마5-7장)에서 확대 계승되어졌던 것입니다. 전능하신 엘로힘 하나님, 언약의 여호와 하나님, 그리고 구원의 하나님, 바로 그의 면전인 '코람 데오'(Coram Deo)의 분명한 의식으로 우리 주 예수 그리스도의 인격과 삶을 닮아가는 성화의 삶으로 오직 하나님께 큰 영광을 돌리시기를 축원합니다. 아멘.

나는 너희를 치료하는 여호와임이니라

《출애굽기 15:22-26》

본문은 홍해의 도하사건을 기점으로 약속의 땅 가나안을 향한 대여정의 문이 펼쳐지면서 홍해로부터 130리 정도, 사흘 길쯤 떨어진 마라에 2백만 명이 넘는 이스라엘 백성들이 이르게 됩니다. 사흘 동안의 길에서 그들은 물이 없어 심한 갈증에 시달려야만 했고, 마침내 그들이 마라에서 물을 만났지만 그 물은 마실 수 없는 쓴물이었습니다. 결국, 그들은 모세를 원망하였습니다. 이에 여호와 하나님은 그 마라의 쓴물을 단물로 고쳐주시며 "나는 너희를 치료하는 여호와임이니라"라고 하셨습니다. "나는 너희를 치료하는 여호와임이니라" 이는

1. 하나님의 사랑을 확증해 주심입니다.

본문 26절에서 "나는 너희를 치료하는"라고 하심은 쓴물 때문에 원망하고 있는 이스라엘 백성에 대한 하나님의 크신 사랑을 확증해 주심입니다. 그 하나님은 부르짖는 모세에게 본문 25절에서 "한 나무를 지시하시니 그가 물에 던지매 물이 달아졌더라."라고 하였습니다. 여기에 "한 나무"는 바로 하나님 사랑의 극치인 예수 그리스도의 십자가를 상징적으로 보여 줍니다. 사도 바울은 "긍휼에 풍성하신 하나님이 우리를 사랑하신 그 큰 사랑을 인하여 허물로 죽은 우리를 그리스도와 함께 살리셨고"(엡2:4-5)라고 하였고, 사도 요한은 "사랑은 여기 있으니 우리가 하나님을 사랑한 것이 아니요 오직 하나님이 우리를 사랑하사 우리 죄를 위하여 화목제로 그 아들을 보내셨음이니라"(요일4:10)라고 하였습니다. 선민을 향한 하나님의 그 큰 사

랑의 확증이 바로 "한 나무"인 예수 그리스도의 십자가였다는 사실입니다. "나는 너희를 치료하는 여호와임이니라." 이는

2. 하나님의 전능하심을 확증해 주심입니다.

모세가 하나님께서 지시하신 한 나무를 물에 던지매 25절에 "물이 달아졌더라."라고 하였습니다. 이는 하나님의 전능하심을 확증해 주심입니다. 하나님의 전능하심이 이스라엘의 출애굽을 위하여 애굽 땅에 10가지 재앙을 내리셨고, 홍해를 육지같이 건너게 하셨으며, 지금 마라의 현장에서 쓴물을 단물로 만들어주심으로 확증해 주셨던 것입니다. 하나님의 능하신 기적적인 축복의 역사에는 일정한 법칙이 있음을 우리에게 보여줍니다.

첫째, 부르짖는 확신의 기도입니다.

본문 24절에 "백성이 모세에 대하여 원망하여 기로되 우리가 무엇을 마실까 하매"라고 할 때, 25절에서 모세는 "여호와께 부르짖었더니"라고 하였습니다. 여기에 "부르짖었더니"라는 동사 '차아크'는 심한 고통에서 도움을 요청하거나 몹시 흥분하여 절규를 발하는 모습을 표현할 때 사용된 단어입니다. 그만치 모세의 기도가 절실하였다는 말입니다. 모세는 하나님의 능력을 전적으로 신뢰하는 믿음, 곧 확신이 있었습니다. 그 확신이 있었기에 홍해 앞에서도 "여호와께서 너희를 위하여 싸우시리니 너희는 가만히 있을지니라."(출14:14)라고 외쳤던 것이고, 지금 마라의 현장에서 그 하나님께 부르짖었던 것입니다. 확신의 기도는 하늘 보좌를 움직입니다. 그렇기 때문에 기도의 사람 모세 앞에 애굽의 왕 바로도, 홍해도, 당시 마라의 쓴물도 이를 감당치 못했던 것입니다.

둘째, 순종과 헌신입니다.

모세는 25절에서 하나님께서 지시하신 한 나무를 "물에 던지매"라고 하였습니다. 이는 그의 절대순종과 헌신의 모습을 보여 줍니다. 하나님의 치료 곧 '여호와 라파'는 반드시 말씀에 의지한 믿음의 순종과 헌신을 통해 주어진다는 사실을 보여 줍니다. 그래서 순종이 중요하고, 헌신이 중요합니다. 그 결과 마라의 쓴물이 단물이 되었고, 이에 하나님은 영광을 받으신 것입니다. 이 사건으로 하나님은 25절에서 "법도와 율례를 정하시고" 그들을 시험 곧 연단하셨고, 26절에 "너희 하나님 나 여호와의 말을 청종하고 나의 보기에 의를 행하며 내 계명에 귀를 기울이며, 내 모든 규례를 지키면 내가 애굽 사람에게 내린 모든 질병의 하나도 너희에게 내리지 아니하리니"라는 약속을 주셨던 것입니다.

사랑하는 성도 여러분!

모세가 그러했듯이 오늘, 치료하시는 여호와, 곧 주 예수 그리스도만을 바라보아야 합니다. 마라의 쓴물이 단물로 변화된 역사는 오늘날 우리 모두의 삶 속에서 얼마든지 일어난다는 사실을 믿어야 합니다. 문제는 능하신 하나님만을 바라보는 확신의 기도와 순종과 헌신입니다. 마라의 쓴물에 던져진 "한 나무"인 예수 그리스도의 십자가야말로 죽음과 저주의 쓴물을 생명과 축복과 천국의 단물로 만들어 준 위대한 능력입니다. "나는 너희를 치료하는 여호와임이니라"라는 '여호와 라파'의 축복이 우리 모두의 전인격과 모든 삶의 영역에 충만하여 크신 사랑의 하나님, 전능하신 우리 하나님께 큰 영광을 돌리시기를 축원합니다. 아멘.

나는 네 하나님이 됨이니라

《이사야 41:8-16》

주전 690년 경, 하나님께 선지자로 소명된 이사야는, 하나님을 거역함으로 바벨론을 들어 70년 간 징계하시고 결국, 페르시아 왕 고레스를 일으켜 이스라엘을 해방, 귀환케 하신다는 하나님의 절대주권적인 구속사를 보면서 메시아 희망의 메시지 전합니다. 바로 그 하나님께서 "나의 종, 너 이스라엘아, 나의 택한 백성 야곱아, 나의 벗 아브라함의 자손아"라고 하시며 "나는 네 하나님이 됨이니라."라고 하셨습니다. 이 말씀은 아브라함의 자손으로 구원 받은 오늘 날, 우리 모두에게 주시는 말씀입니다. 이 시간, "나는 네 하나님이 됨이니라."라는 말씀을 통해 함께 은혜 받기를 원합니다. "나는 네 하나님이 됨이니라." 그 하나님은

1. 사랑의 하나님이십니다.

본문 9절에 "내가 땅 끝에서부터 너를 붙들며 땅 모퉁이에서부터 너를 부르고 네게 이르기를 너는 나의 종이라 내가 너를 택하고 싫어버리지 아니하였다."라고 하였습니다. 이는 비록 선민 이스라엘이 하나님께 범죄하여 그 징계로 바벨론 여러 지역에 흩어져 고뇌를 씹고 있었지만, 그들을 싫어 버리지 않으시고 결국은 다시 회복하게 해 주신다는 하나님의 불변하신 사랑을 확증해 주신 말씀입니다. 이유는 "내가 너를 택하고"라는 말씀 때문입니다. 하나님의 선택은 그의 사랑 곧 '아가페'에 있기에 "너를 사랑하였은즉"(사43:4)이라고 하셨던 것입니다. 사도 바울은 "우리가 아직 죄인 되었을 때에 그리스도께서 우리를 위하여 죽으심으로 하나님께서 우리에

게 대한 자기 사랑을 확증하셨느니라."(롬5:8)라고 하였고, 사도 요한은 "사랑은 여기 있으니 우리가 하나님을 사랑한 것이 아니요 오직 하나님이 우리를 사랑하사 우리 죄를 위하여 화목제로 그 아들을 보내셨음이라."(요일4:10)라고 하였습니다. "나는 네 하나님이 됨이니라."라고 하신 하나님은 사랑의 하나님이십니다. "나는 네 하나님이 됨이니라." 그 하나님은

2. 권능의 하나님이십니다.

본문 10절에 "두려워 말라 내가 너와 함께 함이라 놀라지 말라 나는 네 하나님이 됨이니라. 내가 너를 굳세게 하리라 참으로 너를 도와주리라. 참으로 나의 의로운 오른손으로 너를 붙들리라"라고 하였습니다. 여기에 "내가 너를 굳세게 하리라", 그리고 "나의 의로운 오른손으로 너를 붙들리라"라고 하심은 하나님의 권능을 뜻하는 말씀입니다. 우리가 두려워하지 말며 놀라지 말아야 할 이유가 여기에 있습니다. 이는 권능의 하나님께서 함께 계시고 그 하나님의 능하신 오른손이 붙들어 주시기 때문입니다. 풍랑에 두려워하는 제자들에게 오신 예수님은 "안심하라 내니 두려워 말라"(마14:27)라고 하셨습니다. 사실 인간이란 참으로 연약한 존재들입니다. 그래서 하나님은 14절에서 "지렁이 같은 너 야곱아"라고 하셨던 것입니다. 여기에 "지렁이"란 '톨라아트'는 무력하고 무가치한 존재로서의 이스라엘을 의미하는 말입니다. 이스라엘의 하나님 곧 우리의 하나님은 권능의 하나님이십니다. "나는 네 하나님이 됨이니라." 그 하나님은

3. 승리의 하나님이십니다.

본문 11-12절에서 "보라 네게 노하던 자들이 수치와 욕을 당할 것이요, 너와 다투던 자들이 아무 것도 아닌 것 같이 될 것이며, 멸망할 것이라. 네

가 찾아도 너와 싸우던 자들을 만나지 못할 것이요, 너를 치는 자들은 아무 것도 아닌 것 같이 허무한 것 같이 되리라."라고 하였고, 15절에서 "보라 내가 너로 이가 날카로운 새 타작 기계를 삼으리니 네가 산들을 쳐서 부스러기를 만들 것이며 작은 산들로 겨 같게 할 것이라"라고 하였습니다. 이는 바벨론에서의 해방을 예표로 보여 준바 옛 뱀인 사탄의 머리를 깬 그리스도의 십자가 승리요, 교회와 모든 신자들의 승리입니다. 그러므로 본문 16절에서 "너는 여호와로 인하여 즐거워하겠고, 이스라엘의 거룩한 자로 인하여 자랑하리라"라고 승리의 잔을 들고 승리케 하신 그 하나님께 감사와 찬양으로 영광을 돌리는 것입니다.

사랑하는 성도 여러분!

여호와 하나님께서 우리들에게 "나의 종 너 이스라엘아, 나의 택한 야곱아, 나의 벗 아브라함의 자손아"라고 하시며 "나는 네 하나님이 됨이니라."라고 하셨습니다. 바로 그 하나님은 사랑과 권능과 승리의 하나님이십니다. 그가 의로운 오른손으로 우리를 붙드시고 저 천국까지 견인해 가실 것입니다. "나는 네 하나님이 됨이니라."라고 하신 바로 그 말씀이 육체를 입고 이 땅에 오셨고, 십자가에 죽으시고 부활 승천하심으로 우리 모든 성도들에게 구원의 잔인 승리와 천국기업을 안겨 주신 것입니다. 이제 불원장래 다시 오실 예수 그리스도를 사모하고 기다리면서 "나는 네 하나님이 됨이니라."라고 하신 우리 하나님과 동행하는 경건한 삶으로 오직 하나님께 영광을 돌리는 복된 삶이 되시기를 축원합니다. 아멘.

내가 너희에게 전한 복음

《고린도전서 15:1-11》

사람의 죽음은 피할 수 없는 인생의 공도입니다. 대체로 사람들은 죽음으로써 인생은 끝이라고 생각합니다. 그래서 사람들은 '어떻게 죽은 자가 다시 살아날 수 있겠는가? 그럴 수 없다.'라고 단정합니다. 고린도교회 교인들 가운데는 부활을 믿지 못하는 자들이 있었기 때문에 사도 바울은 본문 3-4절에서 "내가 받은 것을 먼저 너희에게 전하였노니 이는 성경대로 그리스도께서 우리 죄를 위하여 죽으시고 장사 지낸바 되었다가 성경대로 사흘 만에 다시 살아나사."라고, 그가 그리스도께 받아 전한 복음의 절대적 권위성을 "성경대로"라는 말씀으로 일깨워 주었습니다. "내가 너희에게 전한 복음" 이는, 그 복음이

1. 그리스도의 대속적인 죽음이었습니다.

본문 3절에 "내가 받은 것을 먼저 너희에게 전하였노니 이는 성경대로 그리스도께서 우리 죄를 위하여 죽으시고"라고 하였습니다. 이는 사도 바울이 전한 이 복음의 핵심이 "우리 죄를 위하여 죽으시고"라는 그리스도의 대속적인 죽음이었다는 것입니다. "성경대로"라고 하심은 구약의 모든 선진들과 선지자들의 예언을 기록한 하나님의 말씀을 말합니다. 이사야는 "그가 찔림은 우리의 허물을 인함이요 그가 상함은 우리의 죄악을 인함이라 그가 징계를 받음으로 우리가 평화를 누리고 그가 채찍에 맞음으로 우리가 나음을 입었도다. 우리는 다 양 같아서 각기 제 길로 갔거늘 여호와께서는 우리 무리의 죄악을 그에게 담당시키셨도다."(사53:5-6)라고 하였습

니다. 성경대로의 대속적인 그리스도의 십자가 수난은 그야말로 저주와 비극과 고통의 극치였습니다. 바로 그의 죽음이 "우리 죄를 위하여 죽으시고"라는 대속적인 죽음이었다는 것입니다. "내가 너희에게 전한 복음"이는, 그 복음이

2. 그리스도 생명의 부활이었습니다.

본문 4절에 "장사 지낸 바 되었다가 성경대로 사흘 만에 다시 살아나사"라고 하였습니다. 우리 주 예수 그리스도, 그는 분명히 성경대로 십자가에 달려 속죄의 피를 흘려 죽으셨고, 그리고 성경대로 사흘 만에 다시 살아나셨습니다. 이것이 복음의 핵심적 내용이었습니다. 고린도교회 교인 중에는 예수님의 부활을 영적인 부활로만 생각했던 사람들이 있었습니다. 사도 바울은 주님의 부활에 대해 다음 두 가지로 밝혀주고 있습니다. 그리스도의 부활이

첫째, 역사적 사실이었다는 것입니다.

본문 5-8절에서 사도 바울은 다시 사신 주께서 "게바에게 보이시고 그 후에 열두 제자에게와 그 후에 오백여 형제에게 일시에 보이셨나니…그 후에 야고보에게 보이셨으며 그 후에 모든 사도에게와 맨 나중에 만삭되지 못하여 난 자 같은 내게도 보이셨느니라."라고, 그리스도의 부활이 역사적인 사실임을 증거하였습니다. 또한 부활하신 우리 주님은 40일 동안 세상에 계시면서 여인들과 제자들에게 나타나 보이셨고, 박해자 사도바울에게까지 나타나시어 보이셨던 것입니다. 이 사실을 믿지 아니하는 자들의 '시체 도적설', '환상설', '사상적 부활' 등은 모두가 간교한 사탄의 미혹을 받은 이단자들의 소리들임에 의심할 여지가 없습니다.

둘째, 육체적 부활이었다는 것입니다.

사도바울은 본장 50-53절에서 혈과 육, 그리고 썩은 것은 하나님 나라를 유업으로 받지 못한다고 하였으며, "마지막 나팔에 순식간에 홀연히 다 변화하리니 나팔소리가 나매 죽은 자들이 썩지 아니할 것으로 다시 살고 우리도 변화하리라"라고 함으로 부활의 첫 열매가 되신 예수 그리스도의 부활이 영광의 몸으로 다시 사신 육체적 부활임을 밝혀주었습니다. 이를 의심했던 도마에게 "네 손가락을 이리 내밀어 내 손을 보고 네 손을 내밀어 내 옆구리에 넣어 보라 그리고 믿음 없는 자가 되지 말고 믿는 자가 되라"(요20:27)라고 말씀하셨습니다. 사도바울은 마지막 날, 그리스도의 육체적인 부활처럼 성도들도 그렇게 부활할 것에 대해 "그가 만물을 자기에게 복종케 하실 수 있는 자의 역사로 우리의 낮은 몸을 자기 영광의 몸의 형체와 같이 변케 하시리라"(빌3:21) 하였습니다.

사랑하는 성도 여러분!

사도바울이 "내가 너희에게 전한 복음"의 핵심은 그리스도의 대속적인 십자가의 죽음과 부활이었습니다. 예수께서는 "나는 부활이요 생명이니"(요11:25)라고 하셨습니다. 이렇게 주님의 죽음과 부활을 전한 사도바울은 58절에서 "그러므로 내 사랑하는 형제들아 견고하여 흔들리지 말며 항상 주의 일에 더욱 힘쓰는 자들이 되라 이는 너희 수고가 주 안에서 헛되지 않은 줄을 앎이니라."라고 하였습니다. 우리 모두는 주님의 십자가와 부활신앙에 견고히 서야 합니다. 그리고 주님께서 맡겨주신 복음전파와 교회봉사 일에 최선을 다 하여야 할 것입니다. 오직 그리스도의 십자가와 부활 신앙으로 하나님께 영광을 돌리는 삶이 되시기를 축원합니다. 아멘.

네가 어디 있느냐

《창세기 3:6-21》

창세기 3장은 첫 사람인 아담과 하와가 사탄인 뱀의 유혹에 빠져 하나님 절대금기의 선악과를 먹음으로 시작된 인류 죄의 기원과 타락을 보여줍니다. 또한 그 결과 하나님의 진노로 인한 공범들에게 주어진 각자의 형벌을 짊어지고 에덴에서 축출 당하는, 실낙원의 뼈아픈 비극의 역사를 기록해 주고 있습니다. 이렇게 불순종함으로 하나님의 낯을 피하여 동산 나무 사이에 숨었던 아담을 찾아오셔서 하나님은 "네가 어디 있느냐"라고 말씀하셨습니다. 오늘 이 시간, 우리는 하나님께서 불순종하여 숨어 있는 아담에게 "네가 어디 있느냐"라고 하신 말씀을 통해 함께 은혜받기를 원합니다. "네가 어디 있느냐" 이는 죄인을 찾아오신

1. 하나님 사랑의 음성입니다.

본문 7-8절에 "이에 그들의 눈이 밝아 자기들의 몸이 벗은 줄을 알고 무화과나무 잎을 엮어 치마를 하였더라. 그들이 날이 서늘할 때에 동산에 거니시는 여호와 하나님의 음성을 듣고 아담과 그 아내가 여호와 하나님의 낯을 피하여 동산 나무 사이에 숨은지라"라고 하였습니다. 바로 이들에게 본문 9절에서 "여호와 하나님이 아담을 부르시며 그에게 이르시되 네가 어디 있느냐"라고 하셨던 것입니다. 이는 죄인을 찾아 오셔서 부르신 하나님 사랑의 음성입니다. 사도 요한은 "하나님은 사랑이심이라"(요일4:8)라고 하였습니다. 그리고 10절에서 "사랑은 여기 있나니 우리가 하나님을 사랑한 것이 아니요 하나님이 우리를 사랑하사 우리 죄를 위하여 화목제로 그

아들을 보내셨음이니라"라고 하였습니다. 사도 바울은 "하나님이 우리를 사랑하신 그 큰 사랑"(엡2:4)이라고 했습니다. "네가 어디 있느냐" 이는 죄인을 향한

2. 하나님 질책의 음성입니다.

본문에 9절에 "아담을 부르시며 그에게 이르시되 네가 어디에 있느냐"라고 하셨습니다. 하나님께서 그가 어디에 있는지 몰라서 물으신 것이 아닙니다. 여기에서 우리는 죄에 대해서 방관치 아니하시는 하나님 공의의 질책하심을 봅니다. 본문 10절에 아담은 "네가 어디 있느냐"라고 물으시는 하나님께 "내가 벗었으므로 두려워서 숨었나이다."라고 변명합니다. 이에 하나님은 11절에서 "누가 너의 벗었음을 네게 고하였느냐 내가 너더러 먹지 말라 명한 그 나무 실과를 네가 먹었느냐"라고 질책하셨던 것입니다.

또한 그들 각자 행위대로의 징벌이 주어졌음을 본문 14-19절에서 말씀해 주고 있습니다. 지금도 그 하나님은 우리들의 어그러진 삶의 현장에 찾아 오셔서 "네가 어디에 있느냐"라고 질책하고 계십니다. 이렇게 하나님의 질책하시는 음성을 들을 때마다 "오늘날 너희가 그의 음성을 듣거든 노하심을 격동할 때와 같이 너희 마음을 강퍅케 하지 말라"(히3:15)라고 하신 말씀을 명심해야 합니다. "네가 어디에 있느냐" 이는 죄인을 향한

3. 하나님 구속은총의 음성입니다.

본문 15절에서 "내가 너로 여자와 원수가 되게 하고 너의 후손도 여자의 후손과 원수가 되게 하리니 여자의 후손은 네 머리를 상하게 할 것이요 너는 그의 발꿈치를 상하게 할 것이니라"라고 하였습니다. 이는 옛 뱀, 곧 사탄의 머리를 여자의 후손으로 오실 예수 그리스도께서 그의 십자가로 상하

게 하실 구속사 완성을 예고하심입니다. 그리고 하나님은 그들에게 본문 21절에서 구속은총의 "가죽 옷"을 지어 입히셨던 것입니다. 오직 하나님께서 짐승의 가죽으로 지어 입히신바 예수 그리스도의 속죄은총의 그 옷만이 구원을 주는 것입니다. 오늘도 우리 하나님은 그의 가죽 옷을 준비하시고 죄인들을 찾아오셔서 "네가 어디에 있느냐"라고 질책하시며 구속은총의 가죽 옷을 입혀 주시려고 합니다. 이것이 바로 그리스도의 복음운동, 곧 교회운동입니다.

사랑하는 성도 여러분!

하나님은 우리를 사랑하십니다. 바로 그 크신 사랑이 죄와 허물로 죽은 우리를 그리스도의 구속은총으로 구원을 얻게 하신 것입니다. 지금도 예수 그리스도로 옷 입은 우리들이 때때로 방황할 때 그 현장에 찾아오셔서 "네가 어디에 있느냐"라고 질책하십니다. 이 음성 앞에 우리의 마음을 강퍅케 하지 말고 겸손한 마음으로 받아들여야 합니다. 이는 겸손한 자에게 하나님께서 은혜를 주시기 때문입니다. 그리고 하나님께서 원하시는 말씀대로 정도의 길을 걸어가야 할 합니다. 그리하면 아브라함의 하나님은 오늘 우리들에게 "내가 반드시 너를 복주고 복 주며 너를 번성케 하고 번성케 하리라"(히6:14)라는 말씀으로 축복해 주실 것입니다. 그 크신 사랑의 은총으로 구원의 옷을 입혀 주신 우리 하나님께 영광을 돌리며 헌신하는 우리 모두가 되시기를 축원합니다. 아멘.

말씀에 의지하여

《누가복음 5:1-11》

본문은 예수님께서 갈릴리 해변에 모인 무리들에게 천국복음을 전파하신 후 최초로 그의 제자들을 부르신 장면을 기록해 주고 있습니다. 예수님은 밤이 맞도록 고기를 잡으려 했지만 얻은 것이 없어 그늘 진 마음으로 그물을 씻고 있는 시몬 베드로에게 오셔서 그의 배를 육지에서 조금 띄우기를 청하여 앉으시고 무리들에게 계속 말씀을 전파하셨습니다. 말씀을 다 마치신 후, 시몬 베드로에게 "깊은 데로 가서 그물을 내려 고기를 잡으라."라고 명하셨습니다. 이에 베드로는 주의 "말씀에 의지하여" 그물을 내리겠다고 하여 놀라운 기적을 체험하게 되었고 예수님의 제자가 되었던 것입니다. "말씀에 의지하여" 이는

1. 오직 말씀 중심의 믿음입니다.

본문 4절에서 예수님은 시몬 베드로에게 "깊은 데로 가서 그물을 내려 고기를 잡으라."라고 명하셨습니다. 이에 시몬은 5절에 "선생이여 우리들이 밤이 맞도록 수고하였으되 얻은 것이 없지마는 말씀에 의지하여 내가 그물을 내리리이다."라고 말하였습니다. 이는 시몬 베드로의 말씀 중심의 확고한 믿음을 보여 주고 있습니다. 시몬 베드로는 자기의 배에 앉으셔서 계속하여 말씀을 가르치시는 예수님의 말씀을 경청하였습니다. 사도 바울은 "너희가 그 은혜를 인하여 믿음으로 말미암아 구원을 얻었나니 이것이 너희에게서 난 것이 아니요 하나님의 선물이라"(엡2:8)하였고, "믿음은 들음에서 나며 들음은 그리스도의 말씀으로 말미암았느니라."(롬10:17)라고

하였습니다. 그리스도의 말씀을 통하지 않고는 하나님의 선물인 믿음을 소유할 수 없습니다. 오직 말씀중심의 믿음만이 참 된 믿음이요 복된 믿음인 것입니다. 말씀을 떠난 신앙은 잘못된 신앙입니다. 그래서 루터나 칼빈을 비롯한 모든 개혁자들은 '오직 성경', '오직 믿음'을 주장하였던 것입니다. "말씀에 의지하여" 이는

2. 말씀 절대의존의 순종입니다.

본문 4절에 "깊은 데로 가서 그물을 내려 고기를 잡으라."라고 명하신 예수님의 말씀에 따라 시몬은 본문 6절에 "그리한즉"이라고 하여 깊은 데로 가서 그물을 내렸습니다. 이는 시몬 베드로에게 있었던 말씀 절대의존의 믿음에 의한 순종이었습니다. 믿음은 곧 순종하는 행위로 그 믿음의 정도를 나타냅니다. 아브라함, 그는 믿음의 조상이었습니다. 그는 하나님의 말씀에 절대 순종한 사람으로 그 본을 보여 주었습니다. 하나님은 아브람에게 "너는 너의 본토 친척 아비 집을 떠나 내가 네게 지시할 땅으로 가라"(창12:1)라고 명하셨고, 이에 4절에 "여호와의 말씀을 좇아 갔고"라고 하였습니다. 또한 그의 결정적인 순종은 "네 아들 네 사랑하는 독자 이삭을 데리고 모리아 땅으로 가서 내가 네게 지시하는 한 산 거기서 그를 번제로 드리라"(창22:2)라고 명하실 때, 3절에 "하나님의 자기에게 지시하시는 곳으로 가더니"라고 하였고, 10절에 "손을 내밀어 칼을 잡고 그 아들을 잡으려 하더니"라고 하였습니다. "말씀에 의지하여" 이는

3. 역동적인 말씀 역사의 축복입니다.

본문 6-7절에 "그리한즉 고기를 에운 것이 심히 많아 그물이 찢어지는지라. 이에 다른 배에 있는 동무를 손짓하여 와서 도와 달라 하니 저희가 와

서 두 배에 채우매 잠기게 되었더라."하였습니다. 참으로 신기하고 놀라운 축복이었습니다. 바로 이 때, 시몬 베드로가 주께 받은 축복이 세 가지가 있습니다. 첫째는 물질의 축복이었습니다. 그물이 찢어질 정도로 가득 에우고 또한 두 배가 잠기게 될 정도로 채워주셨던 축복입니다. 둘째, 회심의 축복이었습니다. 8절에 "예수의 무릎 아래 엎드려 가로되 주여 나를 떠나소서. 나는 죄인이로소이다"라고 하나님 앞에 자신이 죄인 됨을 고백함입니다. 셋째, 사명의 축복이었습니다. 본문 10절에 "무서워 말라 이제 후로는 네가 사람을 취하리라"라는 사명을 받은 것입니다. 이에 11절에 "저희가 배들을 육지에 대고 모든 것을 버려두고 예수를 좇으니라."라고 하였습니다. 결국 예수님이 주신 이 영광스러운 사명 앞에 그는 그 많은 고기도 그물과 배도 다 버리고 예수님을 좇은 수제자가 되었던 것입니다.

사랑하는 성도 여러분!

시몬 베드로의 고백인 "말씀에 의지하여"라는 말씀중심의 믿음과 말씀 절대의존의 순종, 하나님의 기적적인 축복으로 풍성한 우리의 삶이 되었으면 합니다. 그가 받았던 물질의 축복도 그러하지만 하나님 앞에서 자신의 죄를 자복하는 통회의 축복, 무엇보다 가장 귀한 사명, 그 어떤 것과도 비교될 수 없는 예수님의 제자가 되었던 그 축복이 오늘 우리 모두의 축복이 되었으면 합니다. 오직 말씀에 의지하여 순종하였던 사도 베드로와 같이 받은 사명에 죽도록 충성하는 주님의 신실한 제자가 되시기를 축원합니다. 아멘.

메네 메네 데겔 우바르신

《다니엘 5:22-31》

주전 625년 경 느브갓네살에 의해 건설된 신바벨론 제국이 주전 539년 페르시아 왕 고레스에 의해 함락되기까지 큰 신상(단2:31-32)의 정금머리인 바벨론 제국의 마지막을 장식한 왕이 본문에 나오는 벨사살 왕입니다. 그가 귀인 1천명과 함께 잔치를 배설하고 그 흥에 만취해 있을 때, 왕궁 촛대 맞은 편 분벽에 사람의 손가락이 나타나서 글을 쓰고 있는 것을 보고 기겁을 합니다. 그 손가락의 글이 바로 "메네 메네 데겔 우바르신" 입니다. 이는 다니엘이 해석한바 '세어 보고 세어 보고 저울로 달아보니 부족하여 나눈다.' 라는 말입니다. 바로 그날 밤, 벨사살은 죽게 되었고, 그 나라는 페르시아 제국에게 망하게 되었던 것입니다. "메네 메네 데겔 우바르신" 이는 하나님의

1. 공의심판의 역사적 벽보입니다.

본문 25절에 "기록한 글자는 이것이니 곧 메네 메네 데겔 우바르신이라" 라고 하였습니다. 이는 그 당시 영적, 도덕적으로 극도로 부패 타락했던 벨사살과 그 나라에 대한 하나님 공의의 심판선언이었습니다. 바로 그 당시의 죄상은 22-23절에 밝혀 주신대로 인간 교만의 죄, 하나님에 대한 신성모독과 우상숭배의 죄였으며, 향락도취의 죄였고, 하나님께 영광을 돌리지 아니한 죄였습니다. 그 결과 본문 30-31절에 "그 날 밤에 갈대아 왕 벨사살이 죽음을 당하였고, 메데 사람 다리오가 나라를 얻었는데" 라고 하신바 그의 죽음과 나라의 패망이었음을 기록해 주고 있습니다. "메네 메네 데겔 우

바르신" 이는 하나님의

2. 절대주권적 공의통치의 역사입니다.

"메네 메네 데겔 우바르신"이라는 하나님의 심판선언은 그 당시 벨사살 왕, 그와 제국의 종말로 끝난 것이 아닙니다. 계속해서 이 불신 세상에 대한 하나님의 절대주권적인 통치는 신바벨론 제국에 이어 페르시아, 그리고 희랍과 로마제국으로 이어졌음이 그러합니다. 21절에 "지극히 높으신 하나님이 인간 나라를 다스리시며"라고 하신 말씀이 이를 말해 줍니다. 이제 하나님의 이 절대주권적인 통치가 장차 오실 예수 그리스도의 재림의 날에 악한 세상에 대한 공의의 최종심판으로 끝날 것입니다. 그 날까지 "메네 메네 데겔 우바르신"라는 하나님의 절대주권적 공의의 통치는 이어질 것이고 극렬한 불심판으로 끝나고야 말 것입니다. 주전 450년 경, 말라기 선지자는 "보라 극렬한 풀무 불같은 날이 이르리니 교만한 자와 악을 행하는 자는 다 초개같을 것이라 그 이르는 날이 그들을 살라 그 뿌리와 가지를 남기지 아니할 것이로되"(말4:1)라고 하였고, 세례 요한은 "이미 도끼가 나무뿌리에 놓였으니 좋은 열매 맺지 아니하는 나무마다 찍어 불에 던지우리라."(마3:10)라고 외쳤던 것입니다. "메네 메네 데겔 우바르신" 이는 하나님의

3. 역사적 경계의 거울입니다.

오늘 본문 26절에 "메네 메네 데겔 우바르신"에 따른 그 결과의 비참한 역사가 바로 말세를 만난 성도 모두에게 경계의 거울이 되게 하셨습니다. "메네 메네 데겔 우바르신"이라는 아람어 단어에서 "메네"는 '수' 곧 하나님의 계수하심을 뜻합니다. 하나님께서 "메네" 곧 '수'를 끝내는 그 순간 이 사람들에게는 죽음이요, 나라와 그 시대는 종말인 것입니다. 그 수의 끝

이 오기 전에 오직 주의 말씀과 성령의 충만으로 세월을 아껴야 할 것입니다. 또한 중요한 것은 "데겔" 곧 '무게' 입니다. "여호와는 지식의 하나님이시라 행동을 달아 보시느니라"(삼상2:3)라고 하셨습니다. 항상 그의 저울로 우리의 믿음과 헌신 봉사의 무게 그리고 기도의 무게가 달아보고 계신다는 사실입니다. 그리고 "바르신" 곧 "베레스"는 '조각' 입니다. 결코 성령의 하나 되게 하심을 사람이 조각내는 "베레스"의 불씨가 되어서는 안 된다는 사실을 역사적인 거울로 교훈해 주셨습니다.

사랑하는 성도 여러분!

오늘, 우리는 벨사살 왕궁 촛대 맞은 편 분벽에 사람의 손가락이 나타나 "메네 메네 데겔 우바르신" 이라고 쓴 하나님 역사의 벽보를 보았습니다. 이는 분명 심판주가 되신 그리스도의 손이었음이 분명합니다. 우리가 하나님께 찬양해야 할 것은 바로 "메네 메네 데겔 우바르신" 이라는 죄에 대한 무서운 심판을 그리스도께서 십자가에서 다 담당해 주셨다는 사실 때문입니다. 그러므로 하나님께서 정하시고 끝내실 "메네" 곧 '수' 인 그 세월들을 아끼며, 오직 믿음과 선행의 삶으로 저주의 무게인 "데겔" 이 아닌 축복된 삶으로 주님을 기쁘시게 해야 합니다. 또한 그리스도의 피로 사신 하나님의 교회 안에서 "베레스" 즉 분열이 아닌 그리스도의 십자가 중심의 화평케 하는 자로서 아름답게 살아야 할 것입니다. 모든 역사를 공의와 사랑으로 지배하시는 절대주권자이신 그 하나님 앞에서 우리의 삶이 오직 그에게만 영광이 되시기를 축원합니다. 아멘.

보시기에 심히 좋았더라

《창세기 1:31》

창세기는 천지창조로 시작하여 인간과 가정, 죄와 민족, 언어 등의 시작을 기록한 기원의 책입니다. 기원에 대한 기록을 남겨 준 책은 오직 하나님의 말씀인 성경 밖에는 없습니다. 오래 전 기원에 대해 인간들은 궁금해 하지만 모르기 때문에 온갖 신화들을 각 민족과 나라들마다 가지고 있습니다. 이 같은 신화를 가르치고 신봉하는 대표적인 나라가 그리스이며 우리나라 또한 단군신화가 그 뿌리 깊게 자리 잡고 있는 것입니다.

그러므로 창세기 1장 1절 "태초에 하나님이 천지를 창조하시니라"라는 말씀은 대단히 중요합니다. 엘로힘 하나님은 엿새 동안 만물을 창조하실 때마다 "보시기에 좋았더라."라고 일곱 번이나 말씀하셨고, 본문 31절은 여섯째 날 인간을 만드신 후 모든 피조세계를 돌아보시며 "그 지으신 모든 것을 보시니 보시기에 심히 좋았더라."라고 스스로 찬탄하셨습니다. "보시기에 심히 좋았더라." 이는 하나님 자신의

1. 탁월하신 진(眞)의 찬탄입니다.

"보시기에 심히 좋았더라."라고 하신 "좋았더라"의 '토브'는 '완벽하다'(perfect)를 뜻하는 말입니다. 이는 '완전한, 결함이 없는, 더할 나위 없는' 하나님의 절대적 속성인 완전성과 관계된 말이기도 합니다. 하나님의 완벽하심은 그의 탁월하신 진(眞)에 있음을 첫 번째 창조인 빛의 특성에서 보여 줍니다. 오직 참 빛은 이 흑암의 세상에 오신 예수 그리스도 밖에 없습니다. 예수님은 자신을 가리켜 "내가 곧 길이요 진리요 생명이니"(요

14:6)라고 하셨습니다. 어찌 하나님의 이 완벽하신 창조에 다윈의 진화론이 용납이 되겠습니까? 하나님은 특히 하나님의 형상으로 지음 받은 인간을 만물의 영장인 탁월한 존재로서 진의 사람, 빛의 사람으로 창조하셨습니다. 그래서 하나님께서는 "그 지은신 모든 것을 보시니 보시기에 심히 좋았더라."라고 스스로 찬탄하셨던 것입니다. "보시기에 심히 좋았더라" 이는 하나님 자신의

2. 온전하신 선(善)의 찬탄입니다.

본문 31절에 "하나님이 그 지으신 모든 것을 보시니 보시기에 심히 좋았더라"라고 하셨음은 첫째 날 빛의 창조로부터 마지막 여섯째 날 인간 창조까지 모든 창조에 있어 완벽하신 결과에 대한 하나님 자신의 만족을 표현하신 말씀입니다. "보시기에 심히 좋았더라"에서 "좋았더라"라는 히브리어 '토브'는 '좋다'(good) 곧 '선하다'라는 뜻의 말입니다. 이유는 모든 만물이 선하신 하나님의 뜻대로 창조되었기 때문입니다. 하나님은 선하십니다. 특히 하나님의 형상대로 창조된 인간 창조야말로 그의 선하심의 극치였기에 "보시기에 심히 좋았더라"라고 스스로 찬탄하셨던 것입니다.

본문에서 "심히"라는 히브리어 '메오드'는 '많다', '풍부하다', '크다', '심하다'라는 말로, 창조된 모든 피조물들이 양과 질에 있어 더할 나위 없는 흡족한 상태를 나타낸 말입니다. 거듭난 우리 모든 성도들의 마음과 신앙과 행실, 삶 전체를 보시며 'very good' 하시면 얼마나 좋겠는가 생각해 봅니다. "보시기에 심히 좋았더라." 이는 하나님 자신의

3. 심오하신 미(美)의 찬탄이십니다.

본문에서 "보시기에 심히 좋았더라."라는 말씀에서 '토브'는 '아름답

다' (beautiful)라는 뜻의 말입니다. 천지 만물의 그 형태와 완벽한 조화 그리고 조금의 오차도 없는 질서, 이 모든 것이 아름다움의 극치를 이루고 있기에 그 심오하신 미(美)에 대해 하나님은 "그 지으신 모든 것을 보시니 보시기에 심히 좋았더라"라고 찬탄하셨던 것입니다.

하나님은 천지만물을 아름답게 만드셨습니다. 세계를 여행하다보면 자연의 절경을 보게 됩니다. 아담 범죄 후 탄식하는 자연도 이렇게 아름답다고 한다면 범죄 이전의 에덴의 그 아름다움은 상상을 초월한 미였을 것입니다. 특히 하나님의 형상대로 지음받은 아담과 하와의 미는 대단하였을 것입니다. 사도 바울은 "너희가 전에는 어두움이더니 이제는 주 안에서 빛이라 빛의 자녀들처럼 행하라 빛의 열매는 모든 착함과 의로움과 진실함에 있느니라"(엡5:8-9)라고 하였습니다.

빛의 일곱 색깔 무지개가 그렇게 아름답듯이 중생 받은 사람 내면의 착함과 의로움과 진실함의 색깔은 더더욱 아름다울 것입니다. 바로 거듭난 사람들에게서 나타나는 성화의 모습이 그러합니다. 하나님께서 성도들의 마음과 믿음과 빛으로서의 행실과 거룩한 삶을 보시고 'beautiful' 하실 것이기에 이것이 참된 행복이라고 봅니다.

사랑하는 성도 여러분!

어떤 사람이 과연 진정한 성공자이며 행복자이겠습니까? 이는 하나님께서 "보시기에 심히 좋았더라."라는 인정과 감탄과 칭찬을 받는 자일 것입니다. 결코 정욕으로 썩어질 권력이나 부나 명예 세상적인 그 어떤 것을 소유했다고 해서 성공했고 행복한 것은 아닙니다. 그 모든 것들은 "풀의 꽃과 같이 지나감이라"(약1:10)일 뿐이며 결국 솔로몬의 고백대로 "헛되고 헛되며 헛되고 헛되니 모든 것이 헛되도다."(전1:2)입니다. 바로 그것에 인생의 목적을 두고 살지 말아야 합니다. 목사의 목회도, 성도들의 영적 삶도 하나님께서 보시기에 좋았더라가 되어야 그것이 바로 참된 성공이요 행복인 것입니다. 하나님께서 "보시기에 심히 좋았더라"라는 탁월하신 진(眞), 온전하신 선(善)과 심오하신 미(美)를 좇아 오직 경건함으로 점도 흠도 없는 참빛으로 이 땅에 오신 우리 주 예수 그리스도를 닮아가는 우리들 자신과 가정, 그리고 성령님의 충만하신 역사가 함께 하는 우리 교회가 되시기를 축원합니다. 아멘.

성벽이 무너져 내린지라

《여호수아 5:13-6:21》

전능하신 하나님의 요단강 도하작전에 오직 믿음과 순종으로 그 기적을 체험하였던 여호수아는 이제 두 번째로 여리고성 함락작전의 메시지를 하나님께 받습니다. 바로 그 마지막 일곱 번째 날에 여호수아는 백성들에게 "외치라 여호와께서 너희에게 이 성을 주셨느니라"라고 하였고, 이에 제사장들이 나팔소리를 듣고 크게 소리를 질러 외치므로 여리고 성벽은 무너져 내렸던 것입니다. 요단강 도하와 본문의 여리고성 함락의 역사는 하나님의 절대주권적 역사에 의한 "성벽이 무너져 내린지라"였습니다. "성벽이 무너져 내린지라" 이는

1. 하나님의 승리입니다.

본문 20절에 "크게 소리 질러 외치니 성벽이 무너져 내린지라"라고 하였습니다. 이는 전능하신 하나님 자신의 승리, 곧 '여호와 닛시'(출17:15)였습니다. 바로 이 전투가 하나님께서 싸워주신 성전(聖戰), 곧 여호와의 군대 장관의 칼이 역사한 전투였습니다. 여리고 성벽을 무너져 내리게 한 이 전투는 여호와의 군대장관으로 현현하신 성자께서 십자가로 사탄의 머리를 깨시고, 부활 승천하신바 구속사 성취의 예시적인 성전(聖戰)이었음을 보여줍니다. 이는 장차 그리스도의 재림의 날, 그의 불 칼에 불신세상의 여리고 성벽은 무너지고야 말 것이니 전적 하나님의 승리입니다. "성벽이 무너져 내린지라" 이는

2. 여호수아의 승리입니다.

칼을 뺀 여호와의 군대장관은 여리고 성 전투의 지휘관으로 여호수아를 찾아와 소명하시며 "네 발에서 신을 벗으라. 네가 선 곳은 거룩하니라."라고 말씀하셨습니다. 이는 일찍이 출애굽의 지휘관으로 모세를 소명하실 때에 하신 말씀과 동일합니다(출3:5). 성벽이 무너져 내린 이 사건은 하나님께서 여호수아를 소명하셔서 그에게 승리를 안겨 주신 축복의 사건입니다. 하나님은 이 승리의 사건을 통해 본문 27절에서 여호수아의 명성이 그 온 땅에 퍼지도록 하셨습니다. 여호수아에게 주신 하나님의 권위와 영광이요, 명예요, 축복이었습니다. 이는 장차 그리스도께서 재림하실 최후의 날, 그의 종들에게 주실 영광의 면류관이 그러할 것입니다. 오직 예수 그리스도로 말미암은 신자 한 사람, 한 사람의 승리입니다. 반드시 믿음의 성도 앞에 여러 온갖 유형의 여리고 성은 무너지게 되어 있습니다. "성벽이 무너져 내린지라" 이는

3. 이스라엘, 곧 교회의 승리입니다.

본문 20-21절에 "이에 백성이 외치고 제사장들은 나팔을 불매, 백성이 나팔 소리를 듣는 동시에 크게 소리 질러 외치니 성벽이 무너져 내린지라 백성이 각각 앞으로 나아가 성에 들어가서 그 성을 취하고 성 중에 있는 것을 다 멸하되 남녀 노유와 우양과 나귀를 칼로 멸하니라."라고 하였습니다. 오직 여호와의 말씀을 붙잡고 믿음으로 하나가 되어 순종 헌신하였던 이스라엘 곧 교회에 주신 승리였습니다. 오순절, 사도들을 중심으로 성령 충만을 받은 신약교회의 모습이 그러했습니다. 하나님과 모세에 대한 불신, 원망과 불평으로 얼룩진 40년 여정의 광야교회와는 아주 다른 교회의 모습입니다. 결국 지구 종말의 날, 우리 주님의 불 칼에 불신 세상의 성벽이 무너

질 때, 공중에서 주님을 맞이할 지상의 교회가 그러합니다. 예수께서 "이것을 너희에게 이름은 너희로 내 안에서 평안을 누리게 하려 함이라 세상에서는 너희가 환란을 당하나 담대하라 내가 세상을 이기었노라"(요16:33)라고 하셨습니다. 아담 범죄 후 수많은 교회들이 긴 역사의 터널 속에서 큰 악의 도전을 받았지만 오직 말씀, 오직 은혜, 오직 믿음으로 싸워 승리하였음을 성경과 교회사에서 볼 수 있습니다. 교회는 반드시 승리합니다.

사랑하는 성도 여러분!

저 천국을 향한 우리 성도들, 그리고 교회의 여정은 범람한 요단강을 건너야 하는 여정이요, 여리고 성을 함락시켜야만 하는 여정입니다. 예수 그리스도의 좋은 군사로 성전(聖戰)을 치러야 하는 전투의 여정입니다. 이미 그리스도께서 십자가와 부활로 이겨내신 승리이지만 우리는 항상 악의 세력인 여리고와 맞서 싸워야 합니다. 바로 이 영전에 오직 말씀과 믿음과 순종과 헌신으로 우리는 하나가 되어야 합니다. 이것이 축복받은 교회의 모습입니다. 반드시 우리들 앞에 놓인 여러 형태의 여리고 성벽은 그리스도의 칼에 무너지고야 말 것입니다. 이유는 여호와의 군대 장관이신 예수 그리스도의 칼이 우리를 위하기 때문입니다. 여리고 성벽이 무너져 내린 승리의 축복을 통해 우리 하나님께 큰 영광이 되었으면 합니다. 하나님의 승리가 곧 목회자의 승리요, 우리 모두의 승리가 될 줄 믿습니다. 여호와의 군대장관인 그리스도의 칼에 "성벽이 무너져 내린지라"라는 하나님의 승리, 우리들 자신의 승리, 교회의 승리로 하나님께 찬양과 영광을 돌리시기를 축원합니다. 아멘.

수문 앞 광장에 모여

《느헤미야 8:1-12》

오늘 본문의 말씀은 유다의 종교력 6월 25일, 기적적인 성벽중건의 역사를 끝낸 유다 백성들이 각자의 처소로 돌아갔다가 닷새 후인 7월 1일에 수문 앞 광장에 모인 역사의 내용입니다. 사실 그들에게 있어 7월은 1일에 나팔절, 10일에는 대속죄일, 그리고 15일부터 한 주간은 초막절을 지키는바 하나님의 구속사적 의미를 담고 있는 중요한 달입니다. 바로 7월 1일 나팔절에 그 절기를 지키도록 하나님께서는 그들을 예루살렘 성전 동편에 위치한 수문 앞 광장에 모이도록 하셨던 것입니다. "수문 앞 광장에 모여" 이 광장은

1. 하나님 말씀의 광장이었습니다.

본문 1-3절에서 7월 1일에 수문 앞 광장에 모인 백성들이 제사장 에스라에게 모세의 율법책을 가져오기를 청하였고 이에 "제사장 에스라가 율법책을 가지고 남자 여자 무릇 알아들을 만한 회중 앞에 이르러 수문 앞 광장에서 새벽부터 오정까지 남자 여자 무릇 알아들을 만한 자의 앞에서 읽으매 뭇 백성이 그 율법책에 기울였는데"라고 하였습니다. 성벽중건의 역사를 마친 그들이 얼마나 하나님의 말씀을 사모하였는가를 보여줍니다. 그래서 그들은 모세의 율법책에 기록한 말씀을 새벽부터 정오까지 경청하였던 것입니다. 바로 이 광장이야말로 살아 역사하는 하나님 말씀(히4:12)운동의 광장이었던 것입니다. "수문 앞 광장에 모여" 이 광장은

2. 하나님 은혜의 광장이었습니다.

본문 5절에 "학사 에스라가 모든 백성 위에 서서 저희 목전에 책을 펴니 책을 펼 때에 모든 백성이 일어서니라"라 하였고, 6절에 "에스라가 광대하신 하나님 여호와를 송축하매 모든 백성이 손을 들고 아멘, 아멘 응답하고 몸을 굽혀 얼굴을 땅에 대고 여호와께 경배하였느니라."라고 하였습니다. 말씀을 통해 역사하시는 하나님 은혜의 반응을 보여 줍니다. 그 은혜는

첫째, 깨닫는 은혜였습니다.

7-8절에 "사람들이 다 그 처소에 섰는데 백성에게 율법을 깨닫게 하는데"라 하였고, "하나님의 율법책을 낭독하고 그 뜻을 해석하여 백성으로 그 낭독하는 것을 다 깨닫게 하매"라고 하였습니다.

둘째, 통회의 은혜였습니다.

9절에 "백성이 율법의 말씀을 듣고 다 우는지라"라고 하였습니다. 하나님의 은혜가 수문 앞 광장에서 말씀을 경청하는 그들에게 통회의 눈물을 흘리도록 하셨던 것입니다. 이는 일찍이 사무엘의 미스바 운동(삼상7:5-6)의 사건에서 나타났으며, 오순절 성령강림 후, 예루살렘 초대교회에서 나타났던 것입니다. 다윗은 "내가 탄식함으로 곤핍하며 밤마다 눈물로 내 침상을 띄우며 내 요를 적시나이다."(시6:6)라고 탄식하였고, "하나님의 구하시는 제사는 상한 심령이라. 하나님이여 상하고 통회하는 마음을 주께서 멸시치 아니하시리이다."(시51:17)라고 하였습니다. 요엘 선지자는 "너희는 옷을 찢지 말고 마음을 찢고 너희 하나님 여호와께로 돌아올지어다."(욜2:13)라고 하였습니다. 통회의 눈물은 은혜의 결정체입니다. "수문 앞 광장에 모여" 이 광장은

3. 성도 교제의 광장이었습니다.

본문 10절에 "느헤미야가 또 이르기를 너희는 가서 살진 것을 먹고 단것을 마시되 예비치 못한 자에게는 너희가 나누어 주라 이 날은 우리 주의 성일이니 근심하지 말라 여호와를 기뻐하는 것이 너희의 힘이라"라고 하였고, 12절에 "모든 백성이 곧 가서 먹고 마시며 나누어 주고 크게 즐거워하였으니 이는 그 읽어 드린 말을 밝히 앎이니라."라고 하였습니다. 이는 "저희가 다 성령의 충만함을 받고"(행2:4), "믿는 사람이 다 함께 있어 모든 물건을 서로 통용하고 또 재산과 소유를 팔아 각 사람의 필요에 따라 나눠주고 날마다 마음을 같이하여 성전에 모이기를 힘쓰고 집에서 떡을 떼며 기쁨과 순전한 마음으로 음식을 먹고"(행2:44-46)라고 하신 예루살렘교회와 같습니다. 그 하나님의 은혜가 성도의 교제로 무르익게 하였습니다.

사랑하는 성도 여러분!

"수문 앞 광장" 이는 오직 말씀운동의 광장이요, 그 말씀을 듣고 깨달아 통회한 눈물의 광장이었습니다. 또한 하나님의 크신 사랑과 은혜에 감격한 무리들이 하나님의 사랑을 함께 나눈 교제의 광장이었습니다. 하나님의 말씀이 살아 역사하고, 성령의 은혜가 충만함으로 성도의 교제로 기쁨이 넘쳤던 곳이 바로 수문 앞 광장의 교회입니다. 그 교회에 살아 역사하는 말씀이 있고, 각성과 통회와 감격의 눈물이 있으며, 성도의 교제가 있습니다. 외형적인 성벽중건도 중요하지만 보다 더 영적이며 내면적인 수문 앞 광장에서의 말씀과 은혜와 성도의 교제가 중요함을 일깨워줍니다. 우리도 수문 앞 광장의 주역들로 하나님께 큰 영광되시길 축원합니다. 아멘.

아사의 군대

《역대하 14:1-15》

우리 민족의 근대사에 있어 뼈아픈 역사가 있다면 36년 동안의 일제탄압과 아울러 6.25사변의 역사일 것입니다. 휴전협정까지의 만 3년 동안의 골육상잔의 역사는 결코 잊어서는 안 될 역사입니다. 아사가 유다의 왕이 된 후 본문 1절에 "그 시대에 그 땅이 십 년을 평안하니라."라고 하였습니다. 이는 2절에 아사가 "하나님 여호와 보시기에 선과 정의를 행하여"라고 하였음에 있습니다. 이러한 유다에 큰 폭풍이 몰아쳐 왔는데 이는 구스 사람 세라가 군사 1백만과 병거 300승의 대군을 거느리고 유다를 침공한 사건입니다. 이에 비해 아사의 군대는 큰 방패와 창을 잡은 자 30만과 활 당기는 자 28만뿐이었습니다. 그러나 결국은 아사 군대가 세라의 백만 대군을 기적적으로 물리치고 대승을 거두었던 것입니다. "아사의 군대" 이는

1. 믿음의 군대였습니다.

본문 2-5절에서 유다 왕 아사는 하나님 보시기에 선과 정의를 행하여 모든 이방 제단과 산당을 없애고 주상과 아세라 상을 찍어버렸다고 하였습니다. 그리고 오직 하나님의 계명만을 지켰습니다. 이에 하나님은 그의 치세 때 평안을 주셨고 견고한 성읍을 건축하게 하셨다고 6-7절에서 기록해 주고 있습니다. 이러한 아사와 그의 군대는 그 수가 열세였지만 신앙으로 뭉쳐진 군대였습니다. 하나님을 향한 투철한 신앙은 그 국가에 있어 구국의 첩경이며 아울러 개인이나 가정에 있어 행복의 길임을 보여 줍니다. 한국 초대 이승만 대통령이 군복제도를 창설 전군 신자화 운동을 펼쳤던 것이

바로 여기에 있었다고 봅니다. 어느 시대에 어떤 국가든지 하나님을 등진 정치, 경제, 사회 모든 것은 결코 평안할 수가 없습니다. 불안할 뿐입니다. 결국 그 불안이 망국의 불씨가 되어 역사 속에 묻혀 버린 사실들을 역사의 흔적에서 쉽게 찾을 수 있습니다. "아사의 군대" 이는

2. 기도의 군대였습니다.

본문 7절에서 아사 왕은 "우리가 우리 하나님 여호와를 찾았으므로 이 땅이 아직 우리 앞에 있나니"라고 했습니다. 하나님을 찾는다는 것은 곧 하나님께 대한 믿음과 기도를 뜻합니다. 국가의 위기 앞에 아사 왕은 본문 11절에서 "그 하나님께 부르짖어 가로되 여호와여 강한 자와 약한 자의 사이에는 주 밖에 도와 줄 이가 없사오니 우리 하나님 여호와여 우리를 도우소서. 우리가 주를 의지하오며 주의 이름을 의탁하옵고 이 많은 무리를 치려 왔나이다. 여호와여 주는 우리 하나님이시오니 원컨대 사람으로 주를 이기지 못하게 하옵소서."라고 기도 하였습니다. 기도는 위대한 능력입니다. 왜냐하면 능력의 하나님이 함께 하시고 또한 도와주시기 때문입니다. 결국 능력의 하나님은 아사의 기도를 들으시고 12절에 "여호와께서 구스 사람을 아사와 유대 사람 앞에서 쳐서 패하게 하시니 구스 사람이 도망하는지라."라는 대승의 축복을 아사와 그의 군대에게 안겨주셨던 것입니다. "아사의 군대" 이는

3. 큰 용사의 군대였습니다.

본문 8절에 "아사의 군대는 유다 중에서 큰 방패와 창을 잡은 자가 삼십 만이요…작은 방패를 잡으며 활을 당기는 자가 이십팔 만이라 다 큰 용사더라"라고 하였습니다. 이들 모든 용사들은 아사 왕과 같이 믿음과 기도로

무장되어 죽음도 불사하는 충성스러운 헌신의 용사들이었습니다. 그 어느 누가 이들을 당하겠으며 세라의 백만 대군인들 어찌 이를 당할 수 있었겠습니까? 천하무적의 여호와의 군대들이었습니다. 이는 바로 오직 믿음과 기도로 무장했던 기드온 삼백 명 용사와 죽음도 두려워하지 않고 자신들을 내던졌던 다윗의 용사들과 같은 큰 용사들이었습니다. 오늘날, 그리스도의 좋은 군사로 징집된 신자와 교회가 그러함을 분명하게 보여 줍니다. 불레셋의 거장 골리앗을 상대하였던 소년 다윗이 그러했습니다. 그의 말대로 전쟁은 하나님께 속한 것입니다. 여호와께서 아사의 군대와 싸워주셨기에 그 큰 용사들이 승리하였던 것입니다.

사랑하는 성도 여러분!

6월은 구국의 달입니다. 지금 우리나라는 반세기가 지나도록 남북이 분단되어 온 냉전의 상태에 있습니다. 또한 정치적, 경제적으로 매우 어려움을 겪고 있는 현실을 부정하지 못합니다. 이러한 때, 분명한 것은 우리 모든 신자와 교회들이 아사의 군대와 같이 구국의 보루라는 사실입니다. 오직 믿음으로 성읍들을 건축하고 기도로 성곽과 망대와 문과 빗장을 만들어야 합니다. 그러할 때 하나님은 형통하게 하시며 평안과 대적으로부터 승리하는 축복을 주시는 것입니다. 우리 하나님께서 아사의 군대에게 주셨던 평안과 승리의 축복이 우리의 가정과 기업, 그리고 한국교회에 있기를 주님의 이름으로 축원합니다. 아멘.

여호와의 말씀이 내가 이 물을 고쳤으니

《열왕기하 2:19-22》

주전 850년 경, 엘리야의 승천을 목격하면서 엘리야 보다 갑절의 영감을 받은 엘리사가 엘리야의 겉옷을 취하여 그것으로 요단강을 쳐 건넌 후, 여리고에 이르렀습니다. 그때 성읍 사람들이 "이 성읍의 터는 아름다우나 물이 좋지 못하므로 토산이 익지 못하고 떨어지나이다."라고 하자, 엘리사는 새 그릇에 소금을 담아 던짐으로 단물로 치유한 첫 번째 이적을 본문은 기록하고 있습니다. 엘리사는 새 그릇에 담겨진 소금을 물 근원에 던지며 "여호와의 말씀이 내가 이 물을 고쳤으니"라고 하였습니다. "여호와의 말씀이 내가 이 물을 고쳤으니" 이는

1. 하나님의 치유하심입니다.

본문 21절에 "여호와의 말씀이 내가 이 물을 고쳤으니"라고 하였습니다. 여기에 "내가…고쳤으니"라는 원어 '럽피티' 의 원형인 사역동사 '라파' 는 '치유하다' 라는 말로 물이 완전하게 치료되었음을 말합니다. 주전 1450년 경, 이스라엘 백성이 홍해를 건넌 후, 사흘 길에 만난 마라의 쓴물이 단물이 된 사건 가운데 "나는 너희를 치료하는 여호와임이니라"(출15:26)라고 하신 이적과 같습니다. 여기에 '라파' 라는 단어가 제일 처음 "아브라함이 하나님께 기도하매 하나님이 아비멜렉과 그 아내와 여종을 치료하사 생산케 하셨으니"(창20:17)에서 사용되었고, 구약성경에서 60회 이상 나옵니다. 엘리사를 통한 본문의 사건은 예수님의 처음 이적인 가나 혼인 잔치집에서 물이 변화하여 포도주가 되게 하신 예표론적 역사로 기독교가 바로

하나님의 치유인 구원의 구속사임을 보여 줍니다. "여호와의 말씀이 내가 이 물을 고쳤으니" 이는

2. 하나님 말씀의 치유입니다.

본문 21절에서 "엘리사가 물 근원으로 나아가서 소금을 그 가운데 던지며 가로되 여호와의 말씀이 내가 이 물을 고쳤으니 이로 좇아 다시는 죽음이나 토산이 익지 못하고 떨어짐이 없을지니라 하셨느니라."라고 하였습니다. 여기에서 중요한 것은 그 치유가 엘리사도 소금도 아니라는 사실입니다. 바로 "여호와의 말씀이"입니다. 그 말씀이 엘리사와 새 그릇의 소금을 통하여 죽음과 저주의 좋지 못한 물을 고쳤다는 것입니다. 이것이 바로 능하신 하나님 말씀의 능력, 곧 영혼을 구원하시는 복음의 능력입니다. 하나님의 말씀은 살아 역사하는 말씀(히4:12), 생명의 말씀(빌2:16), 구원의 말씀(행13:26)이기에, 그 말씀이 치유의 역사로 나타나는 것입니다. "여호와의 말씀이 내가 이 물을 고쳤으니" 이는

3. 믿음과 순종에 의한 치유입니다.

엘리사는 절박한 상황의 문제 앞에 하나님의 영감을 받았습니다. 새 그릇에 소금을 담아 그 소금을 물 근원에 던지라는 하나님의 영감을 그대로 믿었기 때문에 본문 20절에서 "새 그릇에 소금을 담아 내게로 가져오라"라고 하였고, 21절에서 "물 근원으로 나아가서 소금을 그 가운데 던지며"라고 하였던 것입니다. 한마디로 오직 믿고 순종입니다. 하나님의 치유인 '여호와 라파'는 언제 어디서든지 누구에게나 또 무슨 일에든지 하나님 절대 신뢰의 믿음과 순종을 통하여 나타나게 되어 있습니다. 예수님은 "할 수 있거든이 무슨 말이냐 믿는 자에게는 능치 못할 일이 없느니라."(막9:23)라고

말씀 하셨습니다. 시몬 베드로는 갈릴리 바다에서 "말씀에 의지하여 내가 그물을 내리리이다."(눅5:5)하였고, 이에 믿고 순종함으로 놀라운 기적을 체험했던 것입니다. 이것이 하나님의 기적을 불러오는 축복의 대원리입니다. 새 그릇에 담겨져 쓴물 근원에 던져진 소금은 바로 "말씀이 육신이 되어"(요1:14) 이 마라와 같이 쓴물 인 세상에 오신 그리스도의 십자가를 상징적으로 보여 줍니다. 하나님은 우리의 믿음과 순종을 보시고 역사하십니다. 그것이 '믿음대로의 법칙' 이며 "너희가 즐겨 순종하며 땅의 아름다운 소산을 먹을 것이요"(사1:19)라고 하신 '순종의 법칙' 입니다.

사랑하는 성도 여러분!

오늘 본문의 사건은 오직 예수 그리스도로 말미암은 영혼구원의 역사를 상징적으로 보여 준 여리고의 사건입니다. 마라의 쓴물을 단물로 만든 "한 나무"가 그리스도의 십자가를, 또한 모세가 든 놋뱀이 그리스도의 십자가를 상징하듯, 새 그릇에 담겨진 치유의 소금 또한 예수 그리스도를 상징합니다. "내가 이 물을 고쳤고"라는 치유, 곧 구원의 역사가 우리들 자신과 가정, 그리고 기업의 결실로 주어진 것입니다. 지금도 "여호와의 말씀이 내가 이 물을 고쳤으니"라고 하신 성령의 역사가 계속되고 있습니다. 이에 예수 그리스도께서는 "나를 믿는 자는 성경에 이름과 같이 그 배에서 생수의 강이 흘러나리라"(요7:38)라고 하셨습니다. 오직 예수생명 곧 '여호와 라파' 이신 하나님의 말씀중심, 그 온전한 믿음과 순종에 의한 치유의 역사가 항상 우리와 함께하시므로 오직 하나님께 영광을 돌리는 복된 삶이 되시기를 축원합니다. 아멘.

여호와의 율법은

《시편 19:7-11》

성군 다윗은 하나님께서 그에게 주신 영감을 통해 하나님의 피조세계인 자연 속에 나타난 하나님의 권능과 영광을 찬미함과 아울러 모세를 통하여 주신 율법 속에 나타난 하나님의 지혜와 자비를 찬송하고 있음이 본문의 내용입니다. 오늘 다윗이 하나님의 율법의 특성과 그 효능과 가치 그리고 율법수행에 따른 하나님의 축복에 대해 노래한 본문의 말씀을 통해 다윗 그가 체험한바 율법의 놀라운 효능에 대하여 생각함으로 함께 은혜 나누시기를 원합니다. "여호와의 율법은"

1. 영혼을 소성케 합니다.

본문 7절에 "여호와의 율법은 완전하여 영혼을 소성케 하고"라고 하였습니다. 이는 율법의 완전성과 그 효능에 있어 충족성을 나타내고 있는 말씀입니다. 여기에 "소성하다"라는 동사 '슈브'는 '회복하다'라는 말로, 구약성경에서 1,000회 이상 나옵니다. 바로 이 소성함은 하나님과의 관계회복으로 철저한 회개를 뿌리로 하고 있습니다. 회개는 곧 하나님과의 관계회복이기 때문입니다. 이것이 바로 사도 요한이 증거한 "네 영혼이 잘됨 같이"(요삼1:2)입니다. 인간 삶에 있어 그 영혼이 소성함을 받지 못한다면 그 삶 자체가 고통과 절망이요 결국, 죽음입니다. 먼저 영혼이 소성해야 합니다. "여호와의 율법은"

2. 지혜롭게 합니다.

계속해서 "여호와의 증거는 확실하여 우둔한 자로 지혜롭게 하며"라고 하였습니다. 여기에 "우둔한 자"라는 히브리어 '페티'는 단순하고 순진한 자를 뜻하는바 영적인 지각이 미숙한 어린 아이와 같은 자를 뜻합니다. 이같은 자들이 율법의 지혜를 배우지 아니하면 쉽게 시험에 들어 죄의 수렁에 빠지게 되지만 율법의 지혜를 잘 배우게 되면 아주 성숙한 지혜로운 자가 되는 것입니다. 지혜는 참으로 귀한 것입니다. 그 가치에 대해 솔로몬은 "지혜는 진주보다 귀하니 너의 사모하는 모든 것으로 이에 비교할 수 없도다."(잠3:15)라고 하였고, 욥 또한 "지혜의 값은 홍보석보다 귀하구나."(욥28:18)라고 하였습니다. 우둔한 자에게 있어 지혜는 절대필요의 것입니다. 이에 다윗은 "여호와의 증거는 확실하여 우둔한 자로 지혜롭게 하며"라고 하였던 것입니다. "여호와의 율법은"

3. 마음을 기쁘게 합니다.

본문 9절에 "여호와의 교훈은 정직하여 마음을 기쁘게 하고"라고 하였습니다. 여기에 "정직하다"라는 '아솨르'는 옳고 바름을 의미합니다. 사람이 하나님 앞에서 옳은 삶을 살아갈 때 그 마음에 기쁨이 넘치는 법입니다. 옳지 못한 삶에는 언제나 불안과 초조 등 정신적 공황에 시달리는 것입니다. 오직 여호와의 말씀만이 인생 삶에 참된 기쁨을 줍니다. 다윗은 이 기쁨에 대해 "주께서 내 마음에 두신 기쁨은 저희의 곡식과 새 포도주의 풍성할 때 보다 더하니이다. 내가 평안히 눕고 자기도 하리니 나를 안전히 거하게 하시는 이는 오직 여호와시니이다."(시4:7-8)라고 하였습니다. 하나님 말씀의 효능은 바로 인간 마음에 두신 충만한 기쁨이며 그 기쁨은 곧 행복한 삶속에 넘치는 활력소가 되는 것입니다. "여호와의 율법은"

4. 눈을 밝게 합니다.

계속해서 "여호와의 계명은 순결하여 눈을 밝게 하도다."라고 하였습니다. 다윗은 "여호와의 말씀은 순결함이여 흙 도가니에 일곱 번 단련한 은 같도다."(시12:6)라고 하였습니다. 여기에 "순결하여"라는 '바라'는 '빛나게 하다'라는 뜻입니다. 그 하나님의 말씀이 빛나므로 사람 영혼의 눈을 밝게 하는 것입니다. 바로 그 눈이 믿음의 눈, 영안입니다. 영안이 밝아야 믿음의 생활을 바로 할 수 있는 법입니다. "눈을 밝게 하도다."라는 이 말씀은 하나님의 계시를 이해하며 선과 악을 분별할 수 있는 영지의 능력을 뜻하기도 합니다. 성도는 영안이 밝아야 합니다. 곧 이 눈은 등불입니다. 솔로몬은 "대저 명령은 등불이요 법은 빛이요"(잠6:23)라고 하였습니다. 말씀이 없는 삶은 소경이요 밤입니다. 결국 패망하게 됩니다.

사랑하는 성도 여러분!

여호와 율법, 곧 하나님 말씀의 효능이 이렇게 탁월하기에 다윗은 10절에 "금 곧 많은 정금보다 더 사모할 것이며 꿀과 송이꿀보다 더 달도다."라고 하였고, 이에 자신이 "이로 경계를 받고 이를 지킴으로 상이 크니이다."라고 하였습니다. 하나님의 말씀은 우리의 영혼을 소성시킵니다. 그 말씀이 지혜롭게 하며 마음을 기쁘게 합니다. 아울러 우리의 영안을 밝게 합니다. 그러므로 많은 정금보다 이를 더 사모해야 할 것입니다. 송이꿀과 같이 단 말씀을 먹고 마시는 삶 속에 항상 행복이 충만하시기를 축원합니다. 아멘.

태초에 말씀이 계시니라

《요한복음 1:1-14》

본문에서 사도 요한은 예수 그리스도께서 태초에 계셨던 말씀 곧 '로고스'이심을 증거하였습니다. 그로 말미암아 첫 창조인 만물이 지으신바 되었고, 또한 그로 말미암아 질적으로 다른 구속의 신비한 재창조의 역사를 증거해 주고 있음이 본문의 내용입니다. 바로 태초에 계셨던 그 "말씀이 육신이 되어 우리 가운데 거하시매"라고 하였습니다. 이 신비한 예수 그리스도의 성육신이야말로 믿음 없이는 결코 풀리지 않는 믿는 자들에게만 주시는 신지식의 체험입니다. 그래서 "태초에 말씀이 계시니라"라는 말씀을 우리 모든 성도들은 믿고 고백하는 것입니다. "태초에 말씀이 계시니라" 이는 그 말씀이

1. 예수 그리스도의 신성입니다.

본문 1절에서 "태초에 말씀이 계시니라 이 말씀이 하나님과 함께 계셨으니 이 말씀은 곧 하나님이시니라"라고 하였습니다. 이를 직역하면 '태초에 말씀이 계셔왔다. 그리고 그 말씀이 하나님과 함께 계셔왔다. 그리고 그 말씀이 하나님이셨다' 입니다. 이는 말씀이 육신이 되어 이 세상에 오신 그리스도가 하나님 되심의 그 신성을 밝혀 주심입니다. 성자이신 그리스도께서 태초에 성부와 함께 계셨고, 천지만물을 창조하셨기에 본문 3절에서 "만물이 그로 말미암아 지은바 되었으니 지은 것이 하나도 그가 없이는 된 것이 없느니라."라고 하였던 것입니다. 바로 그 말씀이 4절에서 신성의 본질에 속한 "생명"과 "빛"이라고 하였으며, 14절에서는 "아버지의 독생자의

영광"이라 하였습니다. 여기에 "영광"이란 구약시대에 성막에 충만했던 "여호와의 영광"(출40:35) '쉐키나'입니다. "태초에 말씀이 계시니라" 이는 그 말씀이

2. 예수 그리스도의 인성입니다.

본문 14절에서 "말씀이 육신이 되어 우리 가운데 거하시매"라고 하였습니다. 이를 직역하면 '그리고 그 말씀이 육신이 되셨다. 그리고 그가 우리 안에 거처를 정하셨다'입니다. 이를 '성육신', 또는 '화육강세'라는 말로 표현합니다. "우리에게 있는 대제사장은 우리 연약함을 체휼하지 아니하는 자가 아니요 모든 일에 우리와 한결 같이 시험을 받은 자로되 죄는 없으시니라."(히4:15)라고 하였습니다. 그의 죄 없으신 인성은 인간이 겪는 모든 것을 다 체휼하셨습니다. 죄 없으신 그가 죄인인 인간들에게 다가오셨고, 친구가 되어 주셨으며, 대제사장으로 인간의 모든 죄짐을 지시고 십자가에 달려 대속의 죽음을 당하셨던 것입니다. 그의 인성은 겸손하고 온유하셨습니다. 그러므로 그는 "수고하고 무거운 짐진 자들아 다 내게로 오라 내가 너희를 쉬게 하리라 나는 마음이 온유하고 겸손하니 나의 멍에를 메고 내게 배우라"(마11:28-29)라고 말씀하셨던 것입니다. 그러므로 죄 없는 인성을 입으신 그를 믿는 그 믿음이 "보배로운 믿음"(벧후1:1)이요, 구원에 이르는 "하나님의 선물"(엡2:8)입니다. "태초에 말씀이 계시니라" 이는 그 말씀이

3. 하나님 자녀가 되는 권세입니다.

태초에 계셨던 말씀인 예수 그리스도께서 육체를 입고 생명과 빛으로 이 땅에 오셨지만 5절에서 "빛을 깨닫지 못하더라."라고 하였고, 11절에서

는 "영접지 아니하였으나"라고 하였지만, 12절에서 "영접하는 자 곧 그 이름을 믿는 자들에게는 하나님의 자녀가 되는 권세를 주셨으니"라고 하였습니다. 결코 "혈통으로나 육정으로나 사람의 뜻으로 나지 아니하고"라고 하였습니다. 여기에 "혈통"이란 부모의 피로 이어짐을 뜻하며 "육정"이란 육신적인 욕망을 뜻하며 "사람의 뜻으로"란 문자적으로 남편의 의지로부터라는 말로 남편의 씨로부터 태어난다는 남편의 주권을 강조하는 뜻입니다. 이 세 가지의 부정적인 표현은 하나님의 자녀가 되는 권세가 결코 인위적인 그 어떤 것으로 얻어지는 것이 아니라는 오직 말씀이라는 것입니다. "오직 하나님께로서 난 자들"(요1:13), 곧 창세전에 그리스도 안에 택하심이 된(엡1:4) 바 "영생을 주시기로 작정된 자"(행13:48)들에게만 주어지는 특권입니다.

사랑하는 성도 여러분!

태초에 계셨던 하나님의 말씀이 육신이 되어 지금 우리들 마음에 장막을 치시고 항상 임마누엘로 역사하시고 계시니 감사치 않을 수 없습니다. 우리는 그 말씀이 육신이 되어 우리 가운데 거하신바 되신 그리스도의 신성과 인성을 믿습니다. 또한 믿는 자들에게 하나님의 자녀가 되는 권세를 주셨음을 믿습니다. 결코 기독교는 값싼 종교가 아닙니다. "하나님이 자기 피로 사신 교회"(행20:28)이기에 그렇습니다. 바로 그 피가 말씀이 육신이 되어 우리 가운데 거하신바 되신 예수 그리스도의 십자가와 부활 사건입니다. 말씀이 육신이 되어 우리 가운데 거하신 오직 예수 그리스도로 말미암은 은혜와 평강이 충만하시기를 축원합니다. 아멘.

태초에 하나님이

《창세기 1:1》

성경 66권의 첫 번째 책인 창세기는 '기원의 책'으로 우주와 인간, 가정, 그리고 죄와 민족과 언어 등의 기원을 밝혀 줍니다. 구속계시의 여명인 창세기에서의 그 첫 번째 말씀이 바로 "태초에 하나님이" 입니다. 이렇게 기원에 대해 분명하게 가르쳐 주고 있는 말씀은 사실 성경 밖에는 없습니다. 아주 오랜 옛 기원에 대해서 사람들은 그 민족과 나라대로의 온갖 헛된 신화들을 만들어 이를 신봉하고 있습니다. 우리나라의 경우 단군신화도 이와 다를 바가 없습니다. 참으로 놀라운 사실은 "태초에 하나님이 천지를 창조하시니라"라는 말씀이 믿어지면 성경전체의 말씀이 다 믿어진다는 사실입니다. 오늘 우리는 기원의 첫 말씀인 "태초에 하나님이 천지를 창조하시니라"라는 말씀을 통해 함께 은혜를 받기를 원합니다. "태초에 하나님이" 그 하나님은

1. 생존하신 하나님이십니다.

본문에서 1절에 "태초에 하나님이"라고 말씀하였습니다. 여기에 "태초에"라는 '베레쉬트'는 하나님께서 천지창조의 문을 여심으로 시작된 '시간의 출발점'을 가리킵니다. 이는 바로 우주와 인류가 처음 시작하는 그 때에 이미 하나님은 존재해 계셨다는 것을 말해줍니다. 무신론주의 자들은 하나님의 존재를 믿지 않습니다. 다윗은 "어리석은 자는 그 마음에 이르기를 하나님이 없다 하도다."(시53:1)라고 하였습니다. 한편 다윗은 "여호와는 생존하시니 나의 반석을 찬송하며 내 구원의 하나님을 높일지로다"(시

18:46)라고 하였고, "내 영혼이 하나님 곧 생존하시는 하나님을 갈망하나니"(시42:2)라고 노래하였습니다. 바로 그 하나님은 모세에게 "나는 스스로 있는 자니라(I am Who I am)…여호와 하라 이는 나의 영원한 이름이요 대대로 기억할 나의 표호니라"(출3:14-15)라고 하심대로 "스스로 있는 자" 이신 생존하신 하나님 그 자신입니다. "태초에 하나님이" 그 하나님은

2. 강하고 능하신 하나님이십니다.

성경에서 첫 번째로 나오는 하나님의 명칭이 '엘로힘' 입니다. '엘로힘' 이란 '두려워하다' 라는 '알라' 와 '강하다' 라는 '울' 에서 파생된 말로 '두려워해야 할 강하고 능력 있는 자' 라는 의미의 복수형입니다. 이는 삼위 하나님에 대한 호칭입니다. '여호와' 라는 명칭이 아브라함과 이삭과 야곱과 맺으신 언약과 관계하여 불리어졌다면 '엘로힘' 이란 명칭은 하나님의 절대 주권적 능력을 강조할 때 불러졌던 것입니다. 창조기사와 관련한 '엘로힘' 하나님의 명칭과 아브라함에게 말씀하신 "나는 전능한 하나님이라"(창17:1)라는 '엘 샤다이' 즉 '언약을 실현할 능력을 소유한 구원의 하나님' 이라는 명칭에서 그 전능하심을 달리 표현하고 하고 있음을 봅니다. 태초에 하나님, 그는 분명 '엘로힘 하나님' 곧 강하고 능하신 하나님이십니다. "태초에 하나님이" 그 하나님은

3. 창조의 하나님이십니다.

"태초에 하나님이 천지를 창조하시니라"라고 하였습니다. 본문에 "하나님이 창조하시니라" 라는 '바라 엘로힘' 은 전능하신 삼위 하나님께서 천지를 만드셨다는 말씀입니다. 창조기사와 관련하여 기록된 '창조하다' 라는 단어는 '바라' 와 '아사' 그리고 '야찰' 세 가지로 나옵니다. 그 첫 째인 본

문에서 사용된 단어 '바라'는 무에서 유에로의 창조를 뜻합니다. 두 번째 단어 '아사'는 이미 창조된 물질을 재료로 하여 더 나은 물체를 만들 때 (1:16,25,26), 그리고 세 번째 단어인 '야찰'은 '아사'와 비슷하지만 특별한 목적에 따라 기존 사물을 새로 완벽하게 조성할 때(창2:7,9)에 사용하였습니다. 이렇게 명쾌하게 우주만물 창조에 대해 각각의 분명한 의미를 담고 기록해 주고 있는 책은 절대권위의 성경 밖에 없다는 사실 앞에 놀라움을 금치 못하며 또한 감사할 뿐입니다. 엘로힘 하나님은 태초에 천지를 그의 말씀으로 창조하셨습니다. 이것이 바로 3절에 "가라사대"라는 '아마르' 동사입니다. '말하다'라는 이 동사는 그 말씀이 표현하는 것을 실제로 존재케 하는 신적명령의 말씀, 곧 창조적 말씀의 전능성을 보여줍니다. 성경의 절대권위성이 바로 여기에 있습니다.

사랑하는 성도 여러분!

우리는 생존하신 하나님을 믿습니다. 그리고 그는 전능자이심을 또한 믿습니다. 이 모든 우주 만물이 바로 그의 말씀에 의해 창조되었음을 확실하게 믿습니다. "태초에 하나님이 천지를 창조하시니라"라는 이 엄청난 창조비밀의 말씀을 저와 여러분은 믿습니다. 이는 참으로 우리 모두에게 주신 하나님의 축복입니다. 당연히 천지를 그의 말씀으로 창조하신 '엘로힘', 그 강하고 능하신 하나님께 감사와 찬양으로 영광을 돌려야함이 마땅합니다. 예수께서는 "사람이 떡으로만 살것이 아니요 하나님의 입으로 나오는 모든 말씀으로 살 것이라."(마4:4)라고 하셨습니다. 태초에 계셨던 그 하나님의 말씀으로 승리하는 우리 모두의 삶이 되시기를 축원합니다. 아멘.

하나님의 형상대로 사람을

《창세기 1:27-31》

능하신 엘로힘 하나님의 육일 동안의 천지창조에 있어 마지막 창조물이 바로 하나님의 형상대로 지음 받은 사람입니다. 본문 26절에서 "하나님이 가라사대 우리의 형상을 따라 우리의 모양대로 우리가 사람을 만들고 그로 바다의 고기와 공중의 새와 육축과 온 땅과 땅에 기는 모든 것을 다스리게 하자"라고 성 삼위 하나님의 인간창조의 그 계획과 목적을 말씀하셨음을 봅니다. 그 결과 27절에 "하나님이 자기 형상 곧 하나님의 형상대로 사람을 창조하시되 남자와 여자를 창조하시고"라고 하셨고, 31절에서 "하나님이 그 지으신 모든 것을 보시니 보시기에 심히 좋았더라."라고 하셨습니다. "하나님의 형상대로 사람을" 이는

1. 영적(靈的)인 존재의 사람입니다.

본문 26절에 "하나님이 가라사대 우리의 형상을 따라 우리의 모양대로 우리가 사람을 만들고"라고 하셨고, 27절에 "하나님이 자기 형상 곧 하나님의 형상대로 사람을 창조하시되"라고 하셨습니다. 이는 한마디로 사람이 바로 영적인 존재라는 말씀입니다. 하나님은 영이십니다. 사도 요한은 "하나님은 영이시니 예배하는 자가 신령과 진정으로 예배할지니라."(요 4:24)라고 증거하였습니다. 여기에 하나님의 "형상"이란 단어 '첼렘'이나 "모양"이란 '데무트'는 서로 교호적 관계로 사용된 것으로 이는 인간이 전인적으로 하나님의 성품의 영향을 받았다는 의미입니다. 즉 영적 교제의 대상으로 하나님께서 인간을 창조하셨기에 만물 중에 오직 사람만이 하나

님과 영적인 교제를 나눌 수 있는 예배적 존재라는 말입니다. 결코 인간이 저급한 상태에서 고등한 상태로 진화되었다는 진화론적 존재가 아니라는 것입니다. 신학적으로 하나님과 인간이 함께 공유한 영성과 지성적 속성인 지식, 지혜, 그리고 도덕적 속성인 거룩함, 의와 선 등이 "하나님의 형상대로"에 속합니다. 영적인 존재로서의 인간의 참된 모습은 성도들의 참된 예배행위를 통해 그 존재의 가치를 나타냅니다. "하나님의 형상대로 사람을" 이는

2. 불사영생(不死永生)한 존재의 사람입니다.

하나님은 영원하신 분이십니다. 하나님의 형상대로 지음 받았다는 것은 인간 또한 불사영생의 존재라는 말입니다. 불행하게도 첫 사람 아담의 범죄로 인해 하나님의 형상이 상실되었고, 그 죄로 인한 영혼과 육체의 분리인 죽음은 사실 주어진 영원한 삶의 한 과정에 불과한 것입니다. 그래서 예수님은 "물러가라 이 소녀가 죽은 것이 아니라 잔다."(마9:24)라고 하였습니다. 사도 바울 역시 주 안에서 죽은 자들에 대하여 "자는 자들에 관하여"(살전4:13)라는 말로 표현하였으며 사도 베드로도 조상들의 죽음을 "조상들이 잔 후로부터"(벧후3:4)라고 하였습니다. 결국 인간은 예수 그리스도께서 재림하실 그 날 "선한 일을 행한 자는 생명의 부활로, 악한 일을 행한 자는 심판의 부활로 나오리라"(요5:29)라고 주님은 말씀하셨습니다. 예수 그리스도에 대한 불신은 지옥고통의 영생이요 믿음은 천국에서의 영생입니다. 이는 인간이기에 피할 수 없는 숙명적인 불사영생의 존재임을 성경은 밝히 증거해 주고 있습니다. "하나님의 형상대로 사람을" 이는

3. 영장(靈長)인 존재의 사람입니다.

창세기 2장 7절에 "여호와 하나님이 흙으로 사람을 지으시고 생기를 그 코에 불어 넣으시니 사람이 생령이 된지라"라고 하였습니다. 여기에 하나님의 "생기" 곧 '니쉬마트'는 '영혼', '기운', '호흡'을 뜻하는 말로, 하나님의 영을 뜻합니다. 흙으로 빚어진 인간의 육체에 하나님의 생기를 그 코에 불어 넣으시니 힘차게 살아 움직이는 생명체가 되었다는 말입니다. 에스겔 선지자가 "이에 내가 그 명대로 대언하였더니 생기가 그들에게 들어가매 그들이 곧 살아 일어나서 서는데 극히 큰 군대더라"(겔37:10)라고 한 환상이 그러합니다. 그 어떤 생물체 안에도 하나님의 생기를 불어넣으신 것이 없습니다. 오직 사람에게만 불어넣어 주신 생기입니다. 사람이 영적 존재라고 함도 바로 여기에 있으며, 사람이 만물의 영장이라고 함도 바로 그 하나님의 생기가 있기에 그러합니다.

사랑하는 성도 여러분!

우리 모든 성도들은 하나님의 형상대로 지음 받은 영적인 존재들입니다. 예배적인 존재로서 하나님을 만나고 교제를 나누는 행복한 사람들입니다. 죄로 인하여 상실했던 하나님의 형상을 예수님을 믿음으로 회복되어 영생하는 천국시민이 되었으니 우리는 하나님 보시기에 심히 좋았더라는 복의 사람들입니다. 하나님의 형상대로 지음 받은 우리 성도가 만물을 다스리는 영장으로서 모든 피조물을 정복하는 우리의 삶을 통해 성삼위 우리 하나님께 영광을 돌려야 할 것입니다. 할렐루야!

하나님이 가라사대

《창세기 1:3-4》

전능하신 엘로힘 하나님의 계시로 기록된 성경의 시작은 "태초에 하나님이 천지를 창조하시니라"라는 말씀으로 우주창조라는 대단원의 막을 올립니다. 그렇다면 과연 하나님은 무엇으로 우주만물을 무에서 존재하는 유의 상태로 창조하셨는가? 이에 대한 정확한 대답이 바로 "하나님이 가라사대" 입니다. 6일간의 창조에서 "가라사대"라는 '아마르' 즉 '말하다'가 10회나 반복해서 나옵니다. 다윗은 "여호와의 말씀으로 하늘이 지음이 되었으며 그 만상이 그 입 기운으로 이루었도다."(시33:6)라고 하였습니다. 바로 그 입의 기운이 "가라사대" 입니다. 지금도 우주에 충만하신 하나님의 "가라사대"가 거듭난 우리 성도들의 영혼에 가득한 것입니다. "하나님이 가라사대" 이는

1. 전능하신 하나님의 말씀입니다.

구약성경에서 첫 번째로 계시된 "하나님이"라는 명칭이 바로 본문의 '엘로힘' 입니다. '엘로힘' 이란 '두려워해야 할 강하고 능력 있는 자' 라는 뜻의 호칭입니다. 그렇기 때문에 그 입의 기운인 "가라사대" 역시 전능함을 보여 줍니다. 본문 3절에 "하나님이 가라사대 빛이 있으라 하시매 빛이 있었고"라고 기록해 주고 있습니다. 첫 번째의 "가라사대" 명령인 "빛이 있으라"의 결과 "빛이 있었고" 입니다. 존재치 않았던 빛이 존재의 것으로 나타났으니 이것이 말씀의 창조력, 곧 능력(power)입니다. "가라사대"의 첫 작품이 "빛" 곧 '오르' 였습니다. 여기에 "빛"은 제 4일째 창조된 태양과

는 구별되는 에너지원(Energy)입니다. 이는 피조세계에 충만하신 하나님의 은사와 능력을 상징합니다. 이유는 하나님의 피조세계인 우주 만상에는 빛의 에너지로 가득차 있기 때문입니다. 사도 바울은 "창세로부터 그의 보이지 아니하는 것들 곧 그의 영원하신 능력과 신성이 그 만드신 만물에 분명히 보여 알게 되나니 그러므로 저희가 핑계치 못할찌니라."(롬1:20)라고 증거하였음이 그러합니다. "하나님이 가라사대" 이는 그 말씀이

2. 생명이신 하나님의 말씀입니다.

11절에 "하나님이 가라사대 땅은 풀과 씨 맺는 채소와 각기 종류대로 씨 가진 열매 맺는 과목을 내라 하시매 그대로 되어"라고 하였고, 20-21절에 "하나님이 가라사대 물들은 생물로 번성케 하라 땅위 하늘의 궁창에는 새가 날으라 하시고 하나님이 큰 물고기와 물에서 번성하여 움직이는 모든 생물을 그 종류대로, 날개 있는 모든 새를 그 종류대로 창조하시니"라고 하였으며, 24절에 "하나님이 가라사대 땅은 생물을 그 종류대로 내되 육축과 기는 것과 땅의 짐승을 종류대로 내라 하시고 (그대로 되니라)"라고 하였습니다. 26절 마지막 인간 창조에도 "하나님이 가라사대 우리의 형상을 따라 우리의 모양대로 우리가 사람을 만들고"라고 하셨습니다. 이는 곧 하나님 말씀인 "가라사대"의 생명력을 보여줌입니다. 사도 요한은 "그 안에 생명이 있었으니 이 생명은 사람들의 빛이라"(요1:4)라고 하였습니다. 하나님의 말씀은 곧 생명 그 자체입니다. "하나님이 가라사대" 이는

3. 복되신 하나님의 말씀입니다.

하나님의 천지 창조사역과 관련된 모든 것은 "가라사대"의 결과요, 그 목적은 바로 모두가 극히 아름다운 축복에 있음을 볼 수 있습니다. 이는 본

문 4절에 "하나님 보시기에 좋았더라." 입니다. "보시기에 좋았더라."가 창조기사를 다룬 1장에서 7번이 나옵니다. 이는 하나님, 그가 원하신 대로 되어진 피조물에 대한 만족을 나타낸 말입니다. 각기 피조물들이 지닌 아름다움의 극치를 표현한 말씀입니다. 한마디로 축복의 극치입니다. 하나님의 "가라사대"가 있었기에 우주만물은 창조되었고, 그의 "가라사대"가 있었기에 "보시기에 좋았더라."라는 아름다움의 축복이 피조세계에 충만했던 것입니다. 이것이 하나님의 "가라사대"에 의해 창조된 피조물들이 이 우주 안에 존재한 그의 복된 목적이요 의미이며 가치입니다. 그 중 사람의 존재가 더욱 그러합니다.

사랑하는 성도 여러분!

하나님의 "가라사대"는 지금도 변함없이 계시된 주의 말씀을 통해 역사하심을 모든 성도들은 말씀을 먹고 마심에서 체험하고 있습니다. 이는 바로 "가라사대"의 실체가 사도 요한 증거대로 "태초에 말씀이 계시니라 이 말씀이 하나님과 함께 계셨으니 이 말씀은 곧 하나님이시니라 그가 태초에 하나님과 함께 계셨고 만물이 그로 말미암아 지은바 되었으니 지은 것이 하나도 그가 없이는 된 것이 없느니라."(요1:1-3)라고 하였습니다. 바로 14절에 "말씀이 육신이 되어 우리 가운데 거하시매 우리가 그 영광을 보니 아버지의 독생자의 영광이요 은혜와 진리가 충만하더라"라고 하였습니다. 오직 예수 그리스도의 능력과 생명과 복된 말씀을 먹고 마심으로 그리스도 예수 안에서 항상 행복하시기를 축원합니다. 아멘.

가라 네 믿은 대로 될지어다

《마태복음 8:5-13》

우리는 성경에서 하나님께서 이스라엘 백성들의 선민의식의 벽을 깨고 이방인들을 통해 펼치신 위대한 역사들을 보게 됩니다. 오늘 본문에 나오는 로마 군대의 백부장 또한 이방인으로서 우리 주님께 "이스라엘 중 아무에게서도 이만한 믿음을 만나보지 못하였노라"라는 칭찬을 받았음이 이를 말해줍니다. "믿음이 없이는 기쁘시게 못하나니 하나님께 나아가는 자는 반드시 그가 계신 것과 또한 그가 자기를 찾는 자들에게 상 주시는 이심을 믿어야 할지니라."(히11:6)라고 하였습니다. 이 시간, 백부장에게 "가라 네 믿은 대로 될지어다"라고 하신 주님의 말씀을 통해 은혜받기를 원합니다. "가라 네 믿은 대로 될지어다" 백부장의 믿음, 이는

1. 그리스도를 확신한 믿음이었습니다.

본문 6절에서 백부장이 예수님을 찾아와 "주여 내 하인이 중풍병으로 집에 누워 몹시 괴로와하나이다."라고 하였습니다. 그는 예수님을 "주여" 곧 '퀴리에'라고 불렀습니다. 여기에 "주"는 구약에 '아도나이'라는 말로 이는 하나님에 대한 호칭입니다. 시몬 베드로가 "주는 그리스도시요 살아 계신 하나님의 아들이시니이다."(마16:16)라고 했던 고백과 같습니다. 이에 예수님은 "이스라엘 중 아무에게서도 이만한 믿음을 만나보지 못하였노라"라고 격찬하셨던 것입니다. "가라 네 믿은 대로 될지어다." 백부장의 믿음, 이는

2. 말씀 절대의존의 믿음이었습니다.

그는 예수님께 "주여 내 하인이 중풍병으로 집에 누워 몹시 괴로와하나이다."라고 하였고, 이에 예수님은 "내가 가서 고쳐 주리라"라고 하셨지만 백부장은 8절에서 "주여 내 집에 들어오심을 나는 감당치 못하겠사오니 다만 말씀으로만 하옵소서 그러면 내 하인이 낫겠삽나이다"라고 하였습니다. "다만 말씀으로만 하옵소서." 이는 주님의 말씀이 곧 전능자의 말씀이라는 사실을 확신함에서 한 말입니다. 말씀만 하시면 하인의 중풍병이 치유된다는 믿음입니다. 주님은 13절에서 "가라 네 믿은 대로 될지어다 하시니 그 시로 하인이 나으니라."라고 치유의 축복을 주셨던 것입니다. "가라 네 믿은 대로 될지어다" 백부장의 믿음, 이는

3. 겸손한 믿음이었습니다.

본문 8절에서 백부장은 "주여 내 집에 들어오심을 나는 감당치 못하겠사오니"라고 합니다. 이는 그의 겸손한 믿음의 자세를 보여 줍니다. 사도 베드로는 "하나님이 교만한 자를 대적하시되 겸손한 자들에게는 은혜를 주시느니라."(벧전5:5)라고 하였습니다. 신자들의 영적인 삶에 있어 최상의 미덕은 바로 겸손입니다. 겸손은 자기의 십자가를 지고 주님을 따르는 제자의 삶에 있어 철저한 자기 부정의 자세입니다. 교만한 자아가 주님의 말씀과 성령님의 역사로 깨어지고 부서져 오직 하나님의 영광만을 나타내는 꽃과 향기 그리고 그 열매가 바로 겸손입니다. 백부장은 자신의 백부장이라는 계급의 신분을 깨고 주님께서 자기의 오심을 감당치 못할 죄인임을 절실하게 깨달았던 것입니다. "가라 네 믿은 대로 될지어다." 백부장의 믿음, 이는

4. 보배로운 믿음이었습니다.

예수님은 백부장의 이 믿음을 보시고 그를 따르는 무리들에게 본문 10절에서 "이스라엘 중 아무에게서도 이만한 믿음을 만나보지 못하였노라"라고 칭찬하셨던 것입니다. 백부장의 이 믿음이야말로 자랑스럽고 보배로운 믿음이 아닐 수 없습니다. 사도 베드로는 이와 같은 믿음을 가리켜 "보배로운 믿음"(벧후1:1)이라고 하였습니다. 바로 이 믿음의 진가는 현세에도 축복으로 나타나지만 그리스도의 재림의 날 놀라운 영광과 자랑으로 나타날 것입니다. 이를 바라본 사도 베드로는 "너희 믿음의 시련이 불로 연단하여도 없어질 금보다 더 귀하여 예수 그리스도의 나타나실 때에 칭찬과 영광과 존귀를 얻게 하려 함이라"(벧전1:7)라고 말씀하셨던 것입니다. 주님께서 칭찬하신 믿음이야말로 그 자체가 자랑이요 영광입니다.

사랑하는 성도 여러분!

하나님께서 정하여 주신 성도 삶의 유일한 법칙은 오직 믿음입니다. 그래서 하박국 선지자는 "의인은 그 믿음으로 말미암아 살리라"(합2:4)라고 하였고, 사도 바울 역시 "오직 의인은 믿음으로 말미암아 살리라 함과 같으니라"(롬1:17)라고 하였던 것입니다. 믿음의 사람 아벨의 제사로 시작한 모든 선진들이 오직 믿음으로 살았음을 증거한 히브리서 기자는 "이런 사람은 세상이 감당치 못하도다."(히11:38)라고 하였습니다. 오늘 우리 모든 그리스도의 일꾼들과 성도들은 본문에 나오는 백부장과 같은 그리스도 중심의 믿음과 절대 말씀의존의 믿음, 그리고 겸손한 믿음과 보배로운 믿음으로 우리 하나님께 기쁨을 드리며 그 믿음대로의 풍성한 축복들을 통해 성삼위 우리 하나님께 큰 영광이 되시기를 축원합니다. 아멘.

가시나무 가운데 백합화

《아가서 2:1-2》

　본 아가서는 지혜의 왕 솔로몬과 전원의 여인 술람미와의 관계에서 예수 그리스도와 그의 신부된 교회와의 관계를 나타낸 '노래 중의 노래'입니다. 중국의 선교사인 허드슨 테일러는 예수 그리스도와 하나 된 입맞춤의 체험에 대해 "현재 하나님의 임재가 우리의 감각으로 느끼게끔 된다. 누구든지 한번 이 체험을 가진 다음에는 전에 만족하게 생각하던 이 세상 쾌락들이 다시 생각나지 않는다."라고 고백하였습니다. 솔로몬 왕은 술람미 여인을 향하여 "여자들 중에 내 사랑은 가시나무 가운데 백합화 같다"라고 극찬하였습니다. 그리스도의 사랑인 그의 신부된 교회와 신자는 가시나무 가운데 백합화와 같습니다. "가시나무 가운데 백합화", 이 가시나무는

1. 악한 영인 사탄과 불신세상입니다.

　본문 2절에 "여자들 중에 내 사랑은 가시나무 가운데 백합화 같구나"라고 하였습니다. 여기에 "가시나무 가운데"라는 시적인 표현은 바로 고난의 현장을 뜻합니다. 악한 영인 사탄이 지배하는 죄악 된 이 불신 세상은 의인을 찌르고 괴롭히는 고난의 장소입니다. 본질적으로 가시나무의 실체는 '사탄의 사자'(고후12:7)이며 '거짓 선지자'(마7:15-16)임과 동시에 악한 사탄의 영에 사로잡힌 타락한 인간의 마음(마13:7.22)입니다. 한 마디로 가시나무는 무서운 악의 세력을 총칭합니다. 에스겔 선지자는 "찌르는 가시와 아프게 하는 가시가 다시는 없으리니 그들이 나를 주 여호와인 줄 알리라"(겔28:24)라고 가시의 속성이 찌르고 아프게 하는데 있음을 밝혀 주고

있습니다. 주경학자였던 고 박윤선 박사는 이 가시나무를 가리켜 "교회를 핍박하는 악한 세력을 비유한다."라고 하였습니다. "가시나무 가운데 백합화", 이 백합화는

2. 예수 그리스도와 그의 신부된 교회입니다.

본문 2절에 "여자들 중에 내 사랑은 가시나무 가운데 백합화 같구나."라고 하였습니다. 뵐트바인은 "여기서 술람미 여인을 가리켜 일천 여자 중의 하나라고 하지 않고 가시나무 가운데 백합화라고 하여 그 자랑스러움과 동시에 그녀의 겸손을 진술한다."라고 하였습니다. 겸손하신 예수님은 가시나무와 같은 고난의 현장에 오신 하나님의 어린양이십니다. 솔로몬은 본문 1절에서 "나는 사론의 수선화요 골짜기의 백합화로구나"라고 했습니다. 이는 예수 그리스도에 대한 상징적이며 시적인 표현입니다. 죽음의 골짜기에 오신 예수 그리스도야말로 십자가에 찔려 아가페 사랑의 향기를 풍기신 백합화이십니다. 이는 또한 가시에 찔려 쏟으신 그의 피로 사신바 된 교회와 신자가 풍기는 "그리스도의 향기"(고후2:15)입니다. 백합화는 다음 몇 가지의 특성을 지니고 있습니다. 이는

첫째, 백합화의 소박성입니다.

본문에서 노래하고 있는 백합화는 꾸밈이나 거짓이 없는 소박한 들꽃입니다. 예수 그리스도의 죄 없으신 인성이 순결하셨듯이 교회와 신자 역시 그러하다는 것입니다. 예수께서는 바리새인이나 서기관, 그들의 가증된 외식을 무섭게 질타하셨습니다.

둘째, 백합화의 탁월성입니다.

모양도 그리하지만 그 향기가 특이합니다. 영국의 설교자인 스펄전은

"성도는 백합화처럼 세상 사람들보다 뛰어난 탁월성을 갖고 있다"고 했습니다. 기독교의 위대성이 바로 여기에 있습니다. 빛과 소금으로서의 사명이 그러하며 그 존재 의미와 가치와 목적, 그리고 그 영향력이 그러합니다.

셋째, 백합화의 보편성입니다.

이는 백합화의 향기가 모든 영역에 풍겨짐을 뜻합니다. 지역적으로는 땅 끝까지, 인종적으로는 누구에게나 미칠 좋은 소식인 복음은 분명 백합화의 향기입니다. 복음의 대상이 결코 특권층이나 또는 서민층에만 속한 것이 아닌 모든 사람들임을 들판에 편만한 들꽃이 이를 말해 줍니다.

사랑하는 성도 여러분!

우리 모든 그리스도의 신부된 교회와 신자의 현주소는 악한 영인 사탄이 교회와 신자들을 찌르고 괴롭히는 불신세상 즉, 가시나무 가운데인 고난의 현장입니다. 바로 이곳에서 우리 주 예수 그리스도께서 가시나무인 십자가에 찔려 그의 보배로운 피를 쏟으셨고, 그 상처에서 아가페 사랑의 향기를 풍기셨습니다. 그의 향기는 사랑의 향기이며 절망과 죽음을 몰아내신 희망과 생명, 곧 구원의 향기였습니다. 바로 그리스도의 신부된 교회와 우리 모든 신자들 역시 가시나무 가운데 백합화입니다. 하나님의 나라인 천국의 들꽃들입니다. 백합화인 예수 그리스도의 사랑의 향기로 가득한 우리 교회와 가정 그리고 우리 자신들이 되어야 할 것입니다. 오직 하나님의 영광을 크게 들어내는 예수 그리스도의 신부 된 가시나무 가운데 백합화가 되시기를 축원합니다. 아멘.

거룩한 성 새 예루살렘

《요한계시록 21:1-7》

사람이 태어나서 죽은 후의 영원한 두 세계인 천국과 지옥, 이는 하나님께서 예비해 놓으신 비밀한 세계입니다. 그 내세 중에 "거룩한 성 새 예루살렘"은 그리스도의 왕국인 천국입니다. 주후 95년 경, 당시 로마황제 도미티안 통치 말년에 밧모섬으로 위배당한 사도 요한은 환상 중에 "또 내가 보매 거룩한 성 새 예루살렘이 하나님께로부터 하늘에서 내려오니 그 예비한 것이 신부가 남편을 위하여 단장한 것 같더라."라고 하였습니다. 이 시간, 우리는 사도 요한이 보고 확증한바 본문의 말씀인 "거룩한 성 새 예루살렘"인 천국에 대해 생각함으로 함께 은혜를 받기를 원합니다. "거룩한 성 새 예루살렘"인 천국은

1. 하나님의 나라인 그리스도의 왕국입니다.

예수님은 "또 너희에게 이르노니 동서로부터 많은 사람이 이르러 아브라함과 이삭과 야곱과 함께 천국에 앉으려니와"(마8:11)라고 말씀하셨습니다. "천국" 곧 '바실레이아'는 그리스도의 왕국을 뜻합니다. 또한 "오늘 네가 나와 함께 낙원에 있으리라"(눅23:43)라고 하신바 "낙원" 곧 '파라데이소스'는 그 왕궁의 정원을 뜻하며, 이는 사도 바울이 그리스도를 만났던 "셋째 하늘"(고후12:2)로, 구원받은 성도들의 "더 나은 본향"(히11:16), 곧 '파트리스'입니다. 예수님께서 "내가 너희를 위하여 처소를 예비하러 가노니"(요14:2)라고 하셨던바 "처소"인 '토포스'가 바로 그리스도의 왕국인 "거룩한 성 새 예루살렘"입니다. "거룩한 성 새 예루살렘"인 천국은

2. 하나님 통치의 영화(榮華)의 나라입니다.

본문 3절에서 "보라 하나님의 장막이 사람들과 함께 있으매 하나님이 저희와 함께 거하시리니 저희는 하나님의 백성이 되고 하나님은 친히 저희와 함께 계셔서"라고 하셨고, 4절에서는 "모든 눈물을 그 눈에서 씻기시매 다시 사망이 없고 애통하는 것이나 아픈 것이 다시 있지 아니하리니 처음 것들이 다 지나갔음이러라."라고 하였습니다. 2절에 "신부가 남편을 위하여 단장한 것" 같은 천국이야 말로 각색 보석으로 단장한 성(계21:18~21)으로, 하나님의 영광만이 충만한(계21:11~23) 곳입니다. 성도를 위해 하나님께서 예비해 놓으신 상상을 초월한 나라입니다. 사도 바울은 "만일 땅에 있는 우리의 장막이 무너지면 하나님께서 지으신 집 곧 손으로 지은 것이 아니요 하늘에 있는 영원한 집"(고후5:1)라고 하였습니다. 바로 하나님께서 통치의 그 나라가 거룩한 성 예루살렘입니다. "거룩한 성 새 예루살렘"인 천국은

3. 하나님의 영원한 유업의 나라입니다.

7절에 "이기는 자는 이것들을 유업으로 얻으리라"라고 하였습니다. 바로 영적인 전투에서 이기는 자에게 주시는 유업의 나라입니다. 사도 요한은 "이 일 후에 내가 보니 각 나라와 족속과 백성과 방언에서 아무라도 능히 셀 수 없는 큰 무리가 흰 옷을 입고 손에 종려 가지를 들고 보좌 앞과 어린 양 앞에 서서…구원하심이 보좌에 앉으신 우리 하나님과 어린 양에게 있도다"(계7:9-10)라고 찬양하는 승자들의 모습을 보았습니다. 바로 그들은 큰 환란의 전투장에서 이긴 자들이었기에 종려가지를 손에 들고 있었던 것입니다. 이 같이 이긴 자들에게 유업으로 주시는 나라가 바로 "거룩한 성 새 예루살렘"인 천국입니다. 사도 베드로는 "찬송하리로다 우리 주 예수

그리스도의 아버지 하나님이 그 많으신 긍휼대로 예수 그리스도의 죽은 자 가운데서 부활하심으로 말미암아 우리를 거듭나게 하사 산 소망이 있게 하시며 썩지 않고 더럽지 않고 쇠하지 아니하는 기업을 잇게 하시나니 곧 너희를 위하여 하늘에 간직하신 것이라"(벧전1:3-4)라고 천국기업에 대해 증거해 주었습니다.

사랑하는 성도 여러분!

현대 교인들 중에 내세인 천국을 믿지 아니하는 자가 의외로 많다는 사실 앞에 충격을 받습니다. 만약, 천국이 없었다면 예수님께서 이 죄악 된 세상에 육체를 입고 오셔서 십자가에 달려 죽으셔야 할 이유가 없습니다. 그의 왕국인 천국이 있기에 그것을 성도들에게 유업으로 주시기 위해 오셨고, 십자가에 달려 속죄의 피를 흘려 죽으셨으며 죽으신지 사흘 만에 부활하셨던 것입니다. "거룩한 성 새 예루살렘"인 천국은 하나님 나라인 그리스도의 왕국입니다. 바로 그 천국은 하나님께서 통치하시는 영화의 나라이며, 구원받은 모든 성도들에게 유업으로 주신 영원한 기업의 나라, 곧 믿음의 조상인 아브라함을 비롯한 모든 선진들이 그렇게도 사모했던바 "더 나은 본향"입니다. 그리스도의 재림의 날, 우리의 낮은 몸이 신령한 몸으로 변화되어 천국에서 영생복락을 누릴 나라입니다. "거룩한 성 예루살렘"에서 그리스도와 함께 왕 노릇할 영화와 상을 바라보며 헌신 봉사하여 오직 믿음과 산 소망으로 하나님께 큰 영광을 돌리는 우리의 복된 삶이 되시기를 축원합니다. 아멘.

나를 들어 바다에 던지라

《요나 1:11-16》

57주년 6.25를 상기하는 구국의 달을 맞아 57년 전 6월 25일 주일 새벽을 기해 북괴가 옛 구소련의 사주를 받아 불법남침을 한 비운의 날을 잊을 수 없습니다. 이는 분명 우리 한국교회의 범죄로 인한 하나님 진노의 채찍이었습니다. 마치 요나가 니느웨로 가라는 하나님의 명을 어기고 다시스로 도망하다 큰 풍랑을 만났던 사건처럼 말입니다. 결코 전쟁의 역사는 우연이 아닙니다. 인간 범죄에 따른 하나님의 진노임을 성경은 밝히 증거해 주고 있습니다. 본문에서 요나는 자신의 죄를 깨닫고 "나를 들어 바다에 던지라. 그리하면 바다가 너희를 위하여 잔잔하리라"라고 말합니다. "나를 들어 바다에 던지라" 이는 요나의

1. 책임감에 의한 회개의 결단이었습니다.

본문 12절에 "나를 들어 바다에 던지라 그리하면 바다가 너희를 위하여 잔잔하리라 너희가 이 큰 폭풍을 만난 것이 나의 연고인줄 내가 아노라"라고, 하나님의 명령에 불순종한 자신의 죄를 고백합니다. 하나님은 그의 낯을 피하여 도망하여 배 밑창에서 깊이 잠든 요나를 큰 폭풍을 보내어 그의 심판대 앞에 세웁니다. 풍랑을 대동한 하나님 호출 앞에 요나는 피할 길이 없었습니다. 하나님은 그를 제비에 뽑히게 하셨고, 이방인 선장 앞에서 여호와의 낯을 피한 자임을 직고하게 합니다. 이 엄청난 사건 앞에 요나는 여호와의 낯을 피한 자기 잘못에 대한 책임을 절감합니다. 이에 그는 "나를 들어 바다에 던지라"라고 책임지는 회개의 결단을 하지 않을 수가 없었습

니다. 요나의 위대함이 바로 여기에 있었다고 봅니다. 자신의 잘못을 인정하고 그 책임을 지는 일은 사실 위대한 용기라고 말할 수 있겠습니다. 대체로 사람들은 남의 잘못에 대해서는 냉정하고 또 그 책임을 질 것을 요구하지만, 자신의 잘못에 대해서는 너무나도 관대하며 이를 은폐하려고 하며, 그 잘못에 대한 책임은 더더욱 지려고 하지를 않습니다. "나를 들어 바다에 던지라" 이는 요나의

2. 하나님 섭리에 대한 믿음의 결단이었습니다.

본문 12절에 "나를 들어 바다에 던지라 그리하면 바다가 너희를 위하여 잔잔하리라"라고 하였습니다. 이는 요나 자신이 하나님의 섭리를 깨달은 바 그의 확신에서 나온 말입니다. 큰 폭풍을 보내신 분이 하나님이신 줄을 확실하게 알았고, 그 큰 폭풍이 하나님 섭리에 의한 호출령임을 분명하게 인식하였습니다. 결코 하나님의 섭리를 역행할 수 없는 자신임을 알았기 때문에 자신을 들어 바다에 던지라고 하였던 것입니다. 그 결과 하나님께서 그 큰 폭풍을 잔잔케 하실 것이라는 확신 또한 가졌던 것입니다. 그의 믿음대로 본문 15절에서 "요나를 들어 바다에 던지매 바다의 뛰노는 것이 곧 그친지라"라고 하였습니다. 요나에 대한 하나님의 섭리는 본문 17절에 "여호와께서 이미 큰 물고기를 예비하사 요나를 삼키게 하셨으므로 요나가 삼 일 삼 야를 물고기 배에 있으니라"라고 하셨고, 그 속에서 통회의 기도를 하게끔 하셨던 것입니다. "나를 들어 바다에 던지라" 이는 요나의

3. 사명감에 의한 헌신적 결단이었습니다.

본문 15절에 "요나를 들어 바다에 던지매 바다의 뛰노는 것이 곧 그친지라"라고 하였는데, 이는 그의 던져짐이 곧 하나님께 던져진 것으로 이는 곧

자신에게 주어진바 사명에 대한 헌신의 결단이었음을 볼 수 있습니다. 여호와의 낯을 피하여 도망하였던 요나가 결국은 큰 폭풍의 현장에서 하나님께 체포되어 삼일 동안 철저하게 참회하고, 하나님께서 그에게 주어진 니느웨에 대한 말씀선포의 사명을 다시 되찾습니다. 그리고 헌신을 결단합니다. 그는 "나는 감사하는 목소리로 주께 제사를 드리며 나의 서원을 주께 갚겠나이다. 구원은 여호와께로서 말미암나이다."(욘2:9)라고 기도를 합니다. 바로 "서원을 갚겠나이다."라는 그의 사명인식의 헌신적 결단이 있었기에 요나 자신도, 배에 탑승한 사람들도, 나아가 40일 후의 멸망을 앞둔 십이만 명의 니느웨 백성들이 구원을 얻었던 것입니다. 참으로 놀라운 하나님의 기적적인 축복이 아닐 수 없습니다.

사랑하는 성도 여러분!

오늘 요나의 사건을 통해 하나님께서는 구국의 길이 어떤 길인가를 보여 주고 있습니다. 이는 "이 큰 폭풍을 만난 것이 나의 연고인 줄을 내가 아노라"라는 책임을 통감하는 회개운동과 오직 예수 십자가와 부활의 순수한 믿음을 되찾는 진리운동과 아울러 주어진 사명에 헌신되어 영혼들을 구원하는 교회운동에 있다는 사실입니다. 이럴 때, 하나님은 반세기 분단의 큰 산이 평지가 되는 평화통일을 이루어 주실 것입니다. "힘으로 되지 아니하며 능으로 되지 아니하고 오직 나의 신으로 되느니라."(슥4:6)라는 말씀대로의 역사가 우리 민족에게 주실 것을 확신하며 기원합니다. 아멘.

내가 크게 울었더니

《요한계시록 5:1-7》

주후 95년 경, 사도 요한이 예수의 환란과 나라와 참음에 동참함으로 위배지 밧모섬에서 어느 주일 날, 예수 그리스도의 계시로 받은바 말씀과 환상을 기록하여 주님의 명령에 따라 당시 소아시아 일곱 교회에 보낸 서신이 계시록입니다. 그는 본문에서 보좌에 계신 성부 하나님의 오른 손에 들려진 일곱 인으로 봉한 책을 봅니다. 이 때, 그는 이 책을 펴거나 펴기에 합당한 자가 보이지 않아 크게 울었다고 하였습니다. 오늘 이 시간, 사도 요한이 "내가 크게 울었더니"라고 한 말씀으로 은혜를 받고자 합니다. "내가 크게 울었더니" 이는 사도 요한의

1. 역사의식의 탄식이었습니다.

본문 3-4절에 "하늘 위에나 땅 위에나 땅 아래에 능히 책을 펴거나 보거나 할 자가 없었더라. 이 책을 펴거나 보거나 하기에 합당한 자가 보이지 않기로 내가 크게 울었더니"라고 하였습니다. 이 책이 얼마나 중요한 것이었던가를 보좌에 앉으신 하나님의 오른 손에 들려졌다는 것과 또 비밀한 일곱 인으로 봉해져 있었다는 사실에서 보여 줍니다. 바로 안팎으로 기록된 이 책이 치밀하고 빈틈없으신 하나님의 비밀하신 그리고 성취되고야말 그의 섭리와 계획이 담겨진 종말론적 계시의 책이기에 그러합니다. 중요한 것은 그 일곱 인으로 봉한 것을 떼는 일입니다. 그 인을 떼어야만 하나님의 확정되어진 섭리와 그 계획하신 역사가 이루어지기 때문입니다. 요한이 이 일곱 인을 떼심으로 펼쳐질 하나님의 구속사적 역사의식이 있었기에 그 인을

떼ㄹ 자가 없기로 크게 울었던 것입니다. "크게 울었더니" 이는 사도 요한의

2. 선민의식의 탄식이었습니다.

하나님의 구속사는 바로 그의 택한 백성들의 영혼구원의 역사이기에 사도 요한은 반드시 그 인을 떼심에서 이루어 질 선민구원의 역사를 생각하며 크게 울었습니다. 인을 뗄 자가 없음으로 자신이 그리스도의 사도로 부르심을 받아 이때까지 고난의 길을 걸어 온 그 모든 수고가 물거품이 된다는 사실 앞에 탄식하지 않을 수 없었던 것입니다. 하나님의 구속사에 나타난 영혼구원에 대한 믿음이 없었다면 이렇게 크게 울어야 할 이유가 없었을 것입니다. 그렇지만 우리 주님은 이 일로 크게 울고 있는 사도 요한에게 본문 5절에서 "장로 중에 하나가 내게 말하되 울지 말라 유다 지파의 사자 다윗의 뿌리가 이기었으니 이 책과 그 일곱 인을 떼시리라"라고 일러줍니다. 이는 매우 큰 기쁨의 메시지였습니다. 바로 그의 탄식과 기쁨은 우리 성도들의 탄식과 기쁨이기도 합니다. "크게 울었더니" 이는 사도 요한의

3. 내세의식의 탄식이었습니다.

사도 요한이 위배지인 밧모 섬에서 주님께 받은 계시와 환상의 목적이 종말론적 내세의식이었습니다. 즉, 악의 세력에 대한 하나님 공의의 심판과 교회의 완전한 승리인바 지옥과 천국의 내세입니다. 사도 요한은 교회의 최종 승리인 천국을 바라보며 이를 사모하는 마음으로 충만했었습니다. 그런데, 그는 하나님의 오른 손에 들려진 인봉한 책을 펴고 그 인을 떼심으로 펼쳐질 천국의 소망이 그 인을 뗄 자가 없기로 크게 울었던 것입니다. 만일 그에게 이 같은 내세에 대한 믿음과 사모함이 없었다면 크게 울지 않았을 것입니다. 결국, 본문 7절에서 "어린양이 나아와서 보좌에 앉으신 이

의 오른 손에서 책을 취하시니라"라고 하였을 때, 보좌에 둘러 선 네 생물과 이십사 장로들이 엎드려 찬양하며 천군천사들과 만물들이 찬양을 할 때, 사도 요한 역시 감격의 찬양을 드렸을 것입니다. 이렇게 감격한 요한에게 계속해서 일곱 나팔과 일곱 대접 재앙들의 역사를 보여주시며 영원한 천국을 보여주셨던 것입니다.

사랑하는 성도 여러분!

사도 요한이 크게 울었던 그의 탄식이 곧 우리 모두의 탄식이기도 합니다. 계시의 은총을 받았기에 터져 나오는 역사의식의 탄식과 선민의식의 탄식과 아울러 영원한 천국을 사모하는 내세의식의 탄식이었기에 그 의미는 깊은 것입니다. 사도 요한에게 이 탄식이 있었기에 일곱 인을 떼시기에 합당한 그리스도로 말미암은 구원의 기쁨 또한 넘쳤던 것입니다. "우리 곧 성령의 처음 익은 열매를 받은 우리까지도 속으로 탄식하여 양자될 것 곧 우리 몸의 구속을 기다리느니라."(롬8:23)라고 고백한 사도 바울의 탄식이 우리의 탄식이기에 행복한 것입니다. 우리 주 예수 그리스도께서 재림하실 그 날, 지상의 교회는 완전한 승리를 할 것이고 영원한 천국과 면류관은 결국 우리 모두의 것이 될 것입니다. 그러하기에 그리스도의 신부된 교회는 그리스도의 재림으로 펼쳐질 영원한 천국을 확신하며 기다리는 것입니다. 사도 요한이 크게 울었던 그 심정으로 오직 하나님의 나라와 의를 추구하는 경건한 삶으로 하나님께 영광을 돌리는 복 된 삶이 되시기를 축원합니다. 아멘.

너는 내 집을 치리하라

《창세기 41:37-45》

믿음의 선조 야곱의 열두 아들 중에 열한 번째 아들로 태어난 요셉, 그는 그의 민족인 야곱의 일가를 7년 흉년으로부터 구원해 낸 사람입니다. 또한 그는 하나님의 택한 백성들을 죄에서 구원하신 그리스도의 표상으로서의 인물이기도 합니다. 건국 60년 주년을 맞은 올해를 '이념의 시대'를 넘어 '실용의 시대'로 선진화 신년으로 선포한 이명박 대통령, 그가 하나님이 함께 하심으로 형통케 된 요셉과 같이 영적인 명철과 지혜의 통치자가 될 것을 기대해 봅니다. 애굽의 바로 왕이 요셉에게 "너는 내 집을 치리하라"라는 본문의 말씀으로 함께 은혜 받기를 원합니다. "너는 내 집을 치리하라" 이는 바로의 요셉에 대한

1. 전적인 신뢰였습니다.

본문 38절에 "바로가 그 신하들에게 이르되 이와 같이 하나님의 신이 감동한 사람을 우리가 어찌 얻을 수 있으리요."라고 하였습니다. 하나님은 요셉에게 애굽 왕 바로의 전적인 신뢰를 받게 하셨던 것입니다. 사실 요셉은 팔려 온 13년 동안의 삶 중에 보디발의 가정에서 가정 총리로서 그의 전적 신뢰를 받았고, 누명을 쓰고 수감되었을 때도 감옥의 총리 격으로 전옥에게 전적인 신뢰를 받았던 것입니다. 한마디로 요셉은 어떤 환경에서든지 하나님께서 그와 함께 하셨기에 신뢰의 사람이 되었던 것입니다. 결국은 애굽의 왕인 바로와 모든 신하들에게까지 신뢰를 받아 "너는 내 집을 치리하라."라는 총리직을 받게 된 것입니다. 신뢰를 상실한 사람은 참된 지도자

가 될 수 없습니다. 요셉의 신뢰성이 하나님 중심의 신앙에서 비롯되었음은 의심할 여지가 없습니다. "너는 내 집을 치리하라" 이는 바로의 요셉에 대한

2. 이상적 실현의 기대였습니다.

본문 39절에서 바로는 "하나님이 이 모든 것을 네게 보이셨으니 너와 같이 명철하고 지혜 있는 자가 없도다."라고 하였습니다. 여기에 '명철' 과 '지혜' 는 신중하고도 탁월한 판단력 곧 하나님을 아는 통찰력을 뜻합니다. 바로의 꿈을 해석한 것이 바로 하나님께서 요셉에게 주신 명철과 지혜였습니다. 그러므로 바로는 오직 요셉만이 이상을 실현할 자로 기대하였던 것입니다. 이명박 대통령은 그의 취임사에서 "종교인, 시민운동가, 언론인도 더 무거운 책임을 져야 합니다"라고 강조하였습니다. 이는 분명 '노블레스 오블리주' 즉 '사회 지도적 리더의 도덕적 의무' 를 강조한 대목이라고 봅니다. 링컨은 무책임한 대통령을 밀짚모자를 쓴 농부와 같다고 하면서 "대통령이라면 그 영원한 분이신 하나님 앞에서 틈틈이 이렇게 고백해야 합니다. '책임을 통감합니다.' "라고 하였습니다. 주어진 책임에 정직한 마음으로 충실한 사람은 기대의 사람임에 분명합니다. 요셉이 그러했기에 나이 30세에 바로 왕으로부터, "너는 내 집을 치리하라"라는 명을 받게 된 것입니다. "너는 내 집을 치리하라" 이는 바로의 요셉에 대한

3. 요직부여의 위임이었습니다.

본문 40-41절에서 "너는 내 집을 치리하라. 내 백성이 다 네 명을 복종하리니 나는 너보다 높음이 보좌뿐이니라. 내가 너로 애굽 온 땅을 총리하게 하노라"라고 그를 총리의 요직을 부여하고 이를 위임하였던 것입니다. 이

는 요셉이 받은 엄청난 하나님의 축복이었습니다. 그리스도의 몸 된 교회 안에서 하나님께로부터 받는 모든 성직은 세상의 어떤 직 보다 더욱 영광스럽고 존귀한 직책임을 성경에서 교훈해 주고 있습니다. 바로 요셉이 받은 총리직은 야곱가의 구원을 위한 직이었기 때문입니다. 하나님께서 요셉이 장자 상징의 채색 옷을 그의 형들을 통해 벗기고 13년 동안 종의 옷 곧 섬김의 옷을 입히셨고, 결국은 총리의 세마포로 입혀 주셨으니 이는 장차 천국에서 성도들이 입을 세마포임을 보게 됩니다.

사랑하는 성도 여러분!

"끼니조차 잇기 어려웠던 시골 소년이 노점상, 고학생, 일용노동자, 샐러리맨을 두루 거쳐 대기업의 회장, 국회의원과 서울특별시장을 지냈습니다. 그리고 대한민국의 대통령이 되었습니다. 이처럼 대한민국은 꿈을 꿀 수 있는 나라입니다. 그리고 그 꿈을 실현시킬 수 있는 나라입니다."라고 이 대통령은 그의 취임사에서 말했듯이 일찍이 하나님의 사람 요셉은 꿈의 사람으로 우리에게 본을 보여 주었습니다. 사실 교회는 영원한 천국의 꿈을 가진 신령한 공동체입니다. 이 꿈이 있기에 우리 모든 성도들은 주어진 사명에 최선을 다하며 헌신 충성하는 것입니다. 오직 하나님 중심의 믿음으로 말미암은 정직과 책임감으로 최선을 다했던 요셉의 삶이 우리 모두의 삶이 되어 하나님께 크게 쓰임 받는 오늘 우리들 자신과 가정과 기업, 교회와 나라와 민족이 되시기를 축원합니다. 아멘.

너희 믿음의 시련이

《베드로전서 1:5-7》

사도 베드로 당시 예루살렘 교회는 엄청난 박해를 당하여 많은 성도들이 본도, 갈라디아, 갑바도기아, 아시아와 비두니아 다섯 지역으로 흩어졌습니다. 바로 이들 지역은 현재는 터키 타우루스 산맥 북쪽에 해당하는 곳입니다. 바로 이들 곧 오직 복음 때문에 모진 환란을 당하고 있는 성도들에게 "너희가 말세에 나타내기로 예비하신 구원을 얻기 위하여 믿음으로 말미암아 하나님의 능력으로 보호하심을 입었나니"라고, 사도 베드로는 위로와 격려의 메시지를 전하고 있습니다. 이들 성도들이 당하고 있는 환란과 핍박을 "시험" 또는 "믿음의 시련"이라고 하였습니다. "너희 믿음의 시련이" 이는

1. 하나님께서 주시는 시련이었습니다.

긍휼이 풍성하신 하나님이 예수 그리스도로 말미암아 거듭나게 하신바 성도들에게 주신 이 믿음의 시련은 하나님의 선하신 목적에 의해 주시는 시련임을 본문 7절에서 "불로 연단하여 없어질 금보다 귀하여 예수 그리스도의 나타나실 때에 칭찬과 영광과 존귀를 얻게 하려 함이라"라는 말씀으로 밝혀 주고 있습니다. 중요한 것은 하나님의 선하신 목적에 의한 하나님의 시험 곧 시련이라는 것입니다. 믿음의 시련은 하나님 은혜에 기인하고 있다는 데에 그 가치를 더하고 있습니다. 오직 예수, 오직 복음 때문에 당한 시련이었기에 그러합니다. 그러므로 그 시련은 큰 보람과 기쁨이 되었음을 본문 8절에서 그들은 "예수를 너희가 보지 못하였으나 사랑하는도다. 이제

도 보지 못하나 믿고 말할 수 없는 영광스러운 즐거움으로 기뻐하니"라고 말씀해 주셨던 것입니다. "너희 믿음의 시련이" 이는

2. 성도들만의 시련이었습니다.

본문 1절에서 "본도, 갈라디아, 갑바도기아, 아시아와 비두니아에 흩어진 나그네"들만의 시련이었고 바로 이들은 2절 "하나님 아버지의 미리 아심을 따라 성령의 거룩하게 하심으로 순종함과 예수 그리스도의 피 뿌림을 얻기 위하여 택하심을 입은 자들"이었으며 3절에 "우리 주 예수 그리스도의 아버지 하나님이 그 많으신 긍휼대로 예수 그리스도의 죽은 자 가운데서 부활하심으로 말미암아 우리를 거듭나게 하사 산 소망이 있게 하시며"라고 하신바 중생 받아 천국 소망을 가진 자들입니다. 아무나 받는 시련이 아니라는 것입니다. 구원 받은 성도들이 교회생활 속에서 자신을 희생하며 겪는 여러 형태의 시련을 즐거워하며 기뻐하는 이유가 그 시련이 하나님께서 원하시는 자신만의 시련이기 때문입니다. "너희 믿음의 시련이" 이는

3. 영광스러운 상급이 보장된 시련이었습니다.

본문 7절에 "예수 그리스도의 나타나실 때에 칭찬과 영광과 존귀를 얻게 하려 함이라"라고 하였습니다. 여기에 "예수 그리스도의 나타나실 때"란 바로 우리 주 예수 그리스도께서 영광중에 재림하실 때를 말합니다. "칭찬과 영광과 존귀를 얻게 하려함이라"라는 말씀은 천국에서의 상급을 말합니다. 사도 요한은 "네가 죽도록 충성하라 그리하면 내가 생명의 면류관을 네게 주리라"(계2:10)라고 전하였고, 사도 베드로는 "맡기운 자들에게 주장하는 자세로 하지 말고 오직 양 무리의 본이 되라 그리하면 목자장이 나타나실 때에 시들지 아니하는 영광의 면류관을 얻으리라"(벧전5:3-4)라

고 하였습니다. 히브리서 기자는 "믿음으로 모세는 장성하여 바로의 공주의 아들이라 칭함을 거절하고 도리어 하나님의 백성과 함께 고난 받기를 잠시 죄악의 낙을 누리는 것 보다 더 좋아하고 그리스도를 위하여 받는 능욕을 애굽의 모든 보화보다 더 큰 재물로 여겼으니 이는 상 주심을 바라봄이라"(히11:24-26)라고 하였습니다. 여기에 면류관이나 상은 "믿음의 시련"을 통과한 사람들에게 약속하신 보상이요 상급인 것입니다. 이 놀랍고도 영광스러운 엄청난 축복의 사건이 우리 주님 재림 하실 때 분명하게 나타날 것입니다.

사랑하는 성도 여러분!

믿음의 시련은 하나님께서 주시는 시련입니다. 바로 그 시련은 성도들만이 겪는 값진 시련이며, 우리 주님 재림하실 그 날에 칭찬과 영광과 존귀함의 면류관과 상급이 주어질 시련입니다. 아브라함이 모리아 산으로 아들인 이삭을 번제로 드리기 위해 올라갔던 시련의 길이 훗날, 예수 그리스도께서 십자가를 지고 가신 길이었고, 사도들과 초대교회 성도들이 오직 복음과 교회를 위하여 자신을 불태우며 걸어갔던 시련의 길이었습니다. 욥은 "나의 가는 길을 오직 그가 아시나니 그가 나를 단련하신 후에는 내가 정금 같이 나오리라."(욥23:10)라고 하였고, 사도 바울은 "생각건대 현재의 고난은 장차 우리에게 나타날 영광과 족히 비교할 수 없도다."(롬 8:18)라고 하였습니다. 우리에게 당한 "믿음의 시련"을 감수함으로 오직 하나님께만 영광을 돌리는 성도가 되시기를 축원합니다. 아멘.

네 면류관을 빼앗지 못하게 하라

《요한계시록 3:7-13》

지금의 터키 소아시아지역 서부 루디아 지방의 성읍으로 사데 동남쪽으로 약 48km 떨어진 고원지역에 위치한 빌라델비아는 사도 요한 당시 신전이 많아서 '작은 아덴'이라고 불리었던 도시였습니다. 이곳에 세워진 빌라델비아 교회는 일곱 교회 중, 서머나 교회와 같이 주님께 칭찬받은 교회였습니다. 바로 이 교회가 다윗의 열쇠를 가지신 그리스도로부터 받은 큰 축복과 상급의 약속은 열린 문(3:7)과 사랑의 확증인 승리(3:9), 그리고 면류관(3:11)과 하나님 성전의 기둥(3:12)이었습니다. 특별히 열린 문의 축복은 이 교회가 받은 구원의 문, 곧 천국의 문임과 동시에 영혼구원을 위한 전도 및 선교의 문이었음을 알 수 있습니다. 이는 한마디로 지상에 존재한 하나님의 교회가 받은 큰 축복의 문이 아닐 수 없습니다. "네 면류관을 빼앗지 못하게 하라" 이는

1. 말씀을 지킴에 있습니다.

본문 8절에 "내가 네 행위를 아노니 네가 적은 능력을 가지고도 내 말을 지키며"라고 하였습니다. 이 말씀에서 성도들의 믿음에 따른 행위, 곧 신앙생활이 얼마나 중요한 것인가를 분명하게 보여 주고 있습니다. 그래서 그리스도의 종 야고보는 "행함이 없는 믿음은 죽은 것"이라고 했습니다(약 2:26). 특히 일곱 교회 중에 사데 교회는 하나님 앞에서 그 행위가 온전하지 못했으므로 주님으로부터 "네가 살았다 하는 이름은 가졌으나 죽은 자로다"라는 무서운 질책을 받았습니다. 빌라델비아 교회가 지켰던 주님의 말

씀은 10절에 "네가 나의 인내의 말씀을"이라고 하신바 "인내의 말씀"입니다. 여기에 "적은 능력"이란 원어 '미크란 에이케스 뒤나민'은 '능력이 거의 없다'라는 말로 이는 당시 빌라델비아 교회 성도들의 신분이나 직위와 같은 힘이 변변치 못했음을 뜻합니다. 그렇게 연약한 그들이 본문 9절에 "사탄의 회"인 유대인들의 박해를 받았지만 예수 그리스도의 인내의 말씀, 곧 진리를 목숨 걸고 지켰던 것입니다. "네 면류관을 빼앗지 못하게 하라" 이는

2. 배반치 아니함에 있습니다.

본문 8절 끝에 "내 이름을 배반치 아니 하였도다"라고 하였습니다. 당시 빌라델비아 교회는 그리스도의 진리를 반대하여 온갖 거짓말로 배교를 획책하는 "사탄의 회" 곧 유대주의자들의 유혹이 있었음을 알 수 있습니다. 그러나 빌라델비아 교회 성도들은 그들의 강압적인 도전에도 결국, 주님의 이름을 배반치 않았던 것입니다. 오직 말씀 중심으로 믿음의 정절을 끝까지 지켰다는 말입니다. 이것이 바로 주님께 대한 충절의 자세입니다. 그리스도의 신부된 교회의 생명은 바로 정절에 있습니다. 어떤 경우에든지 주님을 배반치 않는바 신조를 지킴이 충절의 믿음이기에 성도는 마땅히 배반치 않는 이 믿음을 가지고 살아야 할 것입니다. "네 면류관을 빼앗지 못하게 하라" 이는

3. 확신에 따른 소망에 있습니다.

본문 7절 "거룩하고 진실하사 다윗의 열쇠를 가지신 이"에 대한 확신과 아울러 9절에 대적들이 그들 발 앞에 절하게 함으로 "내가 너를 사랑하는 줄을 알게 하리라"는 주님 사랑에 대한 확신이 있었습니다. 또한 10절에

서 유대인들의 모진 시험에서 보호해 주신다는 "내가 또한 너를 지키어 시험의 때를 면하게 하리니"라는 말씀에 대한 분명한 확신이 있었습니다. 십자가에서 죽으시고 부활 승천하신 예수 그리스도는 그의 영이신 성령으로 교회와 성도를 모진 환란과 유혹 가운데서 반드시 보호하시고 지켜주신다는 사실을 믿는 것이 곧 살아 역사하는 소망입니다. 주님께서는 인내의 말씀인 십자가의 복음 때문에 고난당하면서도 정절을 지키며 나가는 교회를 보호하시며 지키십니다. 10절에 "너를 지키어", 11절에 "내가 속히 임하리니", 12절에 "그가 결코 다시 나가지 아니하리라"라는 말씀에 대한 믿음은 곧, 하나님에 대한 소망입니다.

사랑하는 성도 여러분!

빌라델비아 교회는 건물을 말하는 것이 아닙니다. 빌라델비아 지역에 있는 성도를 말합니다. 바로 이들, 성도에게 우리 주 예수 그리스도께서는 면류관을 약속하셨습니다. 이 약속은 오늘을 살아가는 우리들에게도 동일하게 주어진 분명한 약속입니다. 오직 믿음으로 인내의 말씀을 지키는 우리들에게, 그리고 어떠한 경우에도 주의 이름을 배반하지 아니 하는바 믿음의 정절을 목숨 걸고 지키는 우리들에게 주시는 약속입니다. 주님의 사랑하심과 함께하심에 대한 확신을 가지고 "네가 가진 것을 굳게 잡아 아무나 네 면류관을 빼앗지 못하게 하라"라는 주님의 말씀을 굳게 잡고, 예수 그리스도께서 재림하실 그 날에 우리 모두에게 주실 영광의 면류관을 소망하며, 빌라델비아 교회 성도들처럼 하나님께 칭찬과 영광과 상급을 받는 우리 교회와 모든 성도들이 되시기를 축원합니다. 아멘.

아무라도 능히 셀 수 없는 큰 무리

《요한계시록 7:9-14》

주후 95년 경, 예수 그리스도의 사도 중 마지막으로 남은 사도 요한은 유배지인 밧모섬에서 주의 환상을 통해 천상세계의 모습을 봅니다. 그는 오늘 본문에서 "각 나라와 족속과 백성과 방언에서 아무라도 능히 셀 수 없는 큰 무리"를 보고 있습니다. 바로 이들 모두는 모든 천사와 보좌와 장로들과 네 생물들과 함께 어울려 하나님의 보좌 앞과 어린양 앞에 서서 큰 소리로 외치며 "구원하심이 보좌에 앉으신 우리 하나님과 어린양에게 있도다."라고 찬송하는 영광스러운 무리들이었습니다. 바로 이 무리들은 그리스도의 피로 죄 씻음을 받은 하나님의 백성들, 곧 교회를 말합니다. "아무라도 능히 셀 수 없는 큰 무리" 이들은

1. 그리스도의 신부입니다.

본문 9절에 "큰 무리가 흰 옷을 입고"라고 하였습니다. 또한 13절에는 "흰 옷 입은 자들이라"라고 증거해 주고 있습니다. 바로 이들이 입은 흰옷은 14절에 "어린양의 피에 그 옷을 씻어 희게 하였느니라."고 하셨습니다. 여기에 "흰 옷"인 '스톨라스 류카스'는 그리스도의 피로 죄 씻음을 받은 칭의의 옷, 곧 구원의 옷을 뜻합니다. 그래서 그들은 본문 10절에 "큰 소리로 외쳐 가로되 구원하심이 보좌에 앉으신 우리 하나님과 어린양에게 있도다."라고 찬송을 하고 있는 것입니다. 이 찬송은 아무라도 능히 셀 수 없는 큰 무리만이 부를 수 있는 찬송입니다. 이는 그리스도의 신부된 자들만의 특권이기도 합니다. 영원한 유황불 못인 지옥에서 터져 나오는 무리들의

탄식과는 대조를 이룹니다. 여기에 흰 옷은 또한 그리스도께서 "그에게 허락하사 빛나고 깨끗한 세마포를 입게 하셨은 즉 이 세마포는 성도들의 옳은 행실이로다."(계19:8)라고 하신바 그리스도의 신부된 성도들의 순결한 삶을 상징하기도 합니다. "아무라도 능히 셀 수 없는 큰 무리" 이들은

2. 영적 전투의 승자입니다.

본문 9절에서 이들에 대해 "손에 종려가지를 들고"라고 하였습니다. 그들의 손에 종려가지가 들려져 있음이 특이합니다. 바로 이 "종려가지" 즉 '포이니케스'는 종려나무 가지를 말하는데, 이는 승리를 상징합니다. 만왕의 왕이요 만주의 주가 되신 예수 그리스도께서 예루살렘 성에 입성하실 때, 많은 무리들이 종려나무 가지를 흔들며 찬송하기를 "호산나 찬송하리로다. 주의 이름으로 오시는 이 곧 이스라엘의 왕이시여"(요12:13)라고 하였던 사건을 우리는 기억합니다. 당시, 경주자들에게 있어 오직 한 사람의 승자에게만 그 머리에 월계관이 씌워졌듯이 영적싸움에서 승자의 손에 종려나무가 들려 진 것입니다. 예수께서는 "세상에서는 너희가 환란을 당하나 담대하라. 내가 세상을 이기었노라"(요16:33)라고 하셨고, 사도 바울은 "이 모든 일에 우리를 사랑하시는 이로 말미암아 우리가 넉넉히 이기느니라."(롬8:37)라고 하였으며, 사도요한 역시 "대저 하나님께로서 난 자마다 세상을 이기느니라. 세상을 이긴 이김은 이것이니 우리의 믿음이니라"(요일5:4)라고 하였습니다. "아무라도 능히 셀 수 없는 큰 무리" 이들은

3. 그리스도 고난의 증인입니다.

본문 14절에서 천상의 장로 중 하나가 지상에서의 장로인 사도 요한에게 아무라도 능히 셀 수 없는 큰 무리에 대해 대답하기를 "이는 큰 환난에

서 나오는 자들"이라고 하였습니다. 여기에 "큰 환난"이란 장엄한 압박, 고통, 시련을 뜻하는 말로 바로 십자가의 고난을 뜻합니다. 기독교에 대한 바른 신앙은 반드시 그리스도의 십자가를 통해서만 이해되어야 합니다. 그리스도의 사도인 바울은 "우리가 그와 함께 영광을 받기 위하여 고난도 함께 받아야 될 것이니라. 생각건대 현재의 고난은 장차 우리에게 나타날 영광과 족히 비교할 수 없도다."(롬8:17-18)라고, 성도들의 영적인 삶에 있어 십자가 고난의 필연성과 그 가치에 대해 말하였습니다. 그러므로 그의 제자 디모데에게 "네가 그리스도 예수의 좋은 군사로 나와 함께 고난을 받을지니"(딤후2:3)라고 권하였던 것입니다.

사랑하는 성도 여러분!

사도 요한이 보았던 "아무라도 능히 셀 수 없는 큰 무리"를 보면서 우리들 자신의 모습을 확인해야 합니다. 이유는 바로 그 큰 무리들 속에 오늘 우리 모두가 포함되어 있기 때문입니다. 그리스도께서 입혀주신 칭의의 흰옷을 더럽혀서는 안 됩니다. 사데 교회에 "그 옷을 더럽히지 아니한 자 몇 명"(계3:4)과 같이 말입니다. 그리스도의 신부로서의 순결을 목숨 걸고 지켜야 합니다. "그리스도 예수의 좋은 군사"(딤후2:3)로서 십자가의 고난을 감수하며 영적 싸움에서의 승자가 되어야 합니다. 이미 우리 주 예수 그리스도께서 그의 십자가로 이기셨고, 또 우리로 하여금 오직 말씀과 성령의 능력을 힘입은바 믿음으로 이기게 하시는 성삼위 우리 하나님께 영광과 찬송을 돌리시기를 축원합니다. 아멘.

땅에 엎드려 경배하며

《욥기 1:20-22》

우수 땅의 욥! 그는 하나님을 경외함에 뛰어난 아랍인으로서 1장 3절에 "이 사람은 동방 사람 중에 가장 큰 자라"라고 말씀해 주고 있습니다. 욥의 수난사를 기록한 욥기서의 문학적인 가치에 대해 프랑스의 문호 빅토르 위고는 "욥기는 인간의 마음에 대하여 쓴 최대의 걸작이다."라고 하였고, 토마스 카알라일은 "나는 이 책을 최대 걸작의 하나로 생각한다. 인간의 운명, 인간에 대한 하나님의 섭리 등 영원한 문제를 처음으로 취급하였다. 이처럼 문학적 가치가 있는 책은 없다."라고 극찬하였습니다. 욥은 순전함과 정직함과 여호와를 경외함이 모든 사람들 위에 뛰어났기에 사탄의 고발과 도전의 시련을 겪지만 하나님을 향하여 "땅에 엎드려 경배하며" 어리석게 원망하지를 않았고 결국은 그의 믿음의 진가를 더더욱 빛나게 드러낸 승리의 사람이 되었던 것입니다. "땅에 엎드려 경배하며" 이는 욥의

1. 예배중심의 삶이었습니다.

본문 20절에 "욥이 일어나 겉옷을 찢고 머리털을 밀고 땅에 엎드려 경배하며"라고 하였습니다. 욥은 졸지에 밀어닥친 재화의 비보들을 듣고 일어섰습니다. 겉옷을 찢고 머리털을 밀었습니다. 그리고 땅에 엎드려 하나님께 경배하였습니다. 이 같은 욥의 행동은 고난 속에서도 좌절하거나 원망하지 아니하고 오히려 하나님을 향하여 열려 있는 마음으로 경배하는 예배중심의 삶, 즉 역경 중에 하나님을 찾는 신앙적 행위가 예배임을 보여 줍니다. 참으로 아름다운 신앙의 모습이 아닐 수 없습니다. 여기에 "경배하다"

라는 히브리어 동사는 대개 세 단어로 쓰여 졌는데 본문에서의 '솨하'는 존경함으로 무릎을 꿇고 앞 이마를 땅에 댐으로써 경의를 표시하는 것이며, '카-파프'는 자신을 겸손하게 하여 복종함을 뜻하며, '아-바드'는 봉사함을 뜻합니다. 그러므로 경배는 복종과 존경, 그리고 충성의 표시로서 하나님 앞에 성도들이 마땅히 취하여야 할 가장 축복된 삶의 기본자세라 하겠습니다. "땅에 엎드려 경배하며" 이는 욥의

2. 겸손한 인격과 삶이었습니다.

본문 20절에 "욥이 일어나 겉옷을 찢고 머리털을 밀고 땅에 엎드려 경배하며"라고 하였습니다. 이는 고통 중에 하나님 앞에 자신이 죄인 됨을 통탄하는 겸손한 인격과 삶의 자세를 보여줍니다. 그리고 그는 21절에 그는 "내가 모태에서 적신이 나왔사온즉 또한 적신이 그리로 돌아가올지라."라고 고백하고 있습니다. 인생이 무엇이며 어디로부터 와서 어디로 가는 것인가를 발견한 인생 고백이기도 합니다. 지혜의 왕 솔로몬은 "저가 모태에서 벌거벗고 나왔은즉 그 나온 대로 돌아가고"(전5:15)라고 하였으며, 사도 바울 또한 "우리가 세상에 아무것도 가지고 온 것이 없으매 또한 아무 것도 가지고 가지 못하리니 우리가 먹을 것과 입을 것이 있은즉 족한 줄로 알 것이니라"(딤전6:7-8)라고 하였습니다. "땅에 엎드려 경배하며" 이는 욥의

3. 하나님 절대주권 의존의 신앙이었습니다.

본문 21절에서 욥은 "주신 자도 여호와시요 취하신 자도 여호와시오니"라고 하였습니다. 이는 하나님의 절대주권을 믿고 의존하는 신앙의 고백입니다. 욥이 네 번이나 연속된 비보 앞에서도 좌절하여 어리석게 하나님을 원망치 않았던 것은 바로 하나님의 절대주권에 대한 분명한 신앙 때문이었

습니다. 한나는 "여호와는 죽이기도 하시고 살리기도 하시며 음부에 내리게도 하시고 올리기도 하시는도다."(삼상2:6)라고 하였으며, 10절에서 "여호와를 대적하는 자는 산산이 깨어질 것이라"라고 노래하였습니다. 결국, 욥이 이 신앙을 가졌기에 본문 21절 끝에 "여호와의 이름이 찬송을 받으실지니이다."라고 하나님께 감사의 찬송을 드렸던 것입니다. 이 같은 감사야말로 고산의 눈 속에서 꽃망울을 맺어 그 아름다운 자태를 드러내는 인고의 꽃인 에델바이스와 같다고 하겠습니다.

사랑하는 성도 여러분!

그리스도의 종 야고보는 "보라 인내하는 자를 우리가 복되다 하나니 너희가 욥의 인내를 들었고 주께서 주신 결말을 보았거니와 주는 가장 자비하시고 긍휼히 여기는 자시니라."(약5:11)라고 하였습니다. 고난 속에서도 하나님을 향하여 그 마음이 열려 있는 믿음의 사람은 반드시 승리함을 욥에게서 보게 됩니다. 이는 곧 예수 그리스도의 십자가와 부활에서 그 진가를 확증해 줍니다. 고난 속에서도 전능하신 하나님께 엎드려 예배하며, 겸손하게 오직 하나님의 절대주권만을 믿고 의존하기만 하면 초연의 위대한 힘을 체험할 수 있습니다. 이러한 신앙인은 세상이 능히 감당치 못하는 욥과 같은 사람입니다. 우수 땅의 의인 욥과 같이 십자가를 참으신 우리 예수 그리스도만을 바라보면서 오직 주의 말씀과 믿음으로 승리하시는 축복된 성도가 되시기를 축원합니다. 아멘.

먼저 그의 나라와 의를 구하라

《마태복음 6:31-34》

사람들 마다 보다 좋은 환경 속에서 좋은 집과 음식을 먹고 마시며 좋은 옷으로 단장하고 싶은 마음은 인간의 보편적인 욕망입니다. 그 중에 식에 관한 문제는 대단히 중대합니다. 지금 북한의 경우, 김정일의 폭정 하에 300만 동족이 아사되었고, 그 수가 날로 급증하고 있다는 것이 뼈아픈 현실입니다. 오늘 본문에서 예수께서는 "그러므로 염려하여 이르기를 무엇을 먹을까 무엇을 마실까 무엇을 입을까 하지 말라 이는 다 이방인들이 구하는 것이라 너희 천부께서 이 모든 것이 너희에게 있어야 할 줄을 아시느니라."라고 하시면서 33절에 "너희는 먼저 그의 나라와 그의 의를 구하라 그리하면 이 모든 것을 너희에게 더하시리라"라고 말씀하셨습니다. "먼저 그의 나라와 의를 구하라" 이는

1. 최우선적 삶의 자세를 명하심입니다.

"너희는 먼저"라고 말씀하신바 "먼저"라는 '프로톤'은 '첫 째로'이란 말로 최우선적인 선택과 목적을 둔 영적인 삶의 자세를 가지라는 명령입니다. 이는 불신자들이 인생의 첫째 목표로 두고 추구하는바 세속적인 욕망인 잘 먹고 마시고 잘 입고하는 것과는 전혀 상반된 삶의 자세를 말씀해 주심입니다. 영혼의 존재를 부정하는 무신론 유물론주의 사상은 철저하게 육신적 탐욕에 그 뿌리를 두고 있지만, 하나님의 자녀들은 그렇지를 않습니다. 성도들은 무엇이 최우선이며 차선인가, 또한 무엇이 목적이며 수단인가, 과연 무엇이 절대가치이며 무엇이 상대가치인가를 하나님의 말씀을 통

해 분명하게 아는 자들입니다. 그러므로 주님께서 말씀해 주신 "너희는 먼저"라는 이 말씀에 전혀 부담 없이 마음에 받아들입니다. 차선이 우선보다 앞서거나, 수단이 목적보다, 상대가치가 절대가치에 앞서면 안 됩니다. 이유는 그 삶 자체가 불행이요, 또한 그 종말이 비참하기 때문입니다. 이렇게 하나님 없이 살다가 저주스러운 죽음을 맞이한 유명 인물들을 우리는 역사 속에서 많이 보게 됩니다. "먼저 그의 나라와 그의 의를 구하라" 이는

2. 교회부흥과 세계선교 운동을 명하심입니다.

예수께서는 본문 33절에서 "너희는 먼저 그의 나라와 의를 구하라"라고 말씀하심으로 성도들이 최우선적으로 선택해야 할 삶의 목적이 하나님 나라 운동인 영혼구원의 교회부흥과 세계선교 운동에 대한 역사임을 밝혀 주셨습니다. 바로 이 일이 축복된 삶의 목적임과 아울러 절대가치의 것입니다. 우리 성도들이 이 세상에 살아가는 존재의미와 가치가 여기에 있습니다. 반드시 하나님의 교회는 부흥하며 땅 끝까지의 세계선교는 하나님 나라와 의를 추구하는 모든 자들을 통하여 이루어지고 맙니다. 이는 곧 그 사역이 사도 바울의 고백처럼 생명보다 귀한 사명이기 때문입니다. "먼저 그의 나라와 그의 의를 구하라" 이는

3. 성도 삶에 대한 행동강령입니다.

"먼저 그의 나라와 그의 의를 구하라"라고 주님은 말씀하셨습니다. "너희는…구하라"라는 '제테이테'는 '제테오' 즉 '애쓴다'라는 말의 명령형입니다. 하나님의 나라 확장에 따른 사랑실천인 의를 행함은 하나님의 구속사에 쓰임 받는 영광스러운 일이기 때문에 다섯 달란트, 두 달란트 받은 종(마25:16-17)같이, 그리고 밭에 감추어진 보화를 발견한 농부와 값진 진

주를 만난 장사(마13:44-46)와 같이 그 일에 최선을 다하여야 합니다. "너희는…구하라"라는 '제테이테' 명령 속에 담겨진 강력한 에너지는 교회부흥과 세계선교에 대한 비전과 확신이며 성령의 도우심만을 간구하는 뜨거운 기도입니다. 또한 하나님의 의를 실천하는 헌신적 열정입니다. "먼저 그의 나라와 그의 의를 구하라" 이는

4. 축복된 삶에 대한 약속입니다.

본문 33절에 "그리하면 이 모든 것을 너희에게 더하시리라"고 말씀하셨습니다. "이 모든 것"이란 필요에 따라 주시는 풍성한 물질적 축복과 아울러 영혼의 만족과 평안의 복을 다 포함한 하나님의 축복을 말씀하심입니다. 오직 하나님의 나라와 의에 대한 포부로 가득 차 그 일을 추구하며 헌신하는 성도들에게 주신다는 하나님의 축복에 대한 분명한 약속입니다.

사랑하는 성도 여러분!

오늘 우리 주 예수 그리스도께서 모든 성도들에게 "너희는 먼저 그의 나라와 의를 구하라"라는 대단히 중요한 명령을 주셨습니다. 이는 불신 세상 사람들에게 주신 명령이 아닙니다. 하나님의 자녀인 우리들에게 주신 명령이라는 것입니다. 이는 마땅히 가져야 할 기본적인 영적 자세이며 축복된 삶의 대원칙입니다. "너희는 먼저"라는 이 말씀을 잊어서는 안 됩니다. 예수 그리스도께서 재림하실 그 날까지 오직 "그의 나라와 그의 의를 구하라"라는 교회부흥과 세계선교에 따른 사랑실천에 귀하게 쓰임 받는 축복된 우리 교회와 가정, 그리고 기업이 되시기를 축원합니다. 아멘.

비록 피곤하나 따르며

《사사기 8:4》

주전 1150년 경, 사사시대 당시 미디안의 폭정에서 이스라엘의 구원을 위하여 하나님께서는 사사 기드온과 그의 300명 용사를 선별하셨습니다. 이들이야말로 죽음도 불사한 일사각오의 순교적 정예용사들이었습니다. 오늘 본문의 말씀은 미디안 대적과 싸우며 추격해 온 그들에 대해 4절에 "기드온과 그 좇은 자 삼백 명이 요단에 이르러 건너고 비록 피곤하나 따르며"라고 하였습니다. 그들이 피곤하였지만 하나님과 기드온을 따랐던 모습에서 오늘날, 주님을 따르는 성도들의 영적 삶의 바른 자세를 보여 주고 있습니다. "비록 피곤하나 따르며" 이는 그들에게

1. 하나님 말씀이 있었기 때문입니다.

하나님께서는 미디안 사람의 눈을 피하여 포도주 틀에서 밀을 타작하는 나약한 기드온을 찾아오셔서 "큰 용사여 여호와께서 너와 함께 계시도다."(삿6:12)라고 말씀하셨고, 16절에서 "내가 반드시 너와 함께 하리니 네가 미디안 사람 치기를 한 사람 치듯 하리라."라고 또 말씀하셨습니다. 그 후 그와 함께 할 300명 용사를 선별해 주시면서 "내가 이 물을 핥아먹은 삼백 명으로 너희를 구원하며 미디안 사람을 네 손에 붙이리니"(삿7:7)라고 약속해 주셨습니다. 마침내 기드온은 "일어나라 여호와께서 미디안 군대를 너희 손에 붙이셨느니라."(삿7:15)라고 외치며, 미디안 적진으로 돌진합니다. 하나님께서 약속하신 말씀이 있었기에 그들이 비록 피곤하였지만 하나님과 기드온을 따랐던 것입니다. "비록 피곤하나 따르며" 이는 그들에게

2. 믿음이 있었기 때문입니다.

기드온을 비롯한 그들 300명 용사들의 가슴 속에는 전능하신 '엘 사다이' 하나님에 대한 믿음과 아울러 말씀해 주신바 필승의 확신이 뿌리 깊게 자리 잡고 있었습니다. 막강한 군사력을 가진 미디안 군대에 비해 기드온 용사들 손에 들려진 것은 빈 항아리와 그 속에 횃불 그리고 나팔이 전부였습니다. 어떻게 보면 이것들은 전투에서의 필수 장비인 무기는 아니었습니다. 그런데 신기한 것은 이들 용사들 중에 그 어느 한 사람도 문제를 제기한 자가 하나도 없었다는 사실입니다. 하나님은 모여든 31,700명을 두 차례의 선별과정을 통해 300명만을 뽑았습니다. 이들은 오직 믿음의 용사들이었습니다. 그들의 무장은 바로 믿음이었습니다. 사도 요한은 "대저 하나님께로서 난 자마다 세상을 이기느니라. 세상을 이긴 이김은 이것이니 우리의 믿음이니라"(요일5:4)라고 하였습니다. 그들이 오직 믿음으로 무장했기 때문에 비록 피곤하였지만 끝까지 하나님과 기드온을 따랐던 것입니다. "비록 피곤하나 따르며" 이는 그들에게

3. 소망이 있었기 때문입니다.

바로 그들의 소망은 승리에 대한 소망이었고 그 결과 하나님께서 그 민족에게 주실 태평성대의 꿈이었습니다. 바로 이 소망은 여호와께서 이미 약속해 주신 말씀에 대한 믿음에 뿌리를 둔 소망이었습니다. 시편의 시인은 "방백들을 의지하지 말며 도울 힘이 없는 인생도 의지하지 말지니 그 호흡이 끊어지면 흙으로 돌아가서 당일에 그 도모가 소멸하리로다. 야곱의 하나님으로 자기 도움을 삼으며 여호와 자기 하나님에게 그 소망을 두는 자는 복이 있도다."(시146:3-5)라고 하였습니다. 비록 피곤하였지만 하나님과 기드온을 따랐던 것은 그들에게 전승의 소망이 있었기 때문이었습니다.

"비록 피곤하나 따르며" 이는 그들에게

4. 사랑이 있었기 때문입니다.

먼저는 하나님께 대한 사랑입니다. 그리고 나라와 민족을 아끼는 사랑이었습니다. 사랑의 불기둥처럼 강력한 불길은 없을 것입니다. 기드온이나 그의 용사들은 하나님을 사랑하였고, 또한 고통 받는 그 민족을 사랑하였던 것입니다. 그래서 그들은 자신들의 목숨을 아끼지 않고 그 시대 그 민족을 위해 자신들을 불살랐던 것입니다. 오직 그들에게는 조금의 공적을 내세우며 공치사했던 에브라임과는 전혀 달랐습니다. 사랑만이 그들의 전부였습니다. 그래서 그들은 비록 피곤하였지만 하나님과 기드온을 따랐던 것입니다.

사랑하는 성도 여러분!

오늘 모든 우리 성도들은 영광스럽게도 하나님께 선별되어 소명된 예수 그리스도의 좋은 군사들(딤후2:3)입니다. 영적 전투장에서 십자가를 지고 주님을 따르는 용사들입니다. 고난의 길이기에 피곤할 수밖에 없지만 그러나 우리 모두의 가슴 속에 뜨겁게 타오르는 불기둥이 있기에 비록 피곤해도 주님을 따릅니다. 바로 그 불멸의 불기둥이 하나님의 말씀과 믿음, 그리고 소망과 사랑입니다. 선별된 기도온과 300명 용사와 같이 비록 피곤하지만 오직 예수 그리스도와 복음, 그리고 교회를 위하여 우리 주님을 따르는 일에 최선을 다하시기를 축원합니다. 아멘.

소원의 항구로 인도하시는도다

《시편 107:23-32》

본 시편은 감사제의 노래로 "여호와의 인자하심과 인생에게 행하신 기이한 일을 인하여 찬송할지로다."라고 여호와께 찬양할 것을 촉구함과 아울러 이스라엘 민족의 가슴 속에 타오르는 시온을 향한 희망의 불길인 "여호와께서 저희를 소원의 항구로 인도하시는도다."라는 고백으로 엮어져 있음이 본문의 찬양 시입니다. 하나님은 선민 이스라엘 민족을 "선척을 바다에 띄우며 큰물에서 영업하는 자"로 비유하였습니다. 사실 우리 성도들도 "선척을 바다에 띄우며 큰물에서 영업하는 자"와 같습니다. 하나님께서 소원의 항구로 우리를 인도해 주실 것을 확신하며 은혜받기를 원합니다. "소원의 항구로 인도하시는도다." 이는

1. 하나님 절대주권 신뢰의 찬양입니다.

본문 25절에 "여호와께서 명하신즉 광풍이 일어나서 바다 물결을 일으키는도다."라고 하였고, 29절에서 "광풍을 평정히 하사 물결로 잔잔케 하시는도다."라고 하였으며, 결국은 30절에 "여호와께서 저희를 소원의 항구로 인도하시는도다."라고 노래하였습니다. 광풍을 일으키시기도 하시고 잔잔케 하시는 하나님의 절대주권을 신뢰함에서 터져 나온 찬양입니다. 여기, 항해 중 광풍에 시달리는 인생의 모습을 26-27절에서 "저희가 하늘에 올라갔다가 깊은 곳에 내리니 그 위험을 인하여 그 영혼이 녹는도다. 저희가 이리 저리 구르며 취한 자 같이 비틀거리니 지각이 혼돈하도다."라고 했습니다. 파란만장한 인생 삶을 표현함입니다. 이러한 인생고뇌의 광풍을

평정 하시며 그 큰 물결을 잔잔케 하심으로 평온과 기쁨으로 소원의 항구로 인도하시는 분은 오직 절대주권자이신 하나님 밖에 없다는 사실입니다. "소원의 항구로 인도하시는도다." 이는

2. 부르짖는 기도응답의 찬양입니다.

본문 28-29절에 "이에 저희가 그 근심 중에서 여호와께 부르짖으매 그 고통에서 인도하여 내시고 광풍을 평정히 하사 물결로 잔잔케 하시는도다."라고 하였습니다. 19-20절에서도 "이에 저희가 그 근심 중에 여호와께 부르짖으매 그 고통에서 구원하시되…저희를 고치사 위경에서 건지시는도다."라고 하였습니다. 그들이 당한 이 고통의 원인을 11절에서 "하나님의 말씀을 거역하며 지존자의 뜻을 멸시함이라"라고, 또 17절에서 "저희 범과와 죄악의 연고로 곤난을 당하매"라고 지적해 주었습니다. 이러한 상황에서 매우 중요한 것은 "여호와께 부르짖으매"라는 기도입니다. 이 때, 여호와 하나님의 인자하심과 인생에게 행하신 기이한 일, 즉 기적이 나타난다는 사실에서 기도의 위력을 보여 줍니다. "소원의 항구로 인도하시는도다." 이는

3. 하나님 구속은총의 찬양입니다.

본 시편 2절에서 "여호와께 구속함을 받은 자…여호와께서 저희를 대적의 손에서 구속하사"라고 하였고, 13-14절에서 "그 고통에서 구원하시되 흑암과 사망의 그늘에서 인도하여 내시고 그 얽은 줄을 끊으셨도다."라고 하였으며, 19-20절에서 "그 고통에서 구원하시되 저가 그 말씀을 보내어 저희를 고치사 위경에서 건지시는도다."라고 하였습니다. 한마디로 하나님 구속은총을 찬양함입니다. 그 결과 평온함과 기쁨을 누리게 되며 결국은

소원의 항구에 도착하게 되는 것이니 인생에게 행하신 이 기이한 일, 즉 하나님의 구속은총이야말로 크신 복이 아닐 수 없습니다. 이는 바로 예수 그리스도의 십자가와 부활 은총에 대한 예표론적 사건입니다. 하나님과의 단절에서 비롯된바 광야 사막 길에서 방황함과 사탄의 철권통치에 시달림, 또한 노도광풍에 영혼이 녹으며 지각이 혼미해지는 절망적인 고통은 피할 수 없는 저주스러운 인생의 삶입니다. 이러한 우리 인생을 예수 그리스도께서 그의 십자가와 부활로 소원의 항구인 교회와 영원한 천국을 주신 것입니다.

사랑하는 성도 여러분!

우리 인생 삶의 여정은 광야 사막의 길과 시온을 향하는 항해와 같은 여정입니다. 우리의 여정이 소원의 항구인 지상 교회와 저 영원한 천국을 향한 순례자의 여정이기에 행복한 것입니다. 이는 그 길을 절대주권자이신 하나님께서 인도해 주시기 때문입니다. 고통을 당할 때마다, 우리가 부르짖는 기도에 응답하시는 하나님을 체험하게 되는 즐거운 여정입니다. 살면서 겪는 여러 형태의 광풍은 피할 수는 없습니다. 그러나 광풍과 큰 물결을 잔잔케 하시고 소원의 항구로 인도하시는 하나님이 계시기에 든든한 것입니다. 사실 우리 하나님께 부르짖는 기도야말로 위대한 힘입니다. 이는 그 기도의 응답이 하나님의 기이한 일들로 나타나기 때문입니다. 소원의 항구를 향한 우리들 신앙 순례자의 여정에 인도하시는 임마누엘 우리 하나님의 크신 은총이 함께 하시기를 축원합니다. 아멘.

신령한 은사를 너희에게 나누어 주어

《로마서 1:8-13》

본 로마서는 사도 바울의 서신들 중에서 복음에 대한 이해를 가장 완전하게 설명한 서신입니다. 또 이 서신은 로마에 있는 크리스천들에게 바울 자신이 로마에 도착하기 3년 전에 겐그레아 교회의 뵈뵈라는 여성도(롬 16:1-2)를 통해 보낸 것입니다. 오늘 본문 8-13절에는 사도 바울이 로마에 있는 성도들에 대한 감사와 아울러 그의 간절한 기도의 내용을 담고 있습니다. 그의 기도는 로마에 갈 좋은 길 얻기를 구하였고, 또 로마에 가고자 한 목적에 대해 11절에서 "신령한 은사를 너희에게 나눠 주어 너희를 견고케 하려 함이니"라고 하였습니다. 이와 같은 사도 바울의 불타는 심정은 사실 성도를 향한 모든 목회자의 심정이기도 합니다. "신령한 은사를 너희에게 나누어 주어" 그 은사는

1. 하나님의 말씀입니다.

본문 11절에서 사도 바울은 "내가 너희 보기를 심히 원하는 것은 무슨 신령한 은사를 너희에게 나눠 주어 너희를 견고케 하려 함이니"라고 하였습니다. 즉 하나님의 신령한 은사가 믿음을 견고케 한다는 것입니다. 본문에서 말씀해 주고 있는 "신령한"은 '프뉴마티코스' 라는 말로 이는 오직 성령으로 말미암은 영적인 것을 뜻하며 "은사"인 '카리스마'는 성령께서 주시는 선물을 뜻합니다. 믿음을 견고케 하는 신령한 은사는 하나님의 말씀으로 그 말씀이 성도들의 믿음을 견고케 합니다. 살아 역사하시는 하나님의 말씀 없이는 결코 믿음이 견고해 질 수 없기 때문입니다. 예수 그리스도

께서 "나를 믿는 자는 성경에 이름과 같이 그 배에서 생수의 강이 흘러나리라"(요7:38)라고 하셨는데, 이는 그 생수가 하나님의 말씀을 뜻합니다. 사도 바울은 "믿음은 들음에서 나며 들음은 그리스도의 말씀으로 말미암았느니라."(롬10:17)라고 증거하였습니다. "신령한 은사를 너희에게 나누어 주어" 그 은사는

2. 영적 삶에 원동력입니다.

본문 11절에 "무슨 신령한 은사를 너희에게 나눠 주어"라고 하였는데, 그 신령한 은사 곧 '카리스마'가 로마에 있는 모든 성도들의 영적인 삶에 있어 강력한 원동력이 된다는 말씀입니다. 바로 그 신령한 은사를 그들에게 나누워 주겠다는 것입니다. 성령께서는 그의 신령한 은사를 성도들에게 주심으로 그들의 영적인 삶에 개입하시어 성도들로 하여금 불신 세상 속에서 빛과 소금으로서의 위대한 희생적인 삶을 살도록 힘을 공급해 주시는 것입니다. 하나님 구원하심의 은혜 '카리스'는 단회적인 역사이시지만, 신령한 은사인 '카리스마'는 구원 받은 성도들의 전 생애를 통하여 계속 역사하여 헌신적인 봉사의 삶에 활력을 부어주시기 때문에 그 은사가 원동력이 되는 것입니다. 이 같은 신령한 영적인 삶을 통해 더욱 그 믿음이 견고해 짐을 사도 바울은 전하고 있습니다. 성령의 은사를 받지 아니라고는 결코 자신을 불태우는 헌신적인 봉사의 삶을 꽃피울 수 없습니다. 신령한 은사가 충만한 자는 곧 말씀과 성령이 충만한 자입니다. 신령한 은사가 충만한 자신의 헌신적인 삶 바로 그 속에서 그는 참된 행복을 누리는 것입니다. "신령한 은사를 너희에게 나누어 주어" 그 은사는

3. 축복된 삶의 열매입니다.

본문 13절에서 사도 바울은 "열매를 맺게 하려 함이로되 지금까지 길이 막혔도다."라고 그의 답답한 심정을 토로하였습니다. 이는 신령한 은사를 나눠 줌으로 맺을 축복의 열매를 열망하는 바울의 로마행 길에 방해를 받았다는 말씀입니다. 하나님의 모든 축복의 열매는 신령한 은사를 통하여 맺게 됨을 일러주는 말입니다. 신령한 은사 없이는 축복의 열매를 맺을 수 없는 법입니다. 사도 바울이 본문에서 말씀해 주는 열매는 크게 두 가지로 말씀해 주고 있습니다. 이는 신령한 은사로 인한 오직 믿음으로 말미암은 의인으로서 삶의 열매요, 또 한 가지는 그 신령한 은사로 인하여 모든 사람들에게 전파되는 복음결실의 열매입니다. 성도들이 이 축복의 열매들을 맺기 위해서는 반드시 성령께서 그리스도의 말씀을 통해 주시는 신령한 은사를 받아야 한다는 사실입니다.

사랑하는 성도 여러분!

하나님은 우리 모든 성도들이 하나님의 신령한 은사로 충만하시기를 원하십니다. 신령한 은사의 충만은 살아 역사하시는 말씀의 충만함이요, 이는 곧 성도들의 영적인 삶에 있어 강력한 에너지인 원동력입니다. 신령한 은사로 충만한 삶은 오직 믿음으로 말미암아 사는 의인의 삶 속에 맺히는 경건한 삶의 열매임과 아울러 복음전파를 통한 영혼 구원의 열매를 맺는 놀라운 축복이 됩니다. 그러하기 때문에 하나님께서는 오직 그의 나라와 의를 위하여 모든 교회와 성도들이 신령한 은사로 충만하시기를 원하시는 것입니다. 우리 모두 신령한 은사로 충만하여 오직 성삼위 우리 하나님께 큰 영광이 되시기를 축원합니다. 아멘.

여자야 네 믿음이 크도다

《마태복음 15:21-28》

예수 그리스도께서 가버나움을 떠나 두로와 시돈 지방으로 들어가시다가 한 여자를 만납니다. 그 여인은 가나안, 즉 페니키아의 이방여인이었습니다. 불행하게도 그녀에게는 흉악한 귀신에 들린 딸이 있었습니다. 이 여인은 예수님 앞에 엎드려 "나를 불쌍히 여기소서. 내 딸이 흉악히 귀신에 들렸나이다."라고, 딸의 절박한 문제를 안고 간청을 합니다. 예수님은 몇 단계의 과정을 거치면서 결국, "여자야 네 믿음이 크도다. 네 소원대로 되리라"라고 하시며 그 여인의 딸의 흉한 병을 치유해 주셨음이 본문의 내용입니다. "여자야 네 믿음이 크도다." 그녀의 믿음은

1. 주님에 대한 분명한 인식의 믿음이었습니다.

본문 22절에 "가나안 여자 하나가 그 지경에서 나와서 소리 질러 가로되 주 다윗의 자손이여 나를 불쌍히 여기소서. 내 딸이 흉악히 귀신에 들렸나이다."라고 하였습니다. 여인은 예수님께 "주 다윗의 자손이여"라고 합니다. 이는 예수님에 대한 분명한 인식의 믿음입니다. "주"라고 함은 구약성경에 나오는 하나님의 명칭인 중에 '아도나이'로 이는 '재판한다, 통치한다.'라는 뜻입니다. 이 단어가 신약성경에 기록된 헬라어로는 '퀴리오스'입니다. 지금 이 여인은 예수님을 '퀴리에' 즉 "주여"라고 부릅니다. 다윗의 자손인 예수, 그가 메시야 곧 하나님이시라는 고백입니다. 이방인이었던 그녀가 어떻게 이러한 고백하였는지 참으로 신기하기만 합니다. 이에 예수께서는 그녀의 믿음에 대하여 '오 귀나이', 즉 "오 여자여"라고, 감탄

하시며 부르셨던 것입니다. 한마디로 주님의 마음을 뜨겁게 감동시킨 믿음이었다는 말입니다. 지금도 예수님은 가이샤라 빌립보에서 제자들에게 "너희는 나를 누구라 하느냐"(마16:15)라고 물으셨던 것처럼 우리들에게 묻고 계십니다. 사도 베드로의 고백처럼 우리 또한 "주는 그리스도시오 살아계신 하나님의 아들이시니이다."(마16:16)라고 고백하여야 합니다. 바로 이 여인의 고백이 그러했습니다. 우리 주 예수 그리스도께 감동을 드리는 믿음이야말로 "보배로운 믿음"(벧후 1:1)입니다. "여자야 네 믿음이 크도다." 그녀의 믿음은

2. 시험을 통과한 믿음이었습니다.

본문에서 예수님은 이 여인에게 몇 단계의 시험과정을 거치고 계심을 보게 됩니다. 먼저 주님의 냉담한 침묵이었습니다. 본문 23절에 "예수는 한 말씀도 대답지 아니 하시니"라고 하였습니다. 여인은 예수님의 냉담한 침묵에도 포기하지를 않습니다. 계속해서 25절에 "예수께 절하며 가로되 주여 저를 도우소서."라고 더욱 간절하게 간청을 합니다. 이에 예수님은 26절에 "자녀의 떡을 취하여 개들에게 던짐이 마땅치 아니하니라."라고 합니다. 이 말씀에 여인은 27절에서 "옳소이다마는 개들도 제 주인의 상에서 떨어지는 부스러기를 먹나이다."라고 주님께서 시험하시는 과정을 포기치 아니 하고 잘 통과하고 있는 모습을 보여 줍니다. 이는 예수님 그가 그리스도이심을 확신하고 있었기 때문입니다. 주님에 대한 참 믿음은 어떠한 역경 속에도 결코 포기할 줄을 모릅니다. "여자야 네 믿음이 크도다." 그녀의 믿음은

3. 겸손한 믿음이었습니다.

본문 26에 예수 그리스도는 자신의 도우심을 끈질기게 간청하는 그 여인을 보시며 "자녀의 떡을 취하여 개들에게 던짐이 마땅치 아니하니라."라고 하십니다. 이에 여인은 27절에 "주여 옳소이다마는 개들도 제 주인의 상에서 떨어지는 부스러기를 먹나이다."라고 말하며 주님을 더욱 꼭 붙듭니다. 자신이야말로 개 같은 죄인임을 인정합니다. 바로 이 같은 모습이 겸손한 믿음의 자세입니다. 중국 내륙선교에 크게 공헌한 허드슨 테일러에게 "당신은 당신의 한 일에 대하여 교만해 본 적이 있습니까?"라고 물었을 때, 그는 "나는 내가 무엇을 했다고 생각한 적이 없습니다."(I never knew I had done anything.)라고 대답했다고 합니다. 자신이 죄인임을 절실하게 느끼는 사람은 겸손한 사람입니다. 고대 성총박사라 불리었던 아우구스티누스는 "기독교의 종지는 첫째도 겸손이요, 둘째도 겸손이요 셋째도 겸손이다"라고 했으며, 또한 그는 "겸손한 마음은 하나님의 풍성한 은혜를 담는 그릇이다"라고 말하였습니다.

사랑하는 성도 여러분!

성총박사 아우구스티누스는 "믿음이 없이 사는 때는 우리들은 밤이다"라고 하였습니다. 그렇습니다. 오직 예수 그리스도에 대한 온전한 믿음만이 성도 삶의 빛이요, 활력소이며, 참 행복입니다. 이는 그 믿음이 하나님께서 기뻐하시는 중대관심사가 되기 때문입니다. "여자야 네 믿음이 크도다. 네 소원대로 되리라."라고 하시며 딸의 병을 치유해 주셨던바 우리 주님의 크신 은총이 가나안 여인과 같은 믿음으로 주님께 순종하며 헌신하는 오늘 우리 교회와 성도들과 가정, 그리고 기업 위에 함께 하시기를 축원합니다. 아멘.

여호와는 우리와 함께 하시느니라

《민수기 14:1-10》

오늘 본문의 내용은 가나안을 향한 여정 중, 바란 광야 가데스에서 모세의 명을 받은 12정탐꾼들의 보고에 관한 사건으로 결국, 이 일로 광야 사막길 40년 여정의 결정적인 동기가 되었던 것입니다. 10정탐꾼들의 불신적 악평으로 본문 1절에 "온 회중이 소리 높여 부르짖으며 밤새도록 백성이 곡하였더라."라고 하였고, 이에 모세와 아론은 5절에 "이스라엘 자손의 온 회중 앞에서 엎드린지라"라고 하였습니다. 이러한 때, 여호수아와 갈렙은 옷을 찢으며 "오직 여호와를 거역하지 말라 또 그 땅 백성을 두려워하지 말라 그들은 우리 밥이라…여호와는 우리와 함께하시느니라."라고 외쳤고, 이에 여호와의 영광이 회막에 나타났다고 하였습니다. "여호와는 우리와 함께 하시느니라" 그 하나님은

1. 언약의 하나님이십니다.

하나님께서 출애굽 후, 가라고 명하신 젖과 꿀이 흐르는 땅 가나안은 일찍이 아브라함과 이삭과 야곱에게 약속하신 땅입니다. 여기에 "여호와"는 언약관계의 하나님을 뜻합니다. 그러므로 본문 8절에서 "여호와께서 우리를 기뻐하시면 우리를 그 땅으로 인도하여 들이시고 그 땅을 우리에게 주시리라"라고 하였던 것입니다. 여호수아와 갈렙의 마음에는 하나님 구속사에 대한 분명한 믿음이었기에 "여호와는 우리와 함께하시느니라."라고 외쳤던 것입니다. 분명한 것은 하나님의 언약은 반드시 성취된다는 사실입니다. "여호와는 우리와 함께 하시느니라" 그 하나님은

2. 전능하신 하나님이십니다.

12정탐꾼 중 10정탐꾼들에게는 전능하신 하나님에 대한 믿음이 없었기 때문에 가나안의 아낙 자손과 성읍은 강하고 견고하며 심히 큰(민13:28) 두려움의 대상으로 보여 마치 자신들은 33절에 "메뚜기"와 같은 존재로 여겨졌던 것입니다. 그러나 여호수아와 갈렙은 그들과는 달랐습니다. 그러므로 그들은 "백성을 안돈시켜 가로되 우리가 곧 올라가서 그 땅을 취하자 능히 이기리라"(민13:30)라고 외쳤던 것입니다. 전능하신 하나님이 함께하신다는 신앙이 그들에게 있었기에 9절에서 "그들은 우리의 밥이라"라고 외쳤던 것입니다. "여호와는 우리와 함께 하시느니라" 그 하나님은

3. 사랑의 하나님이십니다.

하나님이 사랑이시기에 이스라엘을 출애굽 시켜 주셨고, 약속의 땅 가나안으로 끝까지 인도해 주셨던 것입니다. 이 사실을 여호수아와 갈렙은 확신하였습니다. 그래서 본문 8절에서 "여호와께서 우리를 기뻐하시면 우리를 그 땅으로 인도하여 들이시고 그 땅을 우리에게 주시리라"라고 하였던 것입니다. 예수께서는 "세상에 있는 자기 사람들을 사랑하시되 끝까지 사랑하시니라"(요13:1)라고 하였습니다. 사도 바울은 "우리가 아직 죄인 되었을 때에 그리스도께서 우리를 위하여 죽으심으로 하나님께서 우리에게 대한 자기의 사랑을 확증하셨느니라."(롬5:8)라고 하였고, 또한 "긍휼에 풍성하신 하나님이 우리를 사랑하신 그 큰 사랑을 인하여 허물로 죽은 우리를 그리스도와 함께 살리셨고 너희가 은혜로 구원을 얻은 것이라"(엡2:4-5)라고 하였습니다. "여호와는 우리와 함께 하시느니라." 그 하나님은

4. 영광의 하나님이십니다.

10명의 정탐꾼들, 그 악평의 독소에 마음들이 녹아 희망을 포기한 채 온 밤을 지새우며 통곡하고 원망하였던 무리들에게 "여호와를 거역하지 말라"라고 질책하면서 "그 땅 백성을 두려워하지 말라 그들은 우리의 밥이라"라고 외쳤던 여호수아와 갈렙에게 본문 10절에서 "온 회중이 그들을 돌로 치려 하는 동시에 여호와의 영광이 회막에서 이스라엘 모든 자손에게 나타나시니라"라고 하였습니다. 결국, 그 준엄하신 하나님의 영광이 온 회중의 폭발적인 난동의 기류를 잠재웠던 것입니다. 바로 그 하나님의 영광이 모세와 아론, 그리고 여호수아와 갈렙의 영적인 권위를 더 높게 세워주셨던 것입니다.

사랑하는 성도 여러분!

이제, 우리 주님 오실 날 가까운 이 마지막 시대에 우리 모두에게 과연 무엇이 절실하게 필요한 것이겠는가를 깊이 생각해야 합니다. 그것은 바로 여호수아와 갈렙처럼 "여호와는 우리와 함께 하시니라."라는 분명한 믿음입니다. 이 믿음이 여러 형태의 위협으로 도전해 오는 사탄의 세력에 맞서 "너는 우리의 밥이다"라고 외치며 격퇴시킬 수 있기 때문입니다. 우리와 함께하시는 하나님은 언약의 하나님, 전능하신 하나님, 큰 사랑의 하나님, 영광의 하나님이십니다. 바로 그 하나님께서 우리와 함께하신다는 사실입니다. 여호수아와 갈렙과 함께하셨던 임마누엘의 은총이 우리들 삶 속에 항상 함께 하시므로 오직 하나님께 큰 영광이 되시기를 축원합니다. 아멘.

아브람이 여호와를 위하여

《창세기 13:10-18》

하나님께 소명되어 가나안에 정착한 아브람과 그의 조카 롯의 목자들 사이에 다툼이 일어났습니다. 이유는 그들의 가축이 많아서 동거할 수 없었기 때문이었습니다. 이에 아브람은 조카 롯에게 우선권을 주어 그가 원하는 기름진 요단으로 보내고, 아브람은 가나안 땅에 그대로 거하게 되었습니다. 롯이 떠난 후에 여호와께서는 아브람에게 "동서남북을 바라보라"라고 하셨고, 또한 "그 땅을 종과 횡으로 행하여 보라 내가 그것을 네게 주리라"라고 축복해 주셨습니다. 이에 아브람은 먼저 "여호와를 위하여" 단을 쌓음으로 이스라엘 선민의 조상이 되는 축복을 받았던 것입니다. "아브람이 여호와를 위하여" 이는 아브람 그의

1. 오직 믿음의 행위였습니다.

아브람은 여호와 하나님께 대한 철저한 믿음의 사람이었습니다. 그는 "너는 너의 본토 친척 아비의 집을 떠나 내가 네게 지시할 땅으로 가라"(창12:1)라고 명하셨을 때, "여호와의 말씀을 좇아갔고"라고 하였습니다. 히브리서 기자는 그의 믿음에 대해 "믿음으로 아브라함은 부르심을 받았을 때…갈 바를 알지 못하고 나갔으며"(히11:8)라고 하였습니다. 사도 바울은 그 믿음을 "하나님의 선물이라"(엡2:8)라고 하였고, 사도 베드로는 "보배로운 믿음"(벧후1:1)이라고 하였습니다. 아브라함이 약속의 아들, 이삭을 받을 때도(롬4:18-22)그러했으며, 그 아들을 모리아 산에서 번제로 드리려고 갈 때, '여호와 이레'(창22:14)의 믿음이 그러했습니다. 믿음은 신비한 능

력의 세계입니다. 인간의 이성이 도저히 이해할 수 없는 신비 그 자체입니다. 오직 믿음을 통해 놀라운 기적을 베풀어 주셨음을 예수님의 치유사역에서 많이 볼 수 있습니다. 그래서 사도 바울은 "내게 능력 주시는 자 안에서 내가 모든 것을 할 수 있느니라."(빌4:13)라고 말하였던 것입니다. "아브람이 여호와를 위하여" 이는 아브람 그의

2. 절대순종의 행위였습니다.

본문 14-15절에 "너는 눈을 들어 너 있는 곳에서 동서남북을 바라보라. 보이는 땅을 내가 너와 네 자손에게 주리니 영원히 이르리라"라고 하셨고, 17절에서 "너는 일어나 그 땅을 종과 횡으로 행하여 보라 내가 그곳을 네게 주리라"라고 명하셨을 때, 그는 그대로 순종하였음이 분명합니다. "믿음으로 아브라함이 부르심을 받았을 때에 순종하여…갈 바를 알지 못하고 나갔으며"(히11:8)라고 하였습니다. 독자 이삭을 모리아산 번제로 드리라고 했을 때도 그는 순종했던 것입니다. 아브라함, 그의 삶은 한마디로 하나님의 말씀에 절대 순종하는 삶이었습니다. 우리는 아브라함을 통하여 역시 '위대한 믿음은 위대한 순종을 낳는다.' 라는 사실을 깨닫게 됩니다. 이사야 선지자는 "너희가 즐겨 순종하면 땅의 아름다운 소산을 먹을 것이요"(사1:19)라고 하였고, 사무엘 선지자는 "순종이 제사보다 낫고"(삼상15:22)라고 하였습니다. "아브람이 여호와를 위하여" 이는 아브람, 그의

3. 전인적 헌신의 행위였습니다.

여호와의 은혜를 입은 자 노아가 그러했듯이 아브라함 역시 여호와를 위하여 단을 쌓았던 것입니다. 그가 독자 이삭을 아낌없이 하나님께 번제물로 드리려고 했던 사실에서 그의 온전한 헌신을 보여 줍니다. 칼을 들고

이삭을 번제물로 드리려고 하는 바로 그 때, 하나님은 "아브라함아, 아브라함아"라고 부르셨고, "네가 네 아들 네 독자라도 아끼지 아니 하였으니 내가 이제야 네가 하나님을 경외하는 줄을 아노라"라고 두 번씩이나 격찬하시며 "내가 네게 큰 복을 주고"(창22:17)라고 하셨던 것입니다. 바로 아브라함의 모리아 산 사건에서 우리는 희생의 제물로 자신을 불태워 드렸던 예수 그리스도의 십자가 사건을 보게 됩니다. 참된 신앙과 헌신은 철저하게 "여호와를 위하여"입니다. 그것이 결국은 자신을 위한 축복이 되는 법입니다. 노아와 아브라함, 그리고 앞서 가신 모든 믿음의 선진들의 공통적인 삶의 모습에서 이를 분명하게 보게 됩니다.

사랑하는 성도 여러분!

오늘 우리 모든 성도들은 믿음의 조상 아브라함이 여호와를 위하여 단을 쌓은 모습을 보았습니다. 바로 이것이 축복된 삶의 모습입니다. 오직 여호와를 위하여 단을 쌓고 자신의 모든 것을 불태워 제물로 드린다면 이보다 아름답고 복된 삶은 없을 것입니다. 우리 삶의 모토가 "여호와를 위하여"가 되었으면 합니다. 이유는 그것이 바로 크나큰 축복의 삶이되기 때문입니다. 120년 동안 방주를 예비함으로 홍수 후 새 시대를 받아 "여호와를 위하여" 단을 쌓았던 노아와 어디로 가든지 오직 "여호와를 위하여" 믿고 순종하며 또 헌신함으로 큰 축복을 받았던 아브라함처럼 우리의 삶도 "여호와를 위하여"로 꽃피워 그 풍성한 축복의 열매로 "오직 하나님께 영광을!"(Soli Deo Gloria!)이 되시기를 축원합니다. 아멘.

우리 앞에 당한 경주

《히브리서 12:1-5》

사도 바울은 그리스도의 몸 된 교회를 섬기는 목회자들의 목회와 모든 성도들의 영적인 삶에 대해 디모데에게 '예수 그리스도의 좋은 군사'로서의 고난 받는 삶과 '농부'로서의 부지런한 삶, 그리고 '경주자'로서의 법대로 달려가는 삶(딤후2:3-6)이라고 말하였습니다. 오늘 본문에서 "우리 앞에 당한 경주를 경주하며"라고 말씀하심으로 모든 성도들이 영적인 경주자임을 밝혀 주었습니다. "우리 앞에 당한 경주" 이는

1. 필수적인 믿음의 경주입니다.

본문 1절에 "우리 앞에 당한 경주"라고 표현한 것은 피할 수 없는 필수적인 경주라는 말씀입니다. 오늘 본문 1절에서 "우리에게 구름같이 둘러싼 허다한 증인들이 있으니"라고 하였습니다. 우리 성도들의 영적인 삶 그 자체가 하나님과 모든 증인들 앞에서 반드시 달려가야만 하는 경주이기에 "우리 앞에 당한 경주"라고 말씀한 것입니다. 먼저 영적인 경주자는 필승을 위해 "모든 무거운 것과 얽매이기 쉬운 죄를 벗어버리고"라고 하였습니다. 믿음의 경주자는 "모든 무거운 것" 즉 불신 세상에 대한 관심이나 집착, 그리고 "얽매이기 쉬운 죄"를 벗어버려야 합니다. 이는 그 죄가 영적인 경주자로 하여금 연약하게 만들어 버리는 독소가 되기 때문입니다. 믿음의 경주는 이러한 모든 것들로부터 자유로워야 합니다. "우리 앞에 당한 경주" 이는

2. 십자가 고난의 경주입니다.

본문 2절에 "믿음의 주요 또 온전케 하신 이인 예수를 바라보자"라고 하였습니다. 이는 오직 예수만이 경주자의 푯대이기 때문입니다. 그 예수에 대해 "믿음의 주"라고 하였고, "온전케 하신 이"라고 하였습니다. 오직 예수 그리스도만이 하나님 구속사의 완성자시며 구원자이십니다. 바로 이 예수에 대해 "저는 그 앞에 있는 즐거움을 위하여 십자가를 참으사 부끄러움을 개의치 아니하시더니"라고 하였습니다. 예수께서는 "아무든지 나를 따라오려거든 자기를 부인하고 자기 십자가를 지고 나를 좇을 것이니라."(마 16:24)라고 하셨고, 사도 바울은 "푯대를 향하여 그리스도 예수 안에서 하나님이 위에서 부르신 부름의 상을 위하여 좇아가노라"(빌3:14)라고 하였습니다. 또한 "내게는 우리 주 예수 그리스도의 십자가 외에 결코 자랑할 것이 없으니"(갈6:14)라고 고백하였으며, 제자 디모데에게 "네가 그리스도 예수의 좋은 군사로 나와 함께 고난을 받을지니"(딤후2:3)라고 하였습니다. 또한 그는 "우리가 그와 함께 영광을 받기 위하여 고난도 함께 받아야 될 것이니라. 생각건대 현재의 고난은 장차 우리에게 나타날 영광과 족히 비교할 수 없도다."(롬8:17-18)라고 하였습니다. "우리 앞에 당한 경주" 이는

3. 하늘보좌 영광의 경주입니다.

본문 2절 끝에 "하나님 보좌 우편에 앉으셨느니라."라고 하였습니다. 사도 요한은 "이기는 그에게는 내가 내 보좌에 함께 앉게 하여 주기를 내가 이기고 아버지의 보좌에 함께 앉은 것과 같이 하리라"(계3:21)라고 하였습니다. 믿음의 경주, 십자가 고난의 경주에 최선을 다한 자는 결국 영광의 면류관을 받게 된다는 주님의 약속입니다. 사도 바울은 "내가 선한 싸움을 싸우고 나의 달려갈 길을 마치고 믿음을 지켰으니 이제 후로는 나를 위하여

의의 면류관이 예비되었으므로 주 곧 의로우신 재판장이 그날에 내게 주실 것이니 내게만 아니라 주의 나타나심을 사모하는 모든 자에게니라."(딤후 4:7-8)라고 하였습니다. 어찌 십자가 없는 영광이 있겠습니까? 우리 모든 성도들의 경주는 오직 예수 그리스도만을 바라보는 믿음의 경주이며 앞에 있는 즐거움을 위하여 십자가를 참으시고 부끄러움을 개의치 아니하신 주님만을 바라보며 달려가는 십자가 고난의 경주입니다. 결국은 주님께서 앉으신 영광의 보좌에 우리 또한 함께 앉게 하실 영광의 경주이기에 감사한 것입니다.

사랑하는 성도 여러분!

사도 바울은 "경기 하는 자가 법대로 경기하지 아니하면 면류관을 얻지 못할 것이며"(딤후1:5)라고 하였습니다. 하나님 말씀의 법, 믿음의 법, 그리고 선한 양심의 법대로 쉼 없이 달려가야 합니다. 이것이 정도입니다. 히브리서 기자는 "오직 나의 의인은 믿음으로 말미암아 살리라 또한 뒤로 물러가면 내 마음이 저를 기뻐하지 아니하리라"(히10:38)라고 하였습니다. 그렇습니다. 우리 모든 성도들은 믿음의 경주자요 십자가 고난의 경주자이며 영광의 경주자들입니다. 끝까지 오직 믿음으로 달려가야 합니다. 십자가를 지고 달려가야만 합니다. 결국은 우리 주님 재림하실 그 날에 영광의 보좌에 함께 앉게 될 그 영광과 면류관을 바라보며 말입니다. 우리 앞에 당한 경주에 오직 믿음의 주요 또 온전케 하신 이인 예수만을 바라보며 달려가는 축복된 삶이 되시기를 축원합니다. 아멘.

위엣 것을 찾으라

《골로새서 3:1-4》

"위엣 것을 찾으라"는 이 말은 그리스도와 함께 살리심을 받은 거듭난 성도들의 삶의 방향을 제시하는 말입니다. 즉 예수 믿고 구원 받은 자들이 어떠한 삶을 살아가야 하는가에 대한 바른 지침을 가리키는 말입니다. 우리 함께 본문을 중심으로 "위엣 것을 찾으라"는 제목의 말씀으로 은혜 받기를 소원합니다.

1. 위엣 것을 찾으려면 어떻게 해야 하는가?

1) 적극적으로 위엣 것만을 생각해야 합니다.

본문 2절에 "위엣 것을 생각하고…"라고 했습니다. 여기 "생각하라"는 말은 '계속하여 마음을 두고 몰두하라'는 말입니다. 즉 '애착심을 가지라'는 의미입니다. 더 나아가서는 '즐거워하는 마음을 가지라'는 말입니다. 따라서 우리는 그리스도께서 주신 참 생명을 생각하면서 감사하고 즐거워하는 마음으로 세상을 살아가야 합니다. 즉 예수 믿고 구원 받은 은혜를 생각하면서 감사하고 즐거워하는 마음으로 세상을 살아가야 합니다.

2) 소극적으로 땅의 것만을 생각하지 말아야 합니다.

계속해서 본문 2절에 "땅엣 것을 생각지 말라"고 했습니다. "땅엣 것을 생각지 말라"는 바울의 이러한 권면은 땅의 것에 대해 완전히 생각을 끊으라는 것으로 이해해서는 안 됩니다. 즉 세상 밖으로 나가서 살지 마라는 말로 이해해서는 안 됩니다. 왜냐하면 성도들도 완전한 하나님 나라에 가기까지는 땅의 것을 필요로 하는 존재이기 때문입니다. 우리 모두는 세상의 물질이나 시설이나 제도나 세상의 여러 가지 조직체계로부터 완전히 동떨어진 삶을 살아갈 수 없습니다. 왜냐하면 여기는 천국이 아니고 세상이기 때문입니다.

2. 위엣 것을 찾아야 할 이유가 무엇인가?

즉 위엣 것을 생각하고 땅엣 것을 생각하지 말아야 할 이유가 무엇입니까? 본문 성경은 두 가지로 말씀하고 있습니다.

1) 그리스도와 함께 받은 생명이 하나님 안에 감추어져 있기 때문입니다.

본문 3절에 "이는 너희가 죽었고 너희 생명이 그리스도와 함께 하나님 안에 감취었음이니라"고 했습니다. 예수 십자가와 부활의 영광으로 말미암은 그리스도와의 신비한 연합이 우리로 하여금 위엣 것을 생각하고 땅엣 것을 생각하지 않게 된다는 사실입니다. 그리스도 안에서 그와 더불어 얻은 생명은 그리스도의 재림 때까지 세상에 감추어진 영원한 비밀이며 신비한 것입니다. 이러한 그리스도와의 연합은 본질적으로 영적이며, 또한 이 세상의 것이 아닙니다. 따라서 하나님 안에 감추어진 것으로 그리스도와의 연합에 동참한 자만이 아는 영적인 교제인 것입니다.

2) 그리스도의 재림 때 수반되는 그리스도인들의 변화 때문입니다.

본문 4절에 "우리 생명이신 그리스도께서 나타나실 그때에 너희도 그와 함께 영광 중에 나타나리라"고 했습니다. 이처럼 예수께서 재림하실 때에는 영광스러운 그리스도의 모습과 같이 영광스러운 부활의 몸으로 변화될 것입니다. 즉 그리스도께서는 자신이 재림할 때에 성도의 낮은 몸을 자신의 몸과 같이 변화시킬 것입니다. 이러한 영화로운 변모가 가능한 이유는 성도의 생명이 그리스도 안에 감추어져 있기 때문입니다. 장차 그리스도와 같이 영광의 모습으로 변화될 것을 상상해보십시오. 이 얼마나 놀랍고 두려우며 가슴 설레는 장면이 아니겠습니까!

사랑하는 성도 여러분!

위엣 것을 바라보아야 합니다. 왜냐하면 위를 바라볼 동안에는 땅이나 세상을 바라보지 않게 되기 때문입니다. 우리는 베드로의 경우에서 이를 확인할 수 있습니다. 베드로는 예수님을 바라보았을 때는 물 위를 잘 걸어갔지만 순간적으로 발 아래의 갈릴리 호수의 파도(바람)를 보았을 때 그는 그만 물에 빠지는 신세가 되고 말았음을 알고 있지 않습니까? 세상의 것, 땅엣 것을 바라보지 않고 위엣 것을 바라보고 추구하고 즐거워하며 승리하는 여러분 되시기를 주님의 이름으로 축원합니다. 아멘.

이것이 우리에게 표징이 되리라

《사무엘상 14:6-15》

본문은 사울 왕의 아들 요나단이 막강한 군사력을 지닌 블레셋과의 대립 상태에서 병기를 든 자기의 소년에게 "우리가 이 할례 없는 자들의 부대에게로 건너가자."라고 하며 "하나님의 구원은 사람이 많고 적음에 달리지 아니하였느니라."라는 성전(聖戰, the Holy War)의 확신과 그 전과를 기록해 주고 있습니다. 사도 바울은 성도의 삶이 영적인 전투이었기에 "우리의 씨름은 혈과 육에 대한 것이 아니요 정사와 권세와 이 어두움의 세상 주관자들과 하늘에 있는 악의 영들에게 대함이라"(엡6:12)라고 하였습니다. "이것이 우리에게 표징이 되리라" 이는 요나단의

1. 하나님 절대 신뢰에 의한 표지이었습니다.

당시의 블레셋의 군사력이 "병거가 삼만이요 마병이 육천이요 백성은 해변의 모래 같이 많더라"(삼상13:5)인데 비하여 이스라엘 군은 15절에서 "육백 명 가량"이었고, 22절에 "백성의 손에는 칼이나 창이 없고 오직 사울과 그 아들 요나단에게만 있으니라"가 전부였습니다. 이 블레셋 군이 믹마스에 진치고 이스라엘 진영과 인접한 최전방 협곡에 수비대의 병력을 배치하여 공격을 시도하려는 때, 요나단은 자기의 병기 든 소년과 함께 블레셋 수비대 전면으로 나아가 본문 12절에서 "우리에게로 올라오라 너희에게 한 일을 보이리라"라는 그들의 말을 하나님의 표징으로 받고 기습하여 13-14절에서 블레셋 수비대 20인 가량을 쳐 죽임으로 수비대 진영을 무너지게 합니다. 여기에서 우리는 하나님 전적 신뢰의 신앙이 얼마나 위대한가를

보게 됩니다. 바로 요나단에게 주신 표징이 임마누엘의 표징 곧 하나님 구속사의 표징이었습니다. "이것이 우리에게 표징이 되리라" 이는 요나단의

2. 일사각오의 헌신에 의한 표지이었습니다.

요나단이 병기 든 소년에게 본문 6절에서 "우리가 이 할례 없는 자들의 부대에게로 건너가자"라고 하였고, 8절에서 "보라 우리가 그 사람들에게로 건너가서 그들에게 보이리니"라고 말하며 행동할 수 있었던 것은 그의 일사각오의 도전적 행동이었습니다. 하나님의 구원은 숫자의 많고 적음에 달려 있지 않다는 요나단의 신앙에서 비롯된 행동이었습니다. 오늘날 우리들의 삶 속에 현저한 표징은 오직 예수 그리스도의 십자가와 부활입니다. 그것이 바로 임마누엘의 표징입니다. 이 분명한 표징이 있었기에 요나단과 그와 함께한 소년의 일사각오의 도전적인 행동이 나올 수 있었던 것입니다. 결국 그들 앞에 블레셋 수비대가 무너지고 말았던 것입니다. 이는 하나님의 승리이며 또한 요나단의 승리였습니다. "이것이 우리에게 표징이 되리라" 이는 요나단의

3. 하나님 성전(聖戰)의 표징이었습니다.

요나단에게 주신 임마누엘의 표징은 곧 하나님 성전의 표징이었습니다. 결국, 본문 15절에서 "들에 있는 진과 모든 백성 중에 떨림이 일어났고 부대와 노략군들도 떨었으며 땅도 진동하였으니 이는 큰 떨림이었더라"라는 공포가 블레셋 군 진영에 나타난 것입니다. 이는 하나님께서 이스라엘을 위하여 싸워주신 성전의 역사였습니다. 하나님은 요나단과 그의 칼을 든 한 소년의 행동에 블레셋 전 군을 떨게 하셨고, 지진까지 동반케 하심으로 블레셋 군을 공포의 도가니로 몰아넣었던 것입니다. 결국, 14장 20절에서

자중지란(自中之亂), 곧 서로가 칼부림하여 죽이는 혼란에 빠지게 함으로 패망시켰던 것입니다. 결코 하나님의 성전에는 패배란 있을 수 없다는 사실을 구속사의 중심이신 예수 그리스도의 십자가와 부활 사건에서 분명하게 이를 확증해 줍니다. 그리스도의 십자가와 부활은 성도들의 가슴 속에 타오르는 생명의 불기둥입니다.

사랑하는 성도 여러분!

요나단에게 "이것이 우리에게 표징이 되리라"라고 한 표징이 있었듯이 우리 성도들 가슴 속에 불타오르는 임마누엘의 표징이 있으니 바로 예수 그리스도의 십자가와 부활의 표징입니다. 그 예수께서 우리들에게 "세상에서는 너희가 환난을 당하나 담대하라 내가 세상을 이기었노라"(요16:33)라고 하셨고, "볼지어다 내가 세상 끝날까지 너희와 항상 함께 있으리라"(마28:20)라고 말씀하셨습니다. 이에 사도 바울은 "종말로 너희가 주 안에서와 그 힘의 능력으로 강건하여지고 마귀의 궤계를 능히 대적하기 위하여 하나님의 전신갑주를 입으라"(엡6:10-11)라고 하였습니다. 하나님의 표징인 예수 그리스도의 십자가와 부활 능력을 힘입어 오직 하나님만을 전적으로 신뢰하는 신앙과 일사각오의 도전적 행동에 개입하시는 하나님의 도우심으로 영적 전투인 성전에서 항상 승리하시기를 소원합니다. 요나단의 그 신앙적 용맹이 우리들의 용맹이 되어 담대함으로 싸워 승리함으로 성삼위 우리 하나님께 큰 영광이 되고, 또한 기쁨이 되시기를 축원합니다. 아멘.

태양아 너는 기브온 위에 머무르라

《여호수아 10:6-14》

주전 1410년 경, 가나안 정복 당시 아모리 족속 동맹군이 일찍이 여호수아와 화친조약을 맺은 기브온을 공격하였습니다. 이에 기브온 사람들이 여호수아에게 구조를 요청하였고, 여호수아는 즉시 그들의 전초기지였던 길갈에서 떠나 기브온으로 출전합니다. 바로 이 전투에서 여호수아가 "태양아 너는 기브온 위에 머무르라 달아 너도 아얄론 골짜기에 그리할지어다."라고 명하였고, 이에 하나님은 태양과 달을 중천에 머물게 하심으로 승전케 하셨습니다. 이 기브온 전투의 역사를 "야살의 책"에 기록하였다고 하였습니다. "태양아 너는 기브온 위에 머무르라" 이는 여호수아의

1. 여호와 절대 신앙의 소리였습니다.

본문 12절에서 "여호와께서 아모리 사람을 이스라엘 자손에게 붙이시던 날"라고 하였고, 13절에서 여호수아는 그 날에 "태양아 너는 기브온 위에 머무르라 달아 너도 아얄론 골짜기에 그리할지어다."라고 하였습니다. 여호수아는 여호와께서 아모리 사람을 8절과 12절에서 자신과 이스라엘 자손에게 붙이셨다는 사실에 대해 절대 신뢰하는 신앙을 가졌기에 태양과 달을 멈추도록 명하였던 것입니다. 이를 가리켜 '절대 신앙'이라는 말로 표현할 수 있겠습니다. 여호수아는 하나님의 전능하심을 출애굽의 역사와 광야 40년 여정에서 체험했으며, 지금 기브온 전투에서 "큰 덩이 우박"으로 대적을 쳐서 멸하시는 현장에서 이를 목격했기에 태양과 달을 명하여 종일토록 속히 내려가지 않도록 명하였던 것입니다. 이에 하나님은 그의 믿음

대로 13절에서 태양도 머물고 달도 그치게 하심으로 백성이 그 대적에게 원수를 갚는 쾌승을 거두게 하신 것입니다. "태양아 너는 기브온 위에 머무르라" 이는 여호수아의

2. 여호와 성전(聖戰)확신의 기도였습니다.

본문 12절에 "여호와께서 아모리 사람을 이스라엘 자손에게 붙이시던 날에 여호수아가 여호와께 고하되"라고 하였습니다. 이는 그의 기도를 말합니다. 바로 그 전투가 14절에 "여호와께서 이스라엘을 위하여 싸우셨음이니라"라는 하나님의 싸워주심 곧 성전의 확신에서 터져 나온 그의 기도였습니다. 이는 시간적으로 11절에 "큰 덩이 우박"으로 대적들을 진멸하신 사건을 목격한 그 직후였습니다. 여호수아의 기도야말로 전능하신 하나님의 보좌를 움직인 기도였으므로 태양도 달도 그의 명령 앞에 순종할 수 밖에 없었던 것입니다. 훗날, 앗수르의 대군 18만 5천이 유다를 침공했을 때, 히스기야는 성전에 올라가 기도하였습니다. 그가 기도했던바 "이 밤에 여호와의 사자가 나와서 앗수르 진에서 군사 십 팔만 오천을 친지라 아침에 일찌기 일어나 보니 다 송장이 되었더라"(왕하19:35)라고 하였습니다. 히스기야의 "이 밤"은 환란의 밤이요, 기도의 밤이었으며, 결국 하나님 승리의 밤이었습니다. "태양아 기브온 위에 머무르라" 이는 여호수아의

3. 여호와 영광 목적의 헌신의 소리였습니다.

본문 14절에 "태양이 중천에 머물러서 거의 종일토록 속히 내려가지 아니하였다"라고 함에서 여호수아, 그의 열정적인 헌신이 어떠했는가를 보여 줍니다. 시간적으로 "중천에"를 문자적으로 적용하면 태양이 하늘 가운데 머물러 있었음을 말합니다. 온 종일 대적을 완전 멸절시킴으로 하나님

께 영광을 돌리기 위해 태양도 달도 멈추게 했던 그의 열정적인 헌신은 대단합니다. 오직 그 하나님의 영광을 목적으로 한 여호수아의 그 뜨거운 열정이 결정적인 순간에 "태양아 너는 기브온 위에 머무르라 달아 너도 아얄론 골짜기에 그리할지어다"라고 명하였던 것입니다. 하나님은 전능하십니다. 이에 하나님은 13절에 태양이 중천에서 종일토록 머물게 하셨던 것입니다. 이는 전적 하나님의 영광을 위한 하나님의 성전이었기에 "야살의 책"에 기록이 되었던 것입니다.

사랑하는 성도 여러분!

"태양아 너는 기브온 위에 머무르라. 달아 너도 아얄론 골짜기에 그리할지어다."라는 여호수아의 이 신앙과 기도와 헌신의 목소리가 오늘날, 우리들에게도 절실하게 요구됩니다. 우리의 이기적인 모든 것을 그리스도의 십자가 밑에 내려놓고, 오직 하나님의 영광만을 목적으로 헌신, 봉사한다면 태양도 달도 그리고 모든 난제들도 순종하는 위대한 기적이 우리의 삶 속에 나타날 것입니다. 이 놀라운 기적이 그냥 쉽게 이루어지지 않는다는 사실입니다. 문제는 믿음과 기도, 하나님의 영광을 목적으로 한 헌신적인 삶입니다. 기브온 전투에서 여호수아와 함께하셨던 전능하신 그 하나님은 지금도 그를 믿고 기도하며 헌신하는 우리 모두와 함께하십니다. 여호수아와 같이 하나님 절대 신뢰의 신앙과 간절한 기도와 헌신으로 하나님의 기적, 곧 그리스도의 십자가와 부활의 능력을 체험하면서 하나님께 큰 영광을 돌리는 우리가 되기를 축원합니다. 아멘.

나로 물을 건너게 하시니

《에스겔 47:1-12》

주전 573년 경, 만군의 여호와 하나님은 당시 바벨론의 포로민이였던 선지자 에스겔에게 하늘 보좌인 성전 문지방 밑에서 흘러나온 물이 사방으로 흘러 강을 이루고, 그 물이 이르는 곳마다 축복의 역사가 나타나는 환상을 보여 주었습니다. 바로 "그 물이 창일하여 헤엄할 물이요 사람이 능히 건지지 못할 강이더라."라고 하였습니다. 이 시간 하나님께서 에스겔로 하여금 사람이 능히 건너지 못할 강을 건너게 하신바 "나로 물을 건너게 하시니."라고 하신 본문의 말씀을 통해 함께 은혜받기를 원합니다. "나로 물을 건너게 하시니." 이 강물은

1. 하나님 구속은총의 강물입니다.

본문 1절에 "그가 나를 데리고 전 문에 이르시니 전의 전면이 동을 향하였는데 그 문지방 밑에서 물이 나와서 동으로 흐르다가 전 우편 제단 남편으로 흘러내리더라."라고 했습니다. 이는 하나님의 구속은총의 강물임을 보여 줍니다. 그 어떤 세력과 그 어느 누구도 막을 수 없는 하나님께서 그의 택한 백성을 구원하시는 불가항력적 구속은총의 강물입니다. 바로 그 이유는 12절에 "그 물이 성소로 말미암아 나옴이라"라고 하셨기 때문입니다. 이 강물이 우리 모두에게 흘렀기에 죄에서 사함 받고 하나님의 친 백성이 되어 영원한 천국을 기업으로 얻은 것입니다. "나로 물을 건너게 하시니." 이 물은

2. 예수 생명의 강물입니다.

본문 8-12절에서 선지자 에스겔은 놀라운 생명역사의 환상, 곧 예수생명의 환상을 봅니다. 8절에 "이 흘러내리는 물로 그 바다의 물이 소성함을 얻을지라."라고 하였고, 9절에는 "이 물이 흘러가므로 바닷물이 소성함을 얻겠고, 이 강이 이르는 각처에 모든 것이 살 것이며"라고 하였으며, 12절에는 "강좌우 가에는 각종 먹을 실과나무가 자라서 그 잎이 시들지 아니하며 실과가 끊이지 아니하고 달마다 새 실과를 맺으리니 그 물이 성소로 말미암아 나옴이라."라고 하였습니다. 이는 바로 하나님 구속사의 중심이신 예수 생수의 강, 곧 진리의 강임을 보여 줍니다. 진리와 생명이 되신 예수께서 "나를 믿는 자는 성경에 이름과 같이 그 배에서 생수의 강이 흘러나리라"(요7:38)라고 하셨고, "내가 곧 길이요 진리요 생명이니"(요14:6)라고 하셨습니다. 이는 곧 "말씀이 육신이 되어 우리 가운데 거하시매"(요1:14)라고 하신 예수 그리스도이십니다. 오직 예수 그리스도만이 생명의 강물입니다. 그리스도의 생명 복음이 미치는 곳마다 새 생명을 얻는 구원의 역사가 펼쳐짐이 그러합니다. "나로 물을 건너게 하시니." 이 물은

3. 성령 충만의 교회 축복의 강물입니다.

본문 10절에 "또 이 강가에 어부가 설 것이니 엔게디에서부터 에네글라임까지 그물 치는 곳이 될 것이라."라고 하였습니다. "엔게디서부터 에네글라임까지"라고 함은 그리스도께서 십자가에 죽으시고 부활 승천하신 후, 오순절 날 성령강림으로 시작 된 "땅 끝까지"(행1:8)의 하나님 나라, 곧 교회운동을 뜻하며, 본문 3-5절에서 "일천 척(530m)을 척량한 후에 나로 건너라 하시니 물이 발목에 오르더니"로 시작하여 "무릎", "허리", "능히 건너지 못할 강"은 성령으로 인한 교회의 부흥과 세계선교의 축복, 그리고 성

령의 충만함에 따른 성도들의 영적인 성숙의 축복을 보여 줍니다. 또한 이 강물이 이르는 곳마다 8-12절에서 치유은총인 "바닷물의 소성"과 생물들의 "번성", 그리고 먹을 만한 풍부한 "실과"와 약재료가 되는 "잎사귀" 등의 축복이 주어짐을 보여 줍니다.

사랑하는 성도 여러분!

선지자 에스겔로 하여금 물을 건너게 하시며 보여 주신 이 축복의 환상은 지상에 존재한 하나님의 모든 교회를 비롯한 우리들 자신들, 가정과 기업에 주신 축복의 환상입니다. 사랑의 하나님은 우리들에게 하나님 구속은총의 "능히 건너지 못할 강", 즉 예수 그리스도의 생명의 말씀과 성령님의 풍성하신 은혜와 축복의 강을 보여 주시며 "나로 물을 건너게 하시니"라고 명하시고, 또한 그 강으로 우리를 이끌어 주십니다. 이는 하나님께서 우리들 자신과 교회로 하여금 영혼의 소성함과 번성, 그리고 풍성한 결실의 축복을 주시기 위해 준비해 놓으시고 또 배설해 주신 하나님 은총의 강물입니다. 선지자 호세아는 "너희가 자기를 위하여 의를 심고 긍휼을 거두라 지금이 곧 여호와를 찾을 때니 너희 묵은 땅을 기경하라 마침내 여호와께서 임하사 의를 비같이 내리시리라"(호10:12)라고 하셨습니다. 선지자 에스겔로 하여금 사람이 능히 건너지 못할 강을 건너게 하신바 하나님 구속은총의 강, 예수 생명의 강, 그리고 성령으로 인한 교회 축복의 강을 우리 또한 항상 새롭게 건넘으로 성삼위 우리 하나님께 큰 영광을 돌리시기를 축원합니다. 아멘.

나의 떠날 기약이 가까왔도다

《디모데후서 4:6-8》

예수 그리스도께서 부활 승천하신 후, 기독교 역사상 가장 위대한 발자취를 남긴 사람이 바로 사도 바울입니다. 그는 길리기아 다소의 태생으로 기독교인들을 심하게 박해했던 사람이었지만, 다메섹 도상에서 부활하신 그리스도를 만나게 된 후, 개종하여 그리스도의 사도로 일평생을 오직 예수와 복음, 그리고 교회를 위해 충성하다 결국, 로마에서 순교의 제물이 되었습니다. 사도 바울의 마지막 삶의 결산인 "나의 떠날 기약이 가까왔도다."라는 말씀을 통해 우리 함께 은혜 받기를 원합니다. "나의 떠날 기약이 가까왔도다." 사도 바울, 그는

1. 영전(靈戰)의 승자(勝者)였습니다.

본문 7절에 "내가 선한 싸움을 싸우고"라고 하였습니다. 이는 자신이 "그리스도 예수의 좋은 군사"(딤후 2:3)로 징집되어 "선한 싸움"인 영전에서의 승자였음 고백함입니다. 여기에 "선한 싸움", '톤 카론 아곤나' 는 '그 좋은 싸움' 을 뜻합니다. "나의 떠날 기약이 가까왔도다."라고 함은 영전에서의 그의 순교를 예견함입니다. 우리 모든 성도의 삶, 그 자체는 바로 "선한 싸움"의 영전입니다. 진리의 싸움이요 믿음의 싸움입니다. 사도 바울과 같이 우리 모든 성도들도 이 영전에서의 승리를 위해 그리스도께 징집된 군사들입니다. 이렇게 그리스도의 좋은 군사로 징집된바 성도는 사도 바울처럼 영전에서의 승자가 되기 위해 전선을 지키며 최선을 다해 싸워야 합니다. "나의 떠날 기약이 가까왔도다." 사도 바울, 그는

2. 경주(競走)에서의 승자(勝者)였습니다.

본문 7절에서 "나의 달려갈 길을 마치고"라고 하였습니다. 여기에 "달려갈 길", '톤 드로몬'은 오직 정해진 한 길을 의미하는데, 이는 바로 그리스도께 받은 사명의 길을 뜻합니다. 사도 바울, 그의 밀레도에서 "나의 달려 갈 길과 주 예수께 받은 사명, 곧 하나님의 은혜의 복음 증거하는 일을 마치려 함에는 나의 생명을 조금도 귀한 것으로 여기지 아니하노라"(행20:24)라고 하였고, 전도자 빌립의 가정에서 "나는 주 예수의 이름을 위하여 결박받을 뿐 아니라 예루살렘에서 죽을 것도 각오하였노라"(행21:13)라고 하였습니다. 사도 바울과 같이 우리 성도들도 받은바 각자의 사명을 위해 달려가는 경주자로서의 삶에 최선을 다함으로 승자가 되어야 할 것입니다. "나의 떠날 기약이 가까왔도다." 사도 바울, 그는

3. 그리스도의 순결한 신부였습니다.

본문 7절 끝에 "믿음을 지켰으니"라고 하였습니다. 여기에 "믿음을 지켰으니"라는 '텐 피스팅 테테레카'는 끝까지 그 믿음을 간직하다는 뜻입니다. "지키다"라는 말은 주로 성을 지킬 때 쓰는 군사적 용어이며, 또한 처녀가 그 정조를 지킬 때 쓰는 도덕적 용어입니다. 이는 사도 바울, 그가 믿음의 정조를 끝까지 지킨 그리스도의 정결한 신부로서 삶을 살았다는 고백입니다. 결국, 순결한 그리스도의 신부로 순교의 제물로 드려졌던 것입니다. 믿음의 변절이나 진리에서의 탈선은 곧 영적인 간음과 같습니다. 사도 요한은 마지막 이 세상을 "음녀 바벨론"(계18장)이라고 하였습니다. 그리스도의 신부는 진리와 믿음의 순결을 굳게 지켜야 합니다. 야고보는 "간음하는 여자들이여 세상과 벗된 것이 하나님의 원수임을 알지 못하느뇨, 그런 즉 누구든지 세상과 벗이 되고자하는 자는 스스로 하나님과 원수 되게 하

는 것이라"(약4:4)라고 경고하였습니다.

사랑하는 성도 여러분!

성도의 지혜로운 삶은 "나의 떠날 기약이 가까왔도다."라고 고백한 사도 바울과 같이 언제나 종말의식을 가지고 살아가기에 후회함이 없는 삶, 곧 "선한 싸움"인 영전과 "달려 갈 길"인 경주와 "믿음을 지켰으니"라고 한 신부로서의 순결한 삶에 최선을 다합니다. 그 결과 8절에 "의로우신 재판장"이 되신 그리스도께서 재림하시는 그 날, "의의 면류관"곧 '스테파노스'를 주실 것이라 했습니다. 참으로 큰 영광과 영예와 자랑이 아닐 수 없습니다. 당시 모든 경주에서 주는 '스테파노스'인 월계관은 승자에게만 주는 상이었습니다. 그러나 그 월계관은 "썩을 면류관"(고전9:25)이지만 영전에서의 승자, 경주에서 승자 그리고 믿음의 정조를 지킨 신부에게 그리스도께서 주시는 "의의 면류관"은 영원히 빛나는 영광의 상으로 그 가치야말로 최고, 최상의 것입니다. 중요한 것은 그리스도의 좋은 군사와 경주자, 그리고 그의 신부로서 현재의 영적인 삶에 최선을 다해야 한다는 것입니다. 이유는 바로 그 매 순간, 순간의 현재의 삶이 밝은 미래로 그 꽃을 피우고 열매를 맺도록 하기 때문입니다. "나의 떠날 기약이 가까왔도다."라고 고백한바 사도 바울과 같은 거룩한 종말의식으로 후회함이 없는바 오직 주의 말씀과 성령의 은혜로 말미암은 복되고 아름다운 삶을 가꾸어 나가심으로 우리 하나님께 큰 영광이 되시기를 축원합니다. 아멘.

네 부모를 공경하라

《출애굽기 20:12》

하나님께서 선민 이스라엘에게 두 돌판의 십계명을 주셨습니다. 첫째 돌판인 제1계명에서 제4계명까지는 대신(對神)관계의 계명이며, 둘째 돌판인 제5계명에서 제10계명까지는 대인(對人)관계의 계명입니다. 오늘 우리는 둘째 돌판의 첫 번째가 되는 제5계명인 "네 부모를 공경하라"라는 말씀을 받기를 원합니다. 안타깝게도 현대는 사도바울이 "네가 이것을 알라 말세에 고통하는 때가 이르리니…부모를 거역하며"라고 경고했던바 실로 걱정스럽게 효가 땅에 떨어진 시대에 우리 모두가 살고 있다는 사실입니다. "네 부모를 공경하라." 제 5계명에 순종하는 자녀들은 축복의 자녀들입니다. "네 부모를 공경하라" 이는

1. 하나님 절대권위의 명령입니다.

절대주권자이신 하나님께서 그 다섯 번째 계명으로 "네 부모를 공경하라"라고 하셨습니다. 여기에 "공경하라"라는 히브리어 '캅베드'는 '무겁다' 또는 '존귀하다'라는 뜻을 지닌 '카베드'에서 온 말로 그 어근은 사람의 내장 중 제일 무거운 '간'을 말합니다. 즉, 부모를 간처럼 무겁게 존귀하게 여기라는 말입니다. 바로 이 '카베드'라는 말은 하나님을 영화롭게 하며 경외한다는 뜻으로도 사용되었기에 아주 중요한 의미의 단어입니다. 루터(Luther)의 말대로 부모는 하나님의 대리자와 같기 때문에 하나님을 공경하듯이 부모를 공경해야 합니다. 하나님의 율법에서는 부모가 징책하여도 듣지 아니하고 방탕하며 술에 잠긴 자식은 "그 성읍의 모든 사람들이 그를

돌로 쳐 죽일지니"(신 21:21)라고 하셨고, "그 부모를 경홀히 여기는 자는 저주를 받을 것이요 모든 백성은 아멘 할지니라"(신 27:16)라고 하셨던 것입니다. 하나님 절대권위의 부모공경의 명을 거역하는 자는 결코 저주와 죽음을 피하지 못한다는 것입니다. "네 부모를 공경하라." 이는

2. 하나님의 약속된 축복의 명령입니다.

하나님은 "그리하면 너의 하나님 여호와가 네게 준 땅에서 네 생명이 길리라"라고 하셨습니다. 그 축복은

첫째, 기업의 축복입니다.

"네게 준 땅에서"라고 하셨습니다. 여기에 "네게 준 땅"이란 하나님께서 선민 이스라엘에게 주리라 약속해 주신 젖과 꿀이 흐르는 땅 가나안을 말하며 아울러 영원한 하나님의 나라인 천국기업에 대한 약속이기도 합니다. 천국시민인 모든 성도들은 제1계명에서 제4계명까지의 천부효도법(天父孝道法)과 같이 제5계명인 친부효도법(親父孝道法)을 반드시 지켜 효를 다하여야 합니다.

둘째, 생명의 축복입니다.

"네 생명이 길리라"라고 하셨습니다. 여기에 "길리라"라는 '야이리쿤'은 '연장하다'라는 '아라크'에서 온 말입니다. 즉, 부모를 공경하는 자에게 하나님께서 주신다는 장수의 축복을 말합니다. 여기에서 생명의 주인이 하나님이심을 그의 사역 동사인 '아라크'라는 단어에서 분명하게 보여줍니다. "네 생명이 길리라"라는 장수의 축복은 시편 시인의 노래처럼 "늙어도 결실하며 진액이 풍족하고 빛이 청청하며"(시 92:14)라는 축복입니다. "네 부모를 공경하라" 이는

3. 하나님 절대적 선의(善意)의 명령입니다.

사도 바울은 "자녀들아 너희 부모를 주 안에서 순종하라 이것이 옳으니라. 네 아버지와 어머니를 공경하라 이것이 약속 있는 첫 계명이니 이는 네가 잘되고 땅에서 장수하리라"(엡6:1-3)라고 하였습니다. 중요한 것은 바로 "주 안에서" 입니다. 사도 바울은 제5계명을 주심에 있어 절대적 하나님의 선의를 "주 안에서"라는 말로 그 해석을 분명히 하였습니다. "주 안에서"의 효만이 참된 효라는 것입니다. "주 안에서"란 '오직 말씀, 은혜, 믿음 안에서' 입니다. 부모 공경이 그 부모의 영혼을 복음으로 구원시키는 것이라는 가장 근본적인 효에 대한 하나님의 절대적 선의가 바로 "주 안에서" 입니다.

사랑하는 성도 여러분!

기독교는 가장 참되고 으뜸이 되는 효의 종교입니다. 부모님의 영혼을 지옥에서 천국으로 인도하는 것만큼 뛰어난 효는 없습니다. 하나님께서는 오늘, 우리 성도들에게 "네 부모를 공경하라"라고 명하시고 계십니다. 이는 하나님의 절대권위의 명령이며, 축복이 약속된 명령임과 아울러 하나님의 절대적 선의, 즉 "주 안에서"의 명령입니다. 하나님을 영화롭게 하듯이 부모님을 영화롭게 하는 축복의 자녀들이야말로 장사의 전통에 가득한 화살(시 127:4-5)과 같은 존재들임에 분명합니다. "백발은 영화의 면류관"(잠 16:31)인 부모님들 앞에 "일어나 사례하는"(잠 31:28) 우리의 자녀들이 하나님의 거룩한 축복의 불씨와 통로들이 되시기를 축원합니다. 아멘.

네 어머니 유니게 속에 있더니

《디모데후서 1:3-5》

가정의 달, 두 번째 주일인 어버이 주일을 맞이할 때마다 출애굽의 위대한 영웅이었던 모세의 어머니 요게벳, 이스라엘의 마지막 사사였던 사무엘의 어머니 한나가 생각납니다. 이들 어머니가 계셨기에 모세와 사무엘과 같은 위대한 인물들이 나온 것입니다. 본문에서 사도 바울은 그의 신실한 제자이며 목회자였던 디모데에게 "이는 네 속에 거짓이 없는 믿음을 생각함이라. 이 믿음은 먼저 네 외조모 로이스와 네 어머니 유니게 속에 있더니 네 속에도 있는 줄을 확신하노라"라고 하였습니다. "네 어머니 유니게 속에 있더니" 디모데의 어머니 유니게는

1. 참신한 신앙의 어머니였습니다.

본문 5절에 "이는 네 속에 거짓이 없는 믿음을 생각함이라 이 믿음은 먼저 네 외조모 로이스와 네 어머니 유니게 속에 있더니"라고 하였습니다. 이는 디모데의 어머니인 유니게, 그녀의 믿음이 거짓 없는 믿음, 곧 참신한 신앙의 어머니였음을 말해 줍니다. 이스라엘의 위대한 지도자였던 모세의 어머니 요게벳이 그러했습니다. "그 여자가 잉태하여 아들을 낳아 그 준수함을 보고"(출 2:2)라고 하였고, 이에 히브리서 기자는 "믿음으로 모세가 났을 때에 그 부모가 아름다운 아이임을 보고"(히 11:23)라고 하였습니다. 그러했기 때문에 그녀는 아들 모세를 위하여 갈대 상자를 만들었던 것입니다. 바로 그 상자야말로 요게벳의 믿음과 사랑과 뜨거운 눈물의 기도가 그대로 담겨진 상자였음에 분명합니다. 중요한 것은 하나님께서 우리 모두에

게 주신 자녀들을 어떤 눈으로 볼 것이며, 과연 그들을 위해 무엇을 해야 하는가를 교훈해 줍니다. 디모데의 어머니 유니게를 비롯하여, '성총박사'로 알려진 어거스틴의 어머니 모니카, '황금의 입'이라 불리었던 크리소스톰의 어머니 안두사, 세계적인 전도자 존 웨슬리의 어머니 수잔나 등, 이들 모두는 하나님을 경외하였던 참신한 신앙의 어머니들이었습니다. "네 어머니 유니게 속에 있더니" 디모데의 어머니 유니게는

2. 참신한 믿음을 유산으로 물려준 어머니였습니다.

본문 5절에서 "이 믿음은 먼저 네 외조모 로이스와 네 어머니 유니게 속에 있더니 네 속에도 있는 줄을 확신하노라"라고 하였습니다. 디모데의 외조모 로이스는 그의 딸인 유니게에게, 유니게는 그의 아들인 디모데에게 이 세상 그 어느 것과도 비교될 수 없는 가장 보배로운 유산을 물려주었으니 그것이 바로 거짓 없는 믿음이었습니다. 자녀들에게 물려줄 가장 값진 영적인 유산은 청결한 양심과 진실한 믿음입니다. '유니게'란 '유명한 정복자'라는 그 이름의 뜻대로 거짓 없는 믿음으로 아들의 마음을 정복, 유산을 물려 준 것입니다. "네 어머니 유니게 속에 있더니" 디모데의 어머니 유니게는

3. 뜨거운 눈물 기도의 어머니였습니다.

본문 4절에서 사도 바울은 "네 눈물을 생각하여 너 보기를 원함은"이라고 하였습니다. 사도 바울, 그는 그의 제자인 디모데를 생각할 때마다 하나님께 감사하였다고 1절에서 말하였고, 또한 그의 눈물을 생각할 때마다 만나보고 싶은 심정으로 간절하였습니다. 그만치 디모데라는 존재는 사도 바울에게 있어 주 안에서 감사와 기쁨과 자랑과 영광의 대상이었던 것입니다.

디모데는 사도 바울과 같이 눈물의 목회자였습니다. 바로 그의 눈물의 기도가 어머니 유니게의 눈물의 기도였던 것입니다. 그만치 자식에 대한 유니게의 뜨거운 사랑의 그 눈물의 기도가 아들인 디모데에게 진하고 깊은 영향을 주었다는 것입니다. 방탕한 아들인 어거스틴을 위해 쏟는 모니카의 애절한 기도를 목격한 교부 암브로스는 "눈물의 자식은 결코 하나님이 외면하지 않습니다."라고 일러 주었고, 그의 말대로 훗날 어거스틴은 교회사에 빛나는 위대한 인물이 되었던 것입니다. 디모데의 어머니 유니게는 뜨거운 눈물의 기도의 어머니였습니다.

사랑하는 성도 여러분!

어머니, 그 아름다운 칭호는 그 어느 누구에게나 마음의 고향이며, 위로와 타오르는 용기의 불꽃입니다. 하나님을 경외하는 믿음의 어머니, 그리고 그 보배로운 믿음을 유산으로 물려주는 어머니, 오직 자녀들의 행복만을 위해 기도하는 사랑의 어머니만큼 값진 존재가 그 어디에 있겠습니까? 그러하기에 하나님은 "자기 아비나 어미를 치는 자는 반드시 죽일지니라." (출 21:15)라고 경고하셨던 것입니다. 솔로몬은 "네 어미의 법을 떠나지 말라" (잠 1:8)라고 하셨고, "네 부모를 즐겁게 하며 너 낳은 어미를 기쁘게 하라" (잠 23:25)라고 명하였던 것입니다. 유니게처럼 참신한 믿음과 청결한 양심과 뜨거운 눈물의 기도를 사랑하는 자녀들에게 유산으로 물려 줄 어머니가 계시다는 것은 우리 모든 자녀들에게 있어 너무나도 큰 하나님의 축복이며 행복이 아닐 수 없습니다. "네 어머니 유니게 속에 있더니."라고 한 유니게가 그러했듯이 우리 또한 그러한 어머니가 되어 자녀들과 더불어 하나님께 영광이 되시기를 축원합니다. 아멘.

네가 어려서부터 성경을 알았나니

《디모데후서 3:15-17》

5월은 가정의 달이며 오늘 주일은 어린이 주일입니다. 디모데는 사도 바울이 제 2차 전도여행 시 루스드라에서 얻은 크나큰 재목이었습니다. 오늘 본문에서 사도 바울은 "네가 어려서부터 성경을 알았나니"라고 그를 격찬하고 있습니다. 디모데란 희랍어로 '티모테오스'인데 이는 '하나님을 공경한다, 하나님의 영예'라는 뜻입니다. 그는 루스드라 태생으로 헬라인 부친과 유대인 모친 사이에서 태어난 자로 그의 외조모 로이스와 어머니 유니게의 영향이 컸음에 대해 "네 속에 거짓이 없는 믿음을 생각함이라 이 믿음은 먼저 네 외조모 로이스와 네 어머니 유니게 속에 있더니 네 속에도 있는 줄을 확신 하노라"(딤후1:5)라는 말씀에서 입증해 줍니다. "네가 어려서부터 성경을 알았나니" 이는

1. 조기 성경교육의 중요성을 말해 줍니다.

본문 15절에서 "네가 어려서부터 성경을 알았나니"라고 하였습니다. 이는 디모데가 어려서부터 그의 외조모 로이스와 어머니 유니게를 통하여 철저하게 성경으로 교육받았다는 말입니다. 여기서 말하는 성경은 구약의 율법을 말합니다. 유대들의 가정은 일반적으로 5세가 되면 율법을 가르쳤고 6세가 되면 랍비에게 보내어 율법을 배우게 합니다. 스위스 법학자이며 철학자인 힐티(Carl Hilty)는 "내가 가장 영향을 받은 것은 성경이고, 그 밖에 단테, 토마스 아 켐피스, 에피크테토스, 크롬웰의 서간과 연설, 존 번연, 융, 스펄전의 설교이다."라고 했습니다. 토리(R. A, Torrey) 박사는 "이 세상의

정신사에서 큰 감화를 준 사람들과 또는 도덕적 교리적으로 크게 개혁을 일으킨 인물들은 모두가 성경의 영향을 받은 사람이다."라고 함으로 성경교육의 중요성을 일깨워 주었습니다. 하나님께서는 신명기 6장 7절에서 "네 자녀에게 이 말씀을 강론하라"라고 명령하셨습니다. 그래서 유대인의 집 문설주에는 성경구절이 있는 메주자(mezuzah)가 있어 온 식구들이 출입할 때 마다 그곳에 있는 말씀에 입을 맞춥니다. 이렇듯 철저한 성경교육으로 자녀들의 밝은 미래를 아름답게 키워나가는 것입니다. "네가 어려서부터 성경을 알았나니" 이는 성경이

2. 신전 인격자로 만든다는 말입니다.

본문 17절에 "이는 하나님의 사람으로 온전케 하며 모든 선한 일을 행하기에 온전케 하려 함이라"라고 하였습니다. 하나님의 사람으로 온전케 하신다는 것은 거짓이 없는 참 믿음의 사람을 말합니다. 5절에서 디모데의 믿음에 대해 "거짓이 없는 믿음"이라고 하였습니다. 바로 그 거짓 없는 믿음은 청결한 마음과 선한양심에서 나는 사랑임을 밝혀 주고 있습니다. 참 믿음의 사람과 참 사랑의 사람이 바로 온전한 하나님의 사람입니다. 그래서 사도 바울은 디모데를 향하여 "오직 너 하나님의 사람아"(딤전6:11)라고 불렀던 것입니다. 참 믿음은 청결한 마음과 선한 양심에서 나오는 사랑에서 그 꽃을 피우고 열매를 맺히는 법입니다. "네가 어려서부터 성경을 알았나니" 이는 성경이

3. 빛의 자녀로 만든다는 말입니다.

본문 17절에 "모든 일에 선한 일을 행하기에"라고 하였습니다. 모든 일에 있어 선행은 하나님의 영광을 나타내는 덕행입니다. 사도 바울은 "너희

가 전에는 어두움이더니 이제는 주 안에서 빛이라 빛의 자녀들처럼 행하라 빛의 열매는 모든 착함과 의로움과 진실함에 있느니라."(엡5:9-10)라고 하였습니다. 선행은 곧 착한 행실입니다. 예수께서는 "너희는 세상에 빛이라"(마5:14)라고 하셨고, 16절에서 "이같이 너희 빛을 사람 앞에 비춰게 하여 저희로 너희 착한 행실을 보고 하늘에 계신 너희 아버지께 영광을 돌리게 하라"라고 하셨던 것입니다. 빛의 자녀로서 선행목적의 절대가치는 주의 복음으로 사람의 영혼을 구원하는 일이요, 상대가치의 선행목적은 그리스도의 사랑실천의 삶으로 하나님께 영광돌림에 있다고 생각합니다. 이러한 신자들의 선행을 통해 세상은 밝아지고 보다 나은 사회로 개혁이 되는 것입니다.

사랑하는 성도 여러분!

어려서부터의 성경교육은 참으로 중요합니다. 이는 바로 그 성경이 온전한 하나님의 사람으로 만들기 때문입니다. 또한 참 믿음에 의한 사랑의 사람으로 만들 뿐 아니라 세상을 밝히는 빛의 자녀로 만들기 때문입니다. 디모데가 그렇게 위대한 사람이 된 것이 바로 어려서부터 성경으로 자랐기 때문입니다. 어린이는 가정과 교회와 조국에 있어 밝은 미래의 꽃이며 또한 열매입니다. 하나님께서 맡겨주신 어린이를 사랑하며 오직 성경으로 이들을 잘 교육시켜 위대한 인물들로 키울 사명을 우리 모두가 받았습니다. 어린이는 하나님의 위대한 선물입니다. 아멘.

디도로 말하면

《고린도후서 8:16-24》

예수 그리스도의 신실하였던 종, 사도 바울이 디모데에게 보낸 마지막 서신에서 "너는 어서 속히 내게로 오라…그레스게는 갈라디아로, 디도는 달마디아로 갔고 누가만 나와 함께 있느니라. 네가 올 때에 마가를 데리고 오라 저가 나의 일에 유익하니라. 두기고는 에베소로 보내었노라"(딤후 4:9-12)라고 말씀한바 디모데, 그레스게, 디도, 누가, 마가, 두기고 등, 참으로 자랑스러운 인물들이 있었음을 봅니다. 오늘 본문 23절에서 "디도로 말하면…형제들로 말하면"라고 소개하면서 바울 자신과 디도 또 그와 함께한 형제들과의 영적이며 인간적인 깊은 관계를 말해 주고 있습니다. "디도로 말하면" 그는 사도 바울의

1. 친구였습니다.

본문 23절에 "디도로 말하면 나의 동무요"라고 하였습니다. '공경하다'라는 이름의 디도가 사도 바울에게 있어 우정 깊은 파트너로서 절친한 친구였다는 것입니다. 그는 헬라인으로 사도 바울의 전도를 받고 그리스도인이 된 자입니다. 사도 바울은 그를 가리켜 디모데와 같이 "같은 믿음을 따라 된 나의 참 아들"(딛1:4)이라고 하였습니다. 디도, 그가 그리스도인이 된 후, 사도 바울과 늘 함께 동행 하며 희로애락을 함께한 자였기에 그를 가리켜 "나의 동무"라고 소개하였던 것입니다. 여기에 "동무"라는 '코이노노스' 라는 말은 그리스도로 말미암은 구원에 함께한 형제를 뜻합니다. 즉 생사고락을 함께 하는 삶과 사역의 파트너를 두고 한 말입니다. 사도 바울이

그를 가리켜 "나의 동무"라고 표현한 말은 그와의 두터운 인간적인 신뢰관계를 두고 한 말입니다. 정말 믿을 수 있는 친구, 어떠한 상황 속에서도 변함없이 고락을 함께 할 수 있는 신뢰의 파트너가 바로 디도였다는 것입니다. 이는 마치 성군 다윗과 요나단과의 우정과 같습니다. "요나단의 마음이 다윗의 마음과 연락되어 요나단이 그를 자기 생명같이 사랑하니라."(삼상 18:1)라고 하였습니다. 우리 성도들 사이도 다윗과 요나단, 사도 바울과 디도의 관계처럼 되었으면 얼마나 행복하고 복된 일일까 생각해 봅니다. "디도로 말하면" 디도는 사도바울의

2. 동역자였습니다.

본문 23절에 "너희를 위한 나의 동역자요"라 고하였습니다. 이렇게 그를 "나의 동역자"라고 표현한 것은 디도가 복음전파 사역에 온전하게 헌신한 사람이었다는 것입니다. 그래서 그는 마게도냐 지역에 세워진 교회들을 섬겼던 목회자가 되었고, 그의 목회를 위해 목회서신인 디도서를 사도 바울이 보냈던 것입니다. 그는 사도 바울이 "나의 동역자"라고 말하기에 충분한 사람이었습니다. 오직 복음과 교회를 위하여 자신의 모든 것을 바쳐 희생하였기 때문입니다. 고린도 교회에 보냄을 받게 된 사실만해도 그러합니다. 사도 바울은 16절에서 "너희를 위하여 같은 간절함을 디도의 마음에도 주시는 하나님께 감사하노니"라고 함에서 디도 그가 열정적인 헌신의 동역자였음을 말해 줍니다. "동역자"는 같은 일에 같은 목적을 가지고 함께 일하는 자를 말합니다. 우리 모든 성도들은 "먼저 그의 나라와 그의 의"(마6:33)인 하나님 나라 확장을 위한 동역자들입니다. 본문 23절에서 디도와 함께 한 형제들에 "우리 형제들로 말하면 여러 교회의 사자들"이라고 하였습니다. 여기에 교회들은 마게도냐에 세워진 교회들을 말합니다. 이들

은 19절에 "동일한 주의 영광과 우리의 원을 나타내기 위하여 여러 교회의 택함을 입어 우리의 맡은 은혜의 일로 우리와 동행하는 자"를 말합니다. 이들은 은혜의 일, 곧 구제모금 사업의 재정적인 면을 담당하기 위해 택함을 받은 사도 바울의 동역자들이었습니다. "그리스도의 영광"이 되는 자랑스러운 존재들이었습니다.

사랑하는 성도 여러분!

"디도로 말하면" 그리고 "형제들로 말하면"라는 본문의 말씀을 묵상하면서 우리 주님께서 그의 몸 된 교회에서, 그리고 마지막 날 주님께서 재림하실 그 날, 성부 하나님과 천사들과 함께 한 천상의 성도들 앞에서 우리들 자신을 소개할 때의 모습이 어떠할까를 생각해 보았습니다. 바로 그 때, 주님께서 "나의 동무요 나의 동역자요 나의 영광이라"라고 하신다면 이처럼 자랑스럽고 행복한 일이 어디에 있겠습니까? 교회와 주님 앞에 인정과 칭찬의 대상이 된다는 것은 그리스도의 영광이 아닐 수 없습니다. 우리 모두는 주 안에서 고락을 함께 하는 동무, 곧 파트너로서 서로 믿고 아끼고 존중하는 신뢰의 친구가 되어야 합니다. 그리고 주의 복음과 교회를 섬기는 일에 함께 하는 동역자들이 되어야 합니다. 이렇게 한 목적으로 하나가 되어 헌신 봉사할 때 그리스도의 몸 된 교회는 부흥하고 하나님의 영광은 나타나는 것입니다. 그리스도의 재림 날, 우리 주님으로부터 "나의 동무요 동역자요 나의 영광"이라는 인정과 칭찬을 받는 축복 된 우리 모두가 되시기를 축원합니다. 아멘.

물로 된 포도주를 맛보고

《요한복음 2:1-11》

예수 그리스도의 공생애에 있어 첫 번째 이적이 가나 혼인 잔치 집에서 물이 변하여 포도주가 되게 하신 사건입니다. "예수께서 이 처음 표적을 갈릴리 가나에서 행하여 그 영광을 나타내시매 제자들이 그를 믿으니라."라고 기록해 주고 있습니다. 갈릴리 지방에 속한 가나라는 마을은 갈릴리 북부의 위치한 곳으로 예수님의 첫 번째 이적 이외에도 왕의 신하의 아들을 고친 곳이기도 합니다(요4:46-54). "사흘 되던 날에 갈릴리 가나에 혼인이 있어 예수의 어머니도 거기 계시고 예수와 그 제자들도 혼인에 청함을 받았더니"라고 기록해 주고 있습니다. 예수님의 이 첫 번째 이적인 물로 된 포도주 사건을 통해 함께 은혜 나누시기를 바랍니다. "물로 된 포도주를 맛보고" 이는

1. 말씀의 능력을 보여 줍니다.

본문 5절에서 예수님의 모친 마리아가 잔치 집 하인들에게 "너희에게 무슨 말씀을 하시든지 그대로 하라"라고 지시하심을 보게 됩니다. 즉 주님의 말씀대로 행하라는 말씀입니다. 이는 바로 주님 말씀의 절대 권위성을 입증해 주는 말이기도 합니다. 이에 예수 그리스도는 하인들에게 본문 7절에 "항아리에 물을 채우라"라고 하였고, 8절에는 "연회장에게 갖다 주라"라고 말씀하셨습니다. 결국 주님 말씀의 역사는 물이 변하여 포도주가 된 기적으로 나타난 것입니다. 이에 연회장이 신랑을 불러 이르기를 10절에 "사람마다 먼저 좋은 포도주를 내고 취한 후에 낮은 것을 내거늘 그대는 지

금까지 좋은 포도주를 두었도다."라고 말함으로 당시의 잔치 집 분위기를 말해줍니다. 하나님의 말씀이 있는 곳에는 문제 해결의 역사, 변화의 역사 등 놀라운 축복의 역사가 이루어짐을 보여줍니다. 하나님의 말씀하심에는 반드시 그대로 이루어지는 결과만 있을 뿐입니다. 이렇게 말씀의 능력대로 이루어진 놀라운 역사는 신구약 성경에서 얼마든지 찾을 수 있고 또한 그 말씀의 능력은 지금도 얼마든지 역사하고 있다는 사실입니다. "항아리에 물을 채우라", "갖다 주라"라고 하신 주님의 말씀은 곧 살아있는 말씀(히 4:12), 생명의 말씀(빌2:16), 능력의 말씀(마8:8, 요11:43)입니다. "물로 된 포도주를 맛보고" 이는

2. 믿음의 힘을 보여줍니다.

본문 7-8절에서 볼 수 있는 것은 하인들의 모습입니다. 그들은 주님께서 "항아리에 물을 채우라"라고 하실 때 "아구까지 채우니"라고 했고, "이제는 떠서 연회장에게 갖다 주라" 하시매 "갖다 주었더니"라고 한 그들의 행동입니다. 바로 그들의 행동은 곧 그들의 믿음을 보여 준다고 하겠습니다. 마리아가 그들에게 "너희에게 무슨 말씀을 하시든지 그대로 하라"라고 하였습니다. 여기에서 "그대로 하라"라는 말 '포이에사테'는 말씀에 이유 없이 실행에 옮기라는 뜻으로 이는 그 내면에 절대 믿음을 강조하고 있음을 알 수 있습니다. 본문에서의 "하인"은 '디아코니아'로 이는 섬기는 자를 가리킵니다. 이들 하인들은 주의 말씀을 의심 없이 그대로 움직였습니다. 항아리에 물을 채움과 또 그것을 떠서 갖다 주는 그들의 행위야말로 말씀에 절대 신뢰하는 내면적인 믿음을 그대로 보여준 것이라 하겠습니다. "물로 된 포도주를 맛보고" 이는

3. 순종에 따른 축복을 보여 줍니다.

본문 7-8절에 기록해 주고 있는 대로 하인들은 마리아가 일러 준 말대로 주님의 말씀을 그대로 믿고 순종하였습니다. 그들은 말씀대로 항아리 아구까지 물을 채웠습니다. 그리고 말씀대로 떠서 연회장에게 갖다 주었습니다. 이는 그들의 믿음에 따른 순종이었습니다. 온전한 믿음은 말씀에 근거하며, 그 믿음은 철저한 순종으로 나타나는 법입니다. 일찍이 믿음의 조상 아브라함이 그러했습니다. 주님의 말씀은 믿음으로 확증되며 그 믿음은 믿음대로의 순종에서 축복의 꽃을 피우고 그 열매를 맺습니다. 그래서 사무엘 선지자는 "순종은 제사보다 낫고"(삼상15:22)라고 하였고 이사야 선지자는 "너희가 즐겨 순종하면 땅의 아름다운 소산을 먹을 것이요"(사1:19)라고 하였던 것입니다.

사랑하는 성도 여러분!

오늘 예수님의 첫 번째 이적인 '물로 된 포도주의 사건' 속에서 중요한 세 가지를 보게 됩니다. 이 기적은 주의 말씀을 통하여 나타난다는 것과 또한 믿음과 순종을 통하여 놀라운 주님의 축복이 주어진다는 사실입니다. 가나 혼인잔치 집의 사건이 당시만의 사건이 아니라 지금도 말씀이 있는 곳에 그리고 믿음과 순종이 드려지는 곳에 얼마든지 나타난다는 사실입니다. 오직 주님의 말씀과 믿음과 순종으로 기적을 체험하는 우리 모두가 되었으면 합니다. 아멘.

벌레가 생기고 냄새가 난지라

《출애굽기 16:13-20》

이스라엘 백성들이 출애굽하여 하나님의 기적으로 갈라놓으신 홍해를 건너 엘림에 이르러 장막을 칩니다. 그 곳에서 다시 떠나 신광야에 이르렀을 때에 무리들이 "광야로 우리를 인도하여 내어 이 온 회중으로 주려 죽게 하는도다."라고 모세와 아론을 원망합니다. 그 때, 하나님께서 아침에는 만나를, 저녁에는 메추라기를 그들에게 주셨습니다. 특히 만나를 주시면서 "너희 각 사람의 식량대로 이것을 거둘지니"라고 명하셨습니다. 그런대 모세를 원망했던 그들은 "모세의 말을 청종치 아니하고 더러는 아침까지 두었더니 벌레가 생기고 냄새가 난지라"라고 하였습니다. "벌레가 생기고 냄새가 난지라" 이는 그들의

1. 불신앙 때문이었습니다.

본문 19-20절에 "모세가 그들에게 이르기를 아무든지 아침까지 그것을 남겨두지 말라 하였으나 그들이 모세의 말을 청종치 아니하고"라고 하였습니다. 하나님께서 명하신 모세의 말을 청종치 아니한 자들이 남겨 둔 만나에 벌레가 생기고 악취가 났던 것입니다. 이는 바로 그들의 마음속에 하나님에 대한 불신이 뿌리 깊게 자리를 잡고 있었기 때문입니다. 사도 바울은 "믿음으로 좇아 하지 아니하는 모든 것이 죄니라"(롬14:23)라고 하였습니다. 사실 불신앙적인 죄, 그 자체는 하나님 앞에서 벌레요 악취와 같습니다. 불신적 정치가 그러하며 교육 또한 그러합니다. 더더욱 교회가 타락하면 그 썩음과 악취는 더한 것임을 타락한 중세교회사에서 볼 수 있습니다.

개인적인 신앙생활도 마찬가지입니다. 영적으로 타락하면 벌레 먹고 그 마음과 인격과 그 삶에 악취가 나는 법입니다. "벌레가 생기고 냄새가 난지라" 이는 그들의

2. 불순종 때문이었습니다.

본문 20절에 "그들이 모세의 말을 청종치 아니 하고 더러는 아침까지 두었더니 벌레가 생기고 냄새가 난지라"라고 하였습니다. 하나님은 16절에서 "너희 각 사람의 식량대로 이것을 거둘지니"라고 하셨고 19절에는 "아무든지 아침까지 그것을 남겨 두지 말라"라고 하셨는데 그들은 순종치 않았습니다. 여기에 "한 오멜"이란 36절에 "오멜은 에바 십분의 일"로 당시 하나의 큰 잔에 해당하는 양을 말합니다. 그것이 바로 그들에게 주신 적당한 일용할 양식의 분량이었습니다. 결국 불순종의 산물은 벌레요 악취입니다. 하나님의 말씀에 불신 불순종하는 모든 삶 그 자체는 벌레 먹고 악취가 나기 마련입니다. 이에 하나님은 당시 죄악으로 부패했던 이스라엘을 향하여 "슬프다 범죄한 나라요 허물진 백성이요 행악의 종자요 행위가 부패한 자식이로다."(사1:4)라고 탄식하였습니다. "벌레가 생기고 냄새가 난지라" 이는 그들의

3. 탐심 때문이었습니다.

본문 19-20절에 "모세가 그들에게 이르기를 아무든지 아침까지 그것을 남겨 두지 말라하였으나 그들이 모세의 말을 청종치 아니하고 더러는 아침까지 두었더니 벌레가 생기고 냄새가 난지라"라고 하셨으니 이는 바로 그 행위가 그들의 탐욕에서 비롯되었음을 그대로 드러낸 사건입니다. 인간의 탐욕은 지옥 밑바닥과 같아서 한도 끝도 없는 것입니다. 그래서 예수께서

는 "삼가 모든 탐심을 물리치라 사람의 생명이 그 소유의 넉넉한 데 있지 아니하니라"(눅12:15)라고 하셨고, 사도 바울은 "땅에 있는 지체를 죽이라 곧 음란과 부정과 사욕과 악한 정욕과 탐심이니 탐심은 우상숭배니라. 이것들을 인하여 하나님의 진노가 임하느니라."(골3:5-6)라고 하였던 것입니다. 인간 탐심은 벌레의 온상입니다. 톨스토이의 〈사람에게는 얼마의 땅이 필요한가?〉라는 작품 속에서 그는 인간 탐욕의 결과가 결국 죽음뿐임을 일깨워 주었습니다.

사랑하는 성도 여러분!

사도 바울은 "우리가 세상에 아무 것도 가지고 온 것이 없으매 또한 아무것도 가지고 가지 못하리니 우리가 먹을 것과 입을 것이 있은즉 족한 줄로 알 것이니라"(딤전6:7-8)라고 하였습니다. 자족과 감사를 모르는 탐욕으로 재물을 쌓아두면 벌레가 생겨 썩기 마련입니다. 고인 물은 썩는 법입니다. 그 악취 또한 피할 길이 없습니다. 우리는 만나의 법칙을 배워야 합니다. 이는 감사의 법칙이요, 자족의 법칙이며, 함께 나누는 사랑의 법칙입니다. 결코 하나님께 대한 불신앙과 불순종, 그리고 헛된 탐심으로 자신의 마음과 삶을 부패하게 해서는 안 됩니다. 오직 주의 말씀과 성령으로 그리스도의 향기로서 자신의 모습을 지켜야 할 것입니다. 이는 성도된 우리 모두가 그리스도의 향기이기 때문입니다. 신령한 만나이신 예수님으로 만족하고 감사하며 헌신 봉사하여 '오직 하나님께 영광을!'(Soli Deo Gloria!) 돌리는 삶이 되시기를 축원합니다. 아멘.

사람이 부모를 떠나 그 아내와 합하여

《에베소서 5:22-33》

고대 그리스도교 교부였던 '성총박사' 어거스틴은 "가정은 국가의 기초이다"라고 했고, 그 가정 행복에 대해 미국의 소설가인 쿠퍼는 "순결한 애정으로 충만한 가정은 어느 구석이나 다 환락경이다"라고 하였습니다. 오늘 본문에서 사도 바울이 "사람이 부모를 떠나 그 아내와 합하여 그 둘이 한 육체가 될지니"라고 부부에 대해 말하였습니다. 하나님께서 천지를 창조하신 그 여섯째 날, 아담과 하와를 만드시고 그들을 부부로 짝지어 주시고 난 후에 "보시기에 심히 좋았더라."(창2:23)라고 하셨습니다. "사람이 부모를 떠나 그 아내와 합하여" 이는

1. 독립의 법칙입니다.

본문 31절에 "그러므로 사람이 부모를 떠나 그 아내와 합하여 그 둘이 한 육체가 될지니"라고 하였습니다. 이는 부부의 독립성을 뜻합니다. 독립된 그 부부의 사이에 그 아무도, 즉 부모도 자식도 낄 수 없다는 것이 바로 부부의 독립성입니다. 오직 그들을 짝지어 주신 하나님만이 그들 부부 사이에 말씀과 성령으로 개입하시어 다스리실 뿐입니다. 이유는 그들의 영혼과 가정을 주장하시는 분은 오직 하나님밖에 없기 때문입니다. 결혼 후 살아가면서 그들이 겪어야 할 모든 문제는 오직 하나님 안에서 그들 스스로가 믿음으로 해결해 나가야 하기 때문에 그 독립성은 존중되어야 합니다. 그들, 부부의 독립성을 존중한다는 것은 곧 그들의 신앙적인 인격과 삶의 능력을 존중하는 것입니다. "사람이 부모를 떠나 그 아내와 합하여" 이는

2. 조화의 법칙입니다.

본문 22-25절에서 남편과 아내의 아름다운 사랑과 복종으로 말씀해 주었습니다. 22절에 "아내들이여 자기 남편에게 복종하기를 주께 하듯 하라."라고 하였고, 25절에서는 "남편들아 아내 사랑하기를 그리스도께서 교회를 사랑하시고 위하여 자신을 주심 같이 하라"라고 하였습니다. 이른바 사랑과 복종의 법칙입니다. 이는 곧 그리스도와 교회에 대한 비밀한 법칙이기도 하기에 32절에 "이 비밀이 크도다. 내가 그리스도와 교회에 대하여 말하노라"라고 하였던 것입니다. 바로 그리스도와 그의 몸 된 교회를 모델로 제시하면서 부부에게 복종과 사랑의 조화를 명하였던 것입니다. 하나님께서 아담과 하와를 짝지어 주신 후 "보시기에 심히 좋았더라."라고 감탄하셨음이 함께 어울린 부부의 조화에서였습니다. "사람이 부모를 떠나 그 아내와 합하여" 이는

3. 순결의 법칙입니다.

본문 26-27절에 "이는 곧 물로 씻어 말씀으로 깨끗하게 하사 거룩하게 하시고 자기 앞에 영광스러운 교회로 세우사 티나 주름 잡힌 것이나 이런 것들이 없이 거룩하고 흠이 없게 하려 하심이니라"라고 하였습니다. 이는 부부의 법칙이 순결의 법칙, 곧 거룩함의 법칙이라는 말입니다. 부부는 자신들의 순결을 생명처럼 지켜야 합니다. 그리스도와 그의 신부된 교회가 순결하고 거룩하듯이 말입니다. 물로 씻어 깨끗하게 하사 거룩하게 하신바 부부의 영과 육을 순결하게 지켜야 합니다. 결코 죄악으로 티나 주름 잡힌 것이나 흠이 없도록 스스로를 책임져야 함이 부부의 윤리입니다. 부부는 자신들의 순결을 지키는 것이 생명입니다. 요즘 타락한 탕자 문명이 한 순간에 그 가정을 송두리째 앗아가는 일들이 속출하고 있음을 봅니다. 소돔

과 고모라 성이 유황불로 망한 것도, 그리고 앞으로 하나님의 불심판으로 망할 음녀 바벨론의 패망이 다 영적이며 성적인 순결을 지키지 못한 데서 주어지는 심판임을 명심해야 합니다. 부부는 순결해야 하고 가정은 행복해야 합니다.

사랑하는 성도 여러분!

하나님께서는 아담과 하와를 짝지어 하나 되게 하신 후 "보시기에 심히 좋았더라."라고 감탄하셨습니다. "사람이 부모를 떠나 그 아내와 합하여 그 둘이 한 육체가 될지니"라고 하신 부부는 참으로 아름다운 미의 극치입니다. 그들이 부모를 떠나 한 육체가 된 존재들이기에 하나 된 이들의 독립성을 존중해야 합니다. 이렇게 독립된 부부는 복종과 사랑의 법칙으로 조화를 이룬 존재들이기에 복되고 아름다운 것입니다. 그러므로 이들 부부에게 있어 순결만큼 값진 것은 없습니다. 주안에서 하나 된 부부는 그들의 독립성과 조화성 그리고 순결성을 하나님 앞에서 생명처럼 지켜나가야 합니다. 또한 그들의 독립성, 조화성과 순결성을 존중하며 잘 지켜 나가도록 기도와 격려를 아끼지 말아야 할 것이 그들의 부모와 성도들의 책임이기도합니다. "사람이 부모를 떠나 그 아내와 합하여", 참으로 복되고 아름다운 행복한 가정의 시작을 봅니다. 그리스도와 교회가 그러하듯이 우리 모든 부부가 단란하고 행복한 가정이 되어 하나님께 큰 영광이 되시기를 축원합니다. 아멘.

요셉이 아비를 위하여

《창세기 50:1-14》

5월 가정의 달, 어버이 주일을 맞아 하나님께서는 이스라엘 백성들에게 주신 "네 부모를 공경하라"(출20:12)라고 명하신 제 5계명을 생각해 봅니다. 사도 바울은 "자녀들아 너희 부모를 주 안에서 순종하라 이것이 옳으니라 네 아버지와 어머니를 공경하라 이것이 약속 있는 첫 계명이니"(엡6:1-2)라고 하였습니다. 사도 바울이 "말세에 고통 하는 때가 이르리니…부모를 거역하며"(딤후3:1-2)라고 경고하신바 효가 땅에 떨어진 심각한 시대에 우리가 살아가고 있습니다. 이러한 때, 이 시간 "요셉이 아비를 위하여"라는 말씀을 통해 함께 은혜받기를 원합니다. "요셉이 아비를 위하여" 이는 그의

1. 극진한 효심이었습니다.

본문 10절에 "요셉이 아비를 위하여 칠 일 동안 애곡하였더니"라고 하였습니다. "야곱이 아들에게 명하기를 마치고 그 발을 침상에 거두고 기운이 진하여 그 열조에게로 돌아갔더라."(창49:33)라고 하였고, 이에 본문 1절에서 "요셉이 아비 얼굴에 구푸려 울며 입 맞추고"라고 하였습니다. 그의 애절한 효심의 눈물은 아버지와의 상봉 때에도 "요셉이…아비 이스라엘을 맞으며 그에게 보이고 그 목을 어긋맞겨 안고 얼마 동안 울매"(창46:29)에서도 보여 줍니다. 사실 요셉은 어릴 때에도 아버지의 기쁨과 희망과 보람이었습니다. 야곱이 요셉이 죽었다는 소식을 듣고 억장이 무너지는 아픈 경험을 합니다. 그 후 22년 만에 죽은 줄만 알았던 요셉이 애굽의 총리가

되었더라는 소식을 들었을 때, "기운이 소생한지라"(창45:27)하였고, 28절에서 "족하도다. 내 아들 요셉이 지금까지 살았으니 내가 죽기 전에 가서 그를 보리라"라고 감격해 합니다. 그만큼 야곱에게 있어 요셉의 존재는 그의 보람이었습니다. "요셉이 아비를 위하여" 이는 그의

2. 지극정성의 효행이었습니다.

본문 1-14절에서 그의 애곡과 아버지의 장례에서 그의 지극정성의 효행을 보여 줍니다. 본문 2-3절에 "그 수종 의사에게 명하여 향 재료로 아비의 몸에 넣게 하매 의사가 이스라엘에게 그대로 하되 사십 일이 걸렸으니 향 재료를 넣는 데는 이 날수가 걸림이며"라고 하였습니다. 그리고 그는 애굽의 관례대로 70일 동안 애곡하였던 것입니다. 그리고 아버지의 유언을 따라 가나안으로 와 장사지내는 일에 지극정성의 효행을 보여 줍니다. 본문 7-8절에 "요셉이 자기 아비를 장사하러 올라가니 바로의 모든 신하와 바로 궁의 장로들과 애굽 땅의 모든 장로와 요셉의 온 집과 그 형제들과 그 아비의 집이 그와 함께 올라가고"라고 하였고, 9절에 "병거와 기병이 요셉을 따라 올라가니 그 떼가 심히 컸더라."라고 하였습니다. "요셉이 아비를 위하여" 국장을 치룬 장례였습니다. 이토록 요셉의 효행은 애굽과 가나안을 애곡의 눈물로 적시었기에 그 땅을 '아벨미스라임' 즉 "애굽 사람의 큰 애통"이라 했습니다. "요셉이 아비를 위하여" 이는 그의

3. 천국소망의 헌신적 효행이었습니다.

본문 5절에 "우리 아버지가 나로 맹세하여…가나안 땅에 내가 파서 둔 묘실에 나를 장사하라 하였나니 나로 올라가서 아버지를 장사하게 하소서"라고 하였고, 이에 6절에 "바로가 가로되 그가 네게 시킨 맹세대로 올라

가서 네 아비를 장사하라"라고 하였습니다. 이는 야곱이 죽음 직전에 아들들에게 "내가 내 열조에게로 돌아가리니 나를 헷 사람 에브론의 밭에 있는 우리 부여조와 함께 장사하라"(창49:29)라고 유언 한 것에 따른 헌신적 효행이었음을 보여 줍니다. 바로 아브라함을 비롯한 열조들이 죽어 묻힌 약속의 땅 가나안, 그곳이 오직 믿음으로 사모하였던 "더 나은 본향"(히11:16), 곧 천국의 그림자였기 때문입니다. 요셉 또한 그러하였기에 이스라엘 자손들에게 "하나님이 정녕 너희를 권고하시리니 너희는 여기서 내 해골을 메고 올라가겠다 하라."(창50:25)라고 당부하였던 것입니다. 이 천국 소망으로 요셉은 아버지의 천국행 장례에 헌신을 다함으로 부모에 대한 참된 효행이 무엇인가를 보여 주었습니다.

사랑하는 성도 여러분!

오늘 어버이 주일, 우리는 족장시대의 마지막을 장식한 요셉의 효심과 효행, 그리고 그의 내세 신앙을 보면서 제 5계명인 "네 부모를 공경하라"라는 말씀을 다시 한 번 새겨봅니다. 효행에 있어 가장 뛰어난 효는 부모를 존귀하게 함이요, 그 다음은 부모에게 욕을 돌리지 않음이요, 그 아래는 부모를 봉양함이라고 했습니다. 바로 요셉의 효행이 그러하였습니다. 우리 모든 믿음의 자녀들은 요셉처럼 부모님의 자랑과 기쁨이 되어야 합니다. 요셉처럼 극진한 효심과 지극정성의 효행, 그리고 천국 소망의 헌신적인 효행으로 하나님께 영광을 돌리며 부모님께 기쁨과 보람을 드리는 우리 믿음의 자녀들, 그리고 행복한 가정이 되시기를 축원합니다. 아멘.